木滑さんの言葉

Written
by
塩澤幸登

木滑良久　1930. 2. 22 ～ 2023. 7. 13

目次

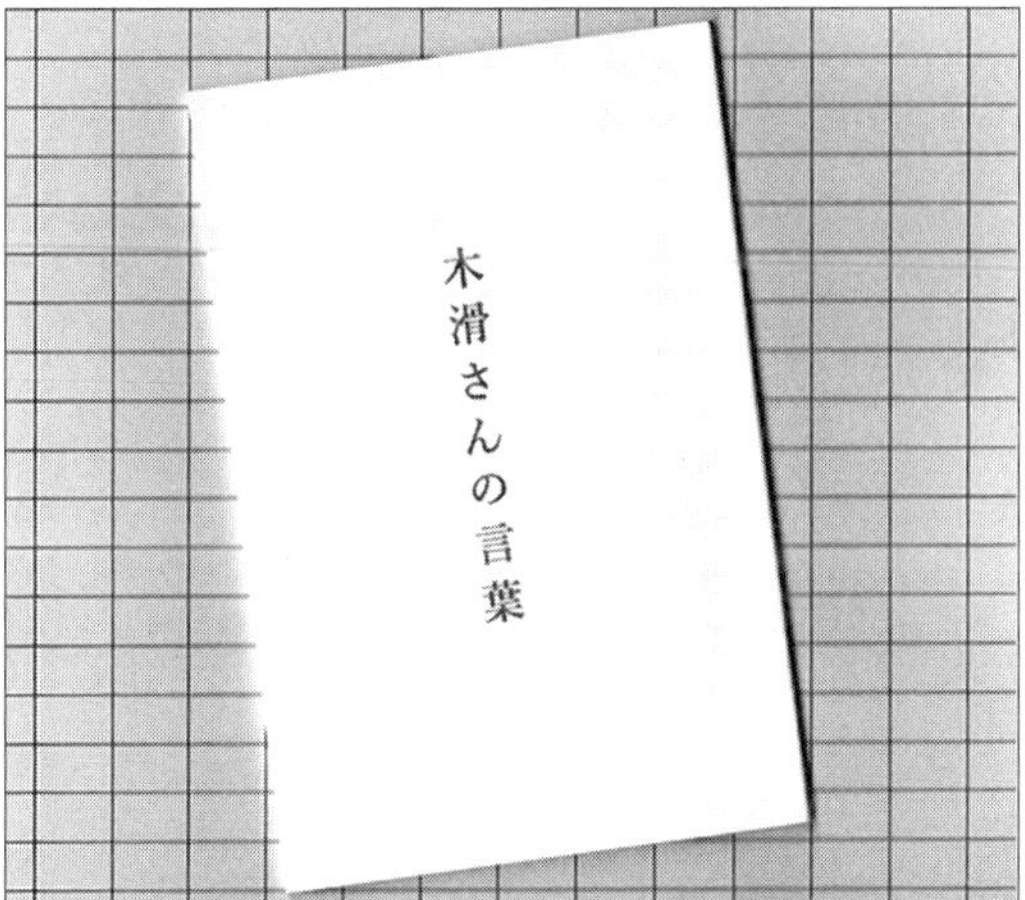

編集　弓永重明（Jasmine Editorials）
装丁　中村　健（モ・ベターデザイン）
本文制作　茉莉花社編集部

はじめに

双貌の人

平凡出版時代の社員バッチ、プライドのhbだった。

仮面と素顔

木滑さんは、誰にでも優しく接する、穏やかで柔軟な表情の出版社の経営者の顔と、時として過激な、人の好き嫌いを露骨に剥き出しにする、少数精鋭主義を信奉する戦闘的な編集者の顔と、二つの［顔］を持った人だった。

木滑さんは［雑誌の革命家］とまでいわれたほどの編集者だったが、経営者になってからの、聖人君子のように明快で快活な木滑さんしか知らない人たちにとっては、信じ難いことかもしれないが、この本の一部に書かれているように、〝素顔〟ははるかに人間的で、心は〝ロジック〟ではなく、愛憎に満ち溢れた〝エモーション〟の人だった。

この本のなかには、会社の経営者という仮面を被《かぶ》った木滑さんと素顔の過激派の編集者としての木滑さん、両方が描かれている。読んで、驚かれるかもしれないが、木滑さんは、胸襟を開いて付き合った、親密だった人と話すときには猛烈な毒舌家で、名指しで「アイツはどうにもならない」とか、「あんなやつダメ」とか、平気でそういうことをいう人だった。

もちろん、親しく付き合わなかった人たちからは、木滑さんのそういう発言は、人によっては悪口雑言と受け取られるかもしれないが、それも木滑さんだった。

木滑さんには輝かしい多くの成功があった。しかし、失敗もあった。

木滑さんでも編集者として、自分の作りたいものを作るということとマーケットが自分の作ったものをどのくらい受け入れてくれるかというジレンマのなかで苦労しなければならないこともあった。

そんな素顔の木滑さんを描き出すのは、品格を汚すこと、と考える人もいるかもしれないが、わたしはそうは思わない。出版社の経営者と新雑誌創刊の専門家という二つの立場でさんざん苦労して生きて、それでも、編集者としては、自分の信じる［編集思想］を貫いた、そういう人だった彼の言行と事蹟をマガジンハウスが作った小冊子の『木滑さんの言葉』とは別に、きちんと記録しておくべきだと、わたしは思っている。

木滑さんはわたしが話を聞くたびに「お前が好きに書けばいいよ」と繰りかえしていっていた。この言葉はわたしのなかでは、いまでも生きている。わたしはわたしが知っている木滑さんを思い出に忠実に、きちんと書き残しておきたいと考えて、この本を書いた。

わたしは、木滑さんのそういう、アポロンとディオニソス、二神が棲みついている矛盾をきわめて人間的な、当たり前のことだったと思っている。わたしが彼を好きだった最大の理由だ。

そして、誰でもそういう理想と現実の狭間で生きる、双貌を持っているはずだ。

編集者としての木滑さんは、研究熱心で、厳格な基準を持つ作り手で、いっしょに仕事する仲間とともに厳しい努力をする人だった。そして、好きになった編集者には、徹底的に自分の思いをぶつけ、さまざまのことも要求した。

木滑さんは自分の考えていること（本音）を、例えば会議のような公の場で発言すれば、多くの人が反発して、必ず敵を作る、その敵は自分に対して内心に激しい憎悪を抱いて、妬心や怨念を持って接する、そういうことを何度も経験していて、そういうとき、どうすればいいか、人間の心理をよくわかっている人だった。このことがあり、自分が作り出した何人かの社長たちに、経営の戦略を託した。ここでは名前はあげないが、その人たちは、木滑さんが思い描く、出版社として未来像、時代を生き抜くことのできる形の経営思想を実行する人たちだった。

マガジンハウスを時代の激浪のなかで生き存えさせること。木滑さんの熱心な援護者であった、創業社長（木滑さんが社長になったときは会長だった）の清水達夫さんは、すでに亡く、彼は集団の先頭に立って、この問題の解決に挑戦しつづけなければならなかった。

しかし、３４８ページに書いたが、経営者としての最後の責任はいつも自分でとっていた。

編集者として自由に雑誌を発想していた昭和の時代のあと、平成、令和と亡くなるまでの三十数年は、後事を託された責任者として、重くつらい、社の存続という難問に取り組んだ。

そういう日々のなかで、もしかしたら、かつて、現場の編集者時代にいっしょに戦い、親しく付きあった人間たちとあれこれと、昔のこと、編集者論、世間話、バカ話をするのを楽しみにしていたのではないか。多分、わたしもそういう人間のなかのひとりだったのではないか。

木滑さんがわたしに自分の信じる［編集の思想］を率直に、大胆に語ったのは、自分がまだ、編集者としてダメになっていないという、そのことの自己証明だったのではないか。

第一章　歴史と思想

1976 年 6 月 25 日号（創刊号）雑誌『POPEYE』。

雑誌『ポパイ』の創刊

まず、木滑良久というのはこういう人である。

木滑 良久（きなめり よしひさ、1930年2月22日～2023年7月13日）は、日本の編集者。元マガジンハウス社長。東京府出身。米沢藩の側用人・木滑要人の子孫。15歳で太平洋戦争の敗戦に遭遇、進駐軍を通じアメリカの文化に接し強烈な憧れを抱く。1954年3月、立教大学文学部史学科卒業。学生時代から出入りしていた平凡出版（現在のマガジンハウス）に1955年3月に入社し、1965年から1980年まで『週刊平凡』『平凡パンチ』『アンアン』『ポパイ』『ブルータス』の各編集長を歴任した。1980年12月取締役に就任。1982年6月には『オリーブ』の編集長を兼任する。1984年10月、取締役編集担当副社長に就任し、1988年には『ハナコ』を創刊。ブームを作るきっかけを与えた。同年12月に代表取締役社長、1996年12月、代表取締役会長に就任。1998年12月から取締役最高顧問となり、2006年12月に取締役を退任。2023年7月13日に死去した。93歳没（1）

令和五年の七月に亡くなった木滑良久さんの、マガジンハウス主催のお別れの会は九月二十八日に東京の帝国ホテルでおこなわれた。目次扉の写真の『木滑さんの言葉』はその『木滑良久お別れの会』への参列者に配布された小冊子である。この文庫本サイズ、42ページのパンフレットのなかには、あとに残された資料のなかから選ばれた三十九の木滑さんが書いたりいったりした発言が収録されている。その第一ページの発語は次のようなものだ。

地球の上どこへでもポパイは飛び観察し
ポパイは地球でいちばんスーパーな
マガジン作りをするつもりです。（2）

これは雑誌『ポパイ』の昭和五十一年六月二十五日号、つまり同誌の創刊号の編集後記の文章の最後の三行。この小冊子を編集したのが誰なのか、おそらく社員の誰かだと思うが、編集責任者の名前は書かれていない。しかし、この文章が冒頭に来るということは、キナさんが雑誌『ポパイ』の創刊者だったということをいまのマガジンハウスの社員たちがもっとも重要なこととして記憶、認識しているということだろう。

『編集者の時代』この本は木滑さんが書いた『ポパイ』の編集後記を集めた一冊、2009年マガジンハウス刊。

しかし、こうやって、最後の三行だけを切り取って引用すると、当時をよく知る人間たちから、自分たちに都合のいいところだけ削り取って編集して見せているじゃないかと、思われてもしかたがないだろう。創刊号の編集後記の全文を転載すると、以下のようなものである。

▼4月28日の早朝に、パリからデザイン・ディレクターの堀内さんがやってきた。そして、あっという間に、エアー・ブラシを使ってカヴァーのイラストレーションを書き始めた。それがこの〝ポパイ〟カリフォルニア特集の表紙となった。堀内さんはポパイのあらゆるページを、今までにないスタイルに仕上げるために、遠い道のりをパリから駆けつけてくれたのだ。

▼ロサンジェルスの編集室では、ドクター・エリック・イノウエとゴードン・タニが、ロスアンジェルスっ子の面目にかけて、色々とおもしろい場所や店、人々とポパイを結びつけてくれた。やはり土地の人間の愛するロサンジェルスは、すばらしい人間やシーンに満ちていた。エリックにドクターがつくのは、彼がUSCの薬学科を卒業した博士だからだ。ゴードンはUCLAのカレッジ・オブ・ファインアートを卒業したグラフィック・デザイナーで2人とも日系三世で、ロサンジェルスで生まれた我々の仲間だ。

▼ポパイ創刊号では、カリフォルニアの若い世代の暮らし方、特に彼らのスポーツ・ライフを紹介することに、多くのページをさいた。スポーツ・ライフは現代人として生きのびるために、とても重要なことだと考えたからだ。スポーツを楽しもうよ、というのは、ア

メリカの同世代からのすばらしいメッセージだと思う。どんなささいなことでもいいから、自分の時間をスポーツに使おう。
▼さてポパイは、この秋から定期的に発行される。スタッフはもう次の号をいかに充実した、おもしろい内容にするかを考えはじめている。地球の上どこへでもポパイは飛び、ポパイは観察し、地球でいちばんスーパーなマガジン作りをするつもりだ。（3）

驚くべきインターナショナリティで、当時の『ポパイ』編集部、木滑さんたちのグローバリズムがよくわかる文章である。「堀内さん」というのは、当時、グラフィックデザインの鬼才と称された堀内誠一のこと、堀内はいろいろな経緯があって、三年ほど前からパリに生活拠点を移していた。文中で、キナさんが、本当だったら、その肩書きをアート・ディレクターと書くべき堀内誠一をデザイン・ディレクターと耳慣れないが意味はわかる肩書きで書いているのには理由があるのだが、その説明は後回し（197ページ）にしよう。

それにしても、実に、『ポパイ』の創刊から、早いもので四十八年の歳月が流れている。

わたしの手元に、古い資料だが、『ポパイ』の創刊から、雑誌としての軌道に乗るまでの販売データがある。当時、販売部に所属していて、雑誌販売の担当者だった高野文彦によって、調査、記録され残された、創刊から約一年半の販売成績だ。（）内は発売日時。

	発行部数	実売部数	返本率	前号比	[特集テーマ]
創刊（51・6・25）	10万5千部	5万3千部	48・40%	—	カリフォルニア
2号（51・9・25）	10万部	4万9千部	50・41%	▼4千部	カリフォルニア
3号（51・12・25）	10万部	5万4千部	46・05%	▽5千部	アメリカは面白い
4号（52・4・10）	20万部	8万6千部	56・95%	▽3万2千部	不良少年風俗史
5号（52・4・25）	20万部	9万5千部	52・25%	▽9千部	スーパーファッション
6号（52・5・10）	20万部	9万8千部	50・82%	▽3千部	ベースボール
7号（52・5・25）	19万部	11万8千部	37・74%	▽2万部	サーフィン・湘南
8号（52・6・10）	17万5千部	11万3千部	34・96%	▼5千部	ポパイ・ギャル
9号（52・6・25）	17万5千部	11万8千部	32・24%	▽5千部	グアム島
10号（52・7・10）	17万5千部	13万3千部	23・48%	▽1万5千部	サマーライフ
11号（52・7・25）	17万部	12万6千部	25・19%	▼7千部	フリスビー
12号（52・8・10）	17万3千部	12万9千部	24・71%	▽3千部	スキー&ダイビング
13号（52・8・25）	17万9千部	13万8千部	22・14%	▽9千部	ジョギング
14号（52・9・10）	18万部	13万9千部	21・64%	▽1千部	テニス
15号（52・9・25）	18万部	14万5千部	18・86%	▽6千部	コラム大特集
16号（52・10・10）	19万部	14万7千部	22・05%	▽2千部	ギター

17号（52・10・25）	21万部	16万4千部	21・42％	▽1万7千部	セーター
18号（52・11・10）	23万部	17万9千部	21・88％	▽1万9千部	ファッション
19号（52・11・25）	25万部	17万部	31・62％	▼9千部	革ジャン&Tシャツ
20号（52・12・10）	25万部	16万6千部	33・06％	▼4千部	スターウォーズ

実売部数は増減を繰り返しながら、じわじわと増加しつづける。それに連動する形で発行部数も着実に増加している。この調子で実売部数が20万部を超えるのは31号（53・5・25）、発行部数が30万部を超えるのは48号（54・2・10）だ。

小冊子のなかにはこんな文言もある。（4）

雑誌をつくる、ということは編集者にとって凡庸な表現で言うなら〝深夜、大海に1人でオールを漕ぎだす水夫〟のような気分になるものである。羅針盤も水ももちろんない。

『雑誌作りの決定的瞬間 堀内誠一の仕事』
1998年刊 マガジンハウス 木滑良久編集。

これはキナさんが編集した堀内誠一さんの本からの引用。

経験者にしかわからないかもしれないが、創刊は独特の苦しみを伴う。

編集者は真剣に作った雑誌だったら自信があってもなくても、闇夜の海で方角もわからぬまま泳ぐような不安にさいなまれる。しかし、実売部数が底打ちし、一号ごとに販売部数が増えていくときの歓喜はなにものにも代えがたい。

マガジンハウスはいま、会社概要を調べると社員総数193人となっている。

往時、社員総数が何人であったかはここでは書かないが、大卒で新卒就職し、六十歳が定年の会社だから、役員にならずに定年退職したら在社年数は三十八年間になる。

現在もマガジンハウスにいる人間で、『ポパイ』創刊当時も在社していて、オン・タイムで『ポパイ』の出現を目撃したのは昭和四十六年入社で令和五年十二月まで社長だった片桐隆雄（いまは相談役らしい）と昭和四十四年に入社した会長の石崎孟の二人だけのはずである。ちなみにシオザワ（わたし）の入社は昭和四十五年。

小冊子といっしょに配布された「ご挨拶」で、片桐隆雄はこんな文章を書いている。

本日はご多用中にもかかわらず、弊社最高顧問木滑良久の「お別れの会」にご参会賜り、誠に有難うございます。心より厚く御礼申し上げます。

木滑さんはすべての編集者が憧れる存在でした。１００万部時代の『週刊平凡』『平凡パンチ』の編集長を経て、『ＰＯＰＥＹＥ』そして『ＢＲＵＴＵＳ』を創刊。これまでになかった全く新しい雑誌で、読者から熱狂的な支持を得ました。シティ・ボーイ、木滑さんが『Ｐ

OPEYE』でひろめたこの言葉こそ、ご自身を表す生き方だったと思います。街を歩きながら、街で遊びながら、新しさ、面白さを拾う勘の良さ、海外で駐車場が満杯のドライブインを見つけると、それがそのままページになる。仲間たちと楽しんだスポーツが、そのまま特集となる。編集者たちの企みをいいと思ったらとことん応援する。誰もが彼と話したがりました。

「雑誌にはいろいろ面白い人が集まって、刺激的なコラボレーションをするから、これまでにないダイナミックなものが出来るんだ。いろんな才能を持った人が化学反応を起こす。ちょうどジャズのセッションみたいに、ね」。

木滑さんは人が集まる場所、雑誌そのもののような存在でした。

新しいものに目がない木滑さんは、その半面あきっぽい性分でもありました。「3年たったら新しいことをやりなさい。うまく行っているからって安寧とするな。僕ならもう次のことをやりたくなるよ。新しい人に会っている?」「街に出ている?」。マーケティングやシステムを認めつつ、どこか心の中にある反発がそんな言葉に顕れていました。

企業のトップに立って経営者の責任を果たしながらも、常に「一編集者」として、今面白いやつは誰か、話を聞き、笑い怒り、泣きながら、気合を込めて生きてきた人でした。

未だに木滑さんが亡くなったことが実感できません。

すぐそこから「どうだい」とあの人懐っこい笑顔を見せてくれるような気がします。「やっと面白いものができたじゃないか」。木滑さんから褒めてもらえるような本づくり、雑誌づくりをし続けることが、私達マガジンハウス全員の恩返しだと思っています。

片桐のこの文章で、そこは理解が浅いとクレームをつけることのできるところは、「あきっぽい性分で新しいものに目がなかった」というくだりと、「マーケティングやシステムに対して反発していた」と書いてあるところだろう。キナさんが苦笑いしそうな解釈である。

これはそんな生半可な話ではない。木滑さんはそもそも大学では西洋史学を勉強した人で、専門はアメリカ史だった。なぜアメリカ史だったかは後段（111ページ以降）で説明する。

ちなみに、わたしも西洋史学の専攻で、わたしの場合はヨーロッパの中世史を勉強した。

ざっと説明すると、木滑さんは過去の歴史がどれほど大切かは十分わかっていて、頭のなかにトラッドとトレンドの区別がはっきりあり、雑誌作りの要諦はトレンド、つまりしっかりした流行を自分から作り出すこと、あるいは、できるだけ正確に予見することだと考えていた。

片桐にはそれがうつり気で飽きっぽく見えたのだろうか。

そして、社会の根源を動かしているものは大衆の発するエネルギーで、その方向や熱量はマーケティングやシステム論では捉えられない、そういうものの限界を見切って、そんなものは起こったことを後付けで理解することができるだけだと考えていたのである。

おいおい説明するが、キナさんは、要するに、いわゆるマーケティングのような後付けの分析的な理屈を信用しなかった。

マーケティングのなかにはマーケットそのものを創出するための理論はない。後段で詳述するが、P・F・ドラッカーもそういっている。マーケティングに可能なのはそのマーケットを拡大させたり、増幅させたりするためにはどうしたらいいかという技術の示唆だけである。しかし、市場を創出する秘訣は木滑さんの編集理論のなかには確実にあった。

詳しい説明は、いま、ここではしないが、彼にとってそれは本当に神様の思し召しで決まる種類のものだった。

この「ご挨拶」の文章を書いた片桐は長く広告畑で仕事をした人で編集の経験はなかったはずだ。要するに片桐はそういうキャリアを通して、会社経営の専門家になっていったのだった。たぶん、片桐の社長就任もキナさんの意向があってのことだったのだろう。

片桐のような広告のスペシャリストが社長を務めたのも、コマーシャル・メッセージとエディトリアルの融合を目指した雑誌作りを心掛けてきたマガジンハウスという会社の宿命だったのかもしれない。

片桐の目から見て、キナさんはあきっぽい性格で、マーケティングやシステムに反発する人間に見えたのかもしれないが、それは性分の話ではなく、そもそも大衆を読者対象にする娯楽雑誌編集の原理論に依拠するものだった。その、木滑さんの編集の原理論をできるだけ正確に、この本のなかに記録しておかなければと思っている。

雑誌『ポパイ』の出現が偉大であったのは、いろいろな要項を挙げることができるが、一番大きな事件は、雑誌がメディアとして読者の嗜好だけでなく、生活そのものを変化させる力を持ったことだった。これはテレビにも不可能なことだった。

小冊子にはこんなことを書いたページもある。


編集者は自分の血となり肉となっているものから湧きでてくる、本当にいいと思うもの、好きなものを作らなくちゃ、そうでなくちゃ、誰の心も動かせない。


これは雑誌『考える人』からの引用。(5)

編集者に最も必要なもの、自分が生活を楽しむためにもっとも重要なことはなにか。このことの考究のなかで、そのことをどう表現すればいいかを決断することなのだ。彼にとってはその追求が『ポパイ』の編集だった。

これは生活のなかで(あるいは人生のなかで)一番大切なものは[娯楽=遊び]だという彼の基本思想に基づくものだった。

この思想に誘導されて、一九八〇年以降の日本は遊びに満ちた消費社会となる。

『考える人』2009年秋号　新潮社刊。

それは必然だったが、この木滑さんの自覚によって、『ライフスタイル・マガジン』と呼ばれるジャンルの雑誌が登場するのである。

それまでも彼が編集長をつとめた『平凡パンチ』や『アンアン』にはすでに一部、そういう現象が見られた。ということはおそらく、キナさんはかなり早い時期から、雑誌はメッセージが命だと考えていたのだと思う。

このことも後段で詳述しよう。

本人の編集力の発達具合にも相当の関係があるのだが、その検証も後まわしにしよう。

いずれにしても、『ポパイ』のメッセージ力は格別だった。

そして、その編集方法も強力だった。


【註】
（1）https://ja.wikipedia.org/wiki/ 木滑良久　20240319 閲覧
（2）『編集者の時代』２００９年　マガジンハウス刊　マガジンハウス編　P・10
（3）『編集者の時代』P・11
（4）『雑誌づくりの決定的瞬間 堀内誠一の仕事』１９９８年 マガジンハウス刊　P・２５４
（5）『考える人』２００９年秋号　新潮社刊　P・55

幕末・明治維新

幕末、木滑さんのご先祖様の話である。まず、二〇二〇年七月の『ブルータス』の東京特集。木滑さんのインタビューの冒頭にこういう文章がある。

「木滑」って苗字は山形県の方の名前らしいですね。米沢藩の家老で木滑という人がいると、歴史小説家の人が教えてくれました。だから東京人なんて言っても、何代かルーツを遡ったら大抵は地方出身なんですよ。(1)

ご先祖様は米沢藩の家老だという、ここでちょっとその話をしておこう。
実はある日、キナさんから電話が来た。開口一番、

シオザワ、お前、太りすぎなんだよ。やせなきゃダメだよ、ちょっと。

いきなり怒られた。わたしは「はい、わかってます。いま、ダイエットしてます」と答える。わたしは体重が増えると、二、三キロ増えただけで、顔がふっくらして太って見えてしまうタ

チなのである。手元の記録によれば、この電話が来たのは、たぶん二〇一六年の九月ころのことである。いまから七年前、マガジンハウスを辞めてから十五年が経過していた。

わたしがマガジンハウスを辞めたのは二〇〇一年の年末で五十三歳の時だった。そのころの体重は七十二キロくらいで、この電話をもらったときの体重は、記録によれば、七十八・五キロである。二〇一六年九月のわたしは、まだ六十八歳で、もうすぐ六十九歳になるところだった。ジョギングもやめてしまい、いまでもそうだが、運動不足の毎日で、体重減のためにはダイエット、食事制限しかない状態である。

それから、キナさんは要件をいった。

シオザワ、悪いけど、オレのご先祖様のことを調べて欲しいんだよ。
シオザワが一番、適任だと思って電話したんだよ。
ボシンラクジツっていう本のなかにキナメリっていうのが出てくるっていうんだよ。
なんかよくわかんないんだけど、それがオレのご先祖様なんだよ。
中央公論にいた人が書いた小説らしいんだけど、作家の名前もわかんないんだよ。
ボシンラクジツっていうんだ。ちょっと調べてみてくれよ。
こういうことはお前に頼むのが一番いいと思って、電話したんだよ。

要件はご先祖様探しである。「はい、わかりました。ボシンラクジツですね」。

ボシンラクジツ？

さっそくネットで検索してみた。カタカナそのままでググったら小説の名前はすぐにわかった。〝ボシンラクジツ〟は『戊辰落日』だった。こんな説明があった。

ぼしんらくじつ【戊辰落日】　綱淵謙錠（つなぶちけんじょう）の長編歴史小説。昭和48年（1973年）から昭和49年（1974年）まで「新評」誌に連載された。昭和53年（1978年）、上下2巻で刊行。明治維新政府により逆賊の汚名を着せられた会津藩の戦いを描く。（2）

綱淵謙錠というのは、昭和のこの時代に活躍した歴史小説作家。一九二四年生まれ。確かに中央公論社出身で、同社在社中には『中央公論』、『婦人公論』などの雑誌編集を経験したあと、『谷崎潤一郎全集』などを手掛けている。一九七一年に退社し、翌年、最初の歴史小説『斬』を発表し、この作品で直木賞を受賞している。

一九二四年生まれというと、吉本隆明、力道山、吉行淳之介、鶴田浩二、京マチ子、高峰秀子、春日八郎と、昭和の文化を作り上げた錚々たる顔ぶれが揃っている。綱淵さんの『斬』が本になったとき、わたしも夢中になって読んだクチである。読んでもらうとわかるのだが、彼は文中に資

24

料の引用を多用するやり方で、作品をまとめていた。これはいまのわたしの原稿の書き方である。

わたしは、当時まだ、月刊『平凡』の編集部にいて、大人向けの原稿書きをしていたわけではないのだが、彼の作品を読んで、目からウロコというか、そうか、このやり方があるのかと腑に落ちて読んだ記憶がある。わたしが週刊誌でドキュメンタリーのレポートを書きはじめたときに、資料をできるだけそのままの形で読者に読んでもらいたいと思い、そういう文章を書くようになったのは、実は、この人の影響が大きい。

ともあれ、『戊辰落日』という書名がわかった段階で、アマゾンで検索した。古本しかなかったが、さっそく注文、購入して本を読んでみた。同書は前述の引用の通り、確かに、幕末の会津藩を中心にした戊辰戦争の顛末を描いたものだった。そして、読み進んでいくと、話の途中で、

『戊辰落日』は1978年に文藝春秋から上下二巻で出版された。その後、1984年に文春文庫に収録された。2003年、歴史春秋社がむずかしい漢字にルビをふって読みやすくしたものを単行本として再刊行した。戊辰戦争の残酷と悲惨を伝える貴重な記録本である。

木滑要人という人物が何度も登場するのである。要人は二文字でかなめ、とルビがふられていた。身分は米沢藩の年寄である。年寄というのを辞書で調べてみると「江戸時代の大名家で政務に参与する重臣、家老」という意味だった。いまでいえば、会社の重役というところだろうか。

それで、その本をざっと読みして、キナさんに電話して概要を説明した。

それから、その本のご先祖様の木滑要人さんが出てくるところにポストイットを貼って、すぐわかるようにしてその本を郵便で送った。以下、本に同封した手紙の文面である。

お疲れ様です。電話で話していた綱淵謙錠の『戊辰落日』が届いたので、お送りします。綱淵謙錠は初期の『斬』や『苔』、『狄』などの小説は夢中で読んだ記憶があります。非常に切れ味のいい作品を書く作家だと思います。僕と正反対。

『戊辰落日』が最初に発表されたのは１９７８（昭和53）年のことです。そのときの版元は文藝春秋でした。僕が手に入れてお送りしたのは２００３（平成15）年に歴史春秋社という別の出版社から再刊行されたもので、漢字に全部ルビが振ってあり、あまり読書力のない人でも読めるように気を使っています。パラ読みしたのですが、最初の幕末・キナさんが登場する部分にポストイットを貼っておきました。

綱淵さん自体は、１９９６（平成8）年に72歳でなくなっています。

キナさんが「中央公論の人じゃないか」といったのは、その通りの部分があって、この人は作家になる前は中央公論社の編集者でした。同社の『谷崎潤一郎全集』などを手がけた人のようです。それで、木滑要人についてもちょっと調べました。ネットのなかに名前があり、そこで大変なことが判明しました。資料を添付しておきますが、幕末の米沢藩はキナさんだけでなく、甘糟さんもいて、大騒ぎだったようです。こんなコト、初めて知りました。偶然の一致かも知れませんが、歴史って面白いなと思いました。下っ端の雑兵の名前を調べると、石川とか椎根とか塩澤とかもいるかも知れませんね。それで、もし、このことについてもうちょっと調べろと言われれば、調べますから言って下さい。幕末のキナさんは日記を書いていたようです。読めたら面白いでしょうね。

石川、椎根はキナさんの腹心の元部下（176ページで説明しています）。

米沢藩は、もちろん、いまの山形県の米沢市にお城があった江戸時代の大名で、幕末のころのお殿様は上杉治憲という人物。米沢藩は戦国の勇将上杉謙信以来の名家で、秀吉の時代には北越（新潟県）、会津（福島県）、米沢（山形県）を領地とした百二十万石の、徳川、毛利、前田と並ぶ大大名だったのである。家臣は譜代だけで五千人をくだらなかったという。これに外様の豪族、地侍、郷士を加えれば、簡単に一万をこす大軍を集めることができた。

米沢藩の歴史的経過を細かく書いていくと、紙数がいくらあっても足りなくなってしまうからざっと書きするのだが、豊臣の時代に会津若松を根城にして百二十万石あった所領は関ヶ原のときに徳川家康ともめて、大幅に石高を削られて米沢に減封され、所領三十万石になり、その後、忠臣蔵の時代（実際には寛文四年）、殿様が後継を決めずに死亡した。

こういう場合、本来ならお家お取り潰しになるのだが、上杉謙信以来の名家ということもあって、さすがにそれはまぬがれ、十五万石に減封されて米沢周辺だけが領地になってしまう。往時の八分の一の規模である。江戸時代の歴史のなかでは悲劇的な名家の一つだった。

百二十万石時代にはたぶん、もっと多くの兵力を抱えていたのだろうが、藩の所領が八分の一に減っても、家臣五千人をそのまま召し抱えつづけた。当然ながら、経済の規模は十五万石（実際には農地開拓などで額面の倍、三十万石くらいだったらしい）で、米が不作だと飢饉などで困窮して台所のやりくりは大変だったらしい。

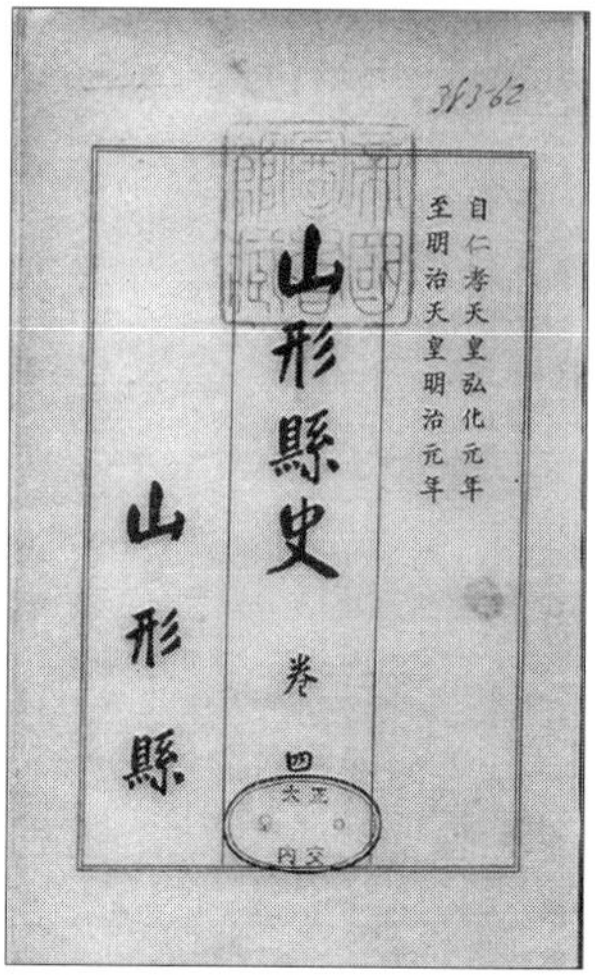

大正 9（1920）年発行の『山形縣史』この中に木滑要人がドンドン出てくる。

『漆の実のみのる国』上下。2000 年刊 文春文庫。米沢藩の明君、上杉鷹山の治世を描いた藤沢周平の歴史小説。

これは現代の会社でいうと、商売の規模のわりに五千人の従業員がいる釣りあいの取れない株式会社みたいなもので、社員たちはみんな愛社精神があって、安月給でも文句もいわずに働いている企業みたいなものだった。

藤沢周平の歴史小説に『漆の実のみのる国』という作品があるのだが、この小説の舞台が幕末寸前の米沢藩、明君といわれた上杉鷹山の治世を舞台にした小説なのだが、そのなかの説明に米沢藩は関ヶ原の戦いの「翌年秋、上杉は五千の譜代を温存したまま、食邑四分の一の米沢に移った。家臣の俸禄は三分の一にとどめたが、しかしこれが米沢藩の苦難の始まりだった」とある。(3)

細かいことは省略するが、この本にもあるのだが、このあとまた、前述したように跡目相続でもめて、所領を半分に削られてしまう。それでも家臣を減らすことはしなかった。十五万石のうち、家臣の俸禄が十三万五千石を占めたという。家臣の八割が俸禄だけでは生活できず内職手仕事をしていたというようなことが書かれている。

藤沢周平の『用心棒日月抄』などの時代小説では舞台となる藩の名前は明かされていない。藤沢は鶴岡の生まれで、彼の小説によく登場する［海坂藩］と言うのは庄内藩のことだというのだが、『用事棒日月抄』に登場する君主謀殺の首謀者だった大富丹後を誅殺する場面は、『漆の実の～』に登場する君側の奸、森利真を成敗する場面にそっくりである。経済事情や政治状況なども元々の資料を当時の米沢藩の記録に基づいて執筆したのではないか。

米沢藩の行政組織は歴史的にも解明されており、命令系統も判明していて、これはいまも記録に残っている。奉行とよばれる職掌（これが家老、全体の行政を取り仕切る役目）の下に［中の間年寄］という役職がある。家老の意味を調べると、年寄とか宿老と同義語とある。

話を綱淵謙錠の小説『戊辰落日』に戻すのだが、前述した通り、この小説のなかに木滑要人という人物がいる。これが木滑さんのご先祖様。

さらに詳しいことを調べようと考えて、国会図書館にいったのだが、ここで大正時代に山形県が編纂した『山形縣史』という資料を見つけた。この本のなかに［木滑要人日記］の名称で、ご先祖様の木滑さんが書いた日記が幕末、慶応から明治にかけて、戊辰戦争のころの米沢藩を中心にした記録として大量に収録されているのである。

『山形縣史』の文中では木滑要人さんの呼称は一定せず、年寄とか相とか参政とか中乃間年寄とかいろんな肩書きで書かれている。別資料になるが、『東北の幕末維新—米沢藩士の情報・交流・思想』という本のなかでは、彼の肩書きは［中之間年寄］となっている。（4）

いずれにしても藩の重役の一人で、主席家老を総理大臣だったとしたら外務大臣的な存在だったのではないか。［木滑要人日記］の現物は米沢市立図書館に保存されているという。

日記の内容は例えば、こういう記録である。


會藩君臣恭遜謝罪ニ相至極候上ハ寛大之御処置可有之御周旋之方、尤謝罪廉御立て無之てハ不相成儀ニ候得共両参謀（大山格之助、世良修蔵）之申聞の如く容保公の首を差出し、若狭守様ハ擒にして軍門ニ差出し、五七万石を以會津の社稷御存しナド惨酷を極め候事ニてハとても會藩承服も無之、又御家ニても右様之事を以て御周旋可被遊も無之儀…（5）

原文はカタカナとひらがなと漢字の混淆した不思議な文体だが、幕末の侍が書く文章というのはこういうものだったのだろう。これは新政府軍（薩摩長州土佐など）と旧幕府軍（會津、庄内藩など東北同盟）の間に板ばさみになって、なんとか戦争を避けようとして米沢藩を代表して調整をつづけている、その途中の感慨と苦労を記録したもの。薩長の言い分（世良修蔵ら参謀たち）が強硬で、会津が一生懸命に謝っているのに、薩長は戦争したくて仕方ない、会津との調整なんかとても無理だと嘆いている文章である。

この文章の歴史的背景をちょっとだけ説明しておくと、会津藩主の松平容保は鳥羽伏見の戦いが起こるまで京都所司代の任にあり、新撰組などを使って京都の治安を維持していて、池田屋事件や蛤御門の変などで長州や薩摩、勤王の浪士たちにかなり深い恨みを買っていた。薩摩の世良修蔵らは会津藩を絶対に許さないと公言していて（世良は直後に仙台藩士らに暗殺されてしまうのだが）、戦争は避け難い状況に立ち至っていくのである。

『戊辰落日』のなかにも、木滑さん（木滑要人）が剥き出しで出てくる場面がある。わかるように前後の事情から引用すると、こういうことである。

米沢藩の宮島誠一郎がたまたまこの閏四月十九日、藩命で白石城に赴く途中、国境の湯ノ原駅へ出ると、庄屋の庭に長棹の籠が数梃置いてあり、護衛の武士が数名いたのでたずねると、会津藩家老梶原平馬の一行で、これから白石に嘆願におもむくところだということだった。そこを過ぎて峠田と滑津のあいだに差掛ったところで、前方から飛ぶように馳せてくる早駕籠に出会った。

駕籠の主は米沢藩の参政（註・若年寄、側用人などの別称）木滑要人であった。木滑は籠のなかから宮島を認め、「もういかん、もういかん」と叫び、「噫！天下の大事去る」と浩嘆した。駕籠に近づいて委細を聞くと、仙台・米沢両藩主から提出された会津救解書も奥羽列藩の嘆願書も奥羽鎮守総督九条道孝から突き返された。もはや戦争以外に道はなく、それを藩庁に知らせに戻るところだ、と答えた。（6）

木滑要人は会津藩＝奥州同盟と官軍のあいだに立ち、なんとか戦争を避けようとかけずり回って失敗に終わる悲劇の人物のひとりだった。やがて、戊辰戦争が本格的に始まり、会津若松では藩の侍たちが出征し、残された妻が娘や息子を道連れにして、心中、自殺する悲劇がくり広げられるのである。

そして、廃藩置県によって、各大名が版籍を奉還し、家臣たちは侍の身分を捨てざるを得なくなる。木滑要人はおそらく藩主に従って上京し、東京での生活を始めたのではないかと思うが、それ以降の詳しいことはわからない。

これが、キナさんが生まれる六十七年前の話で、この年数から推測して、木滑要人さんはキナさんのヒイお爺さんとかヒイヒイお爺さんとか、そういう世代ではないかと思うが、生年月日の記載がどこにもない。

それでもこの話を知って、わたしはいつか木滑さんを自分が運転する車の助手席に乗せて、会津若松から喜多方を通り、街道筋を辿って、いちど米沢を訪ねてみたいと思った。

若いころ、一度このルート（米沢街道）をドライブしたことがあったのである。

わたしがそれをいうと、木滑さんはわたしの自動車運転の腕前をまったく信用していない口調で、「シオザワの運転で行くのかヨ。大丈夫かヨ」といわれた。わたしも若いころは自動車の運転に自信があり、東名自動車道を使って、東京と京都を日帰りで往復したこともある。自動車運転の猛者だっだのだ。

歳をとって身体の持久力が多少衰えたような気がするが、ここは意地を張って、「大丈夫ですよ、車の運転には自信があります」と答えた。そのとき、この旅が実現するのなら、福島県出身でそもそもの家業が郡山市の土建屋さんだという椎根和も誘ってあげたら面白いだろうな、と思った。しかし、この話はけっきょく実現しなかった。

ご先祖様の話のつづきがまだまだあるのだが、それは稿をあらためることにしよう。

このご先祖様探しの電話でのやり取りは二〇一六年のことだが、多分、九月ころだったと思う。

このあとすぐ、木滑さんから呼び出されて、目白の駅のそばにある和風洋食の旬香亭という名前のレストランでランチをご馳走になった。

目白は木滑さんが住んでいる町だった。

そこで、わたしは木滑さんといっしょに食事しながら、もう一度、木滑さんと仕事したいなと思った。だから、目白に事務所（自分の仕事場）を移したかった。

くわしいことは後述するが、わたしは自分の本を書く資料を手にいれるために、キナさんと何度も顔を合わせてインタビュー取材していて、そのたびに、「今度のもう」とか、「落ち着いたら飯を食おう」とか「いっしょになんかやろう」というような話になっていた。

【註】

（1）『ブルータス』2020年7月1日号　P・78

（2）https://kotobank.jp/word/戊辰落日-1741954　20240319閲覧

（3）『漆の実のみのる国・上』2000年刊　文春文庫　藤沢周平著　P・22

（4）『東北の幕末維新――米沢藩士の情報・交流・思想』2018年刊　吉川弘文館　友田昌弘著　P・92

（5）『山形縣史・第四巻』1920年刊　山形縣内務部　P・748

（6）『戊申落日・上』1984年刊　文春文庫　綱淵謙錠著　P・79

いまのマガジンハウスについて

世上でいまのマガジンハウスの評判はどうなのかと思い、インターネットを検索して調べてみた。就職ガイドのページでは［入社超難関企業］とあり、新卒の学生が就職するのはけっこう大変らしい。学生たちのあいだでは、いまでも人気企業のようだ。もう十年以上前の記憶だが、新卒募集若干名のところ、入社希望の申し込みが三千人きた、という話を聞いたことがある。わたしが就職した五十年以上前（一九七〇年）と同じような、何百倍という状況である。それで、問題はここからだ。ネットのなかに［Yahoo! Japan 知恵袋］というのがある。そこにこんな質問というか、相談が寄せられていた。（1）

［質問］将来マガジンハウスに就職したいのですが、やはり最低でもMARCHレベルの大学を出ていないと厳しいですか？

MARCHレベルのMARCHというのは、明治大学・青山学院大学・立教大学・中央大学・法政大学」の頭文字をとったもので、関東で知名度の高い大学群のこと。

これに対するベストアンサー。「このベストアンサーは投票で選ばれました」とある。

答え①マガジンハウスなんて出版不況でボロボロです。君はバブル時代か90年代からワープして来たのかい？　君の使っているインターネットのせいでこういう雑誌は売れないんだよ。いまどき珍しいなと。『アンアン』とか『ハナコ』世代なら分かりますが……。
http://magazineworld.jp/　これ見て、果たしてどういった読者層がいるのか。そして出版市場が2兆6千億から1兆4千億にまで激減して毎日1日1軒ペースで書店が潰れているという現実を知ってから再質問してください。

答え②この業界に未来はないからやめとけ。人口逆ピラミッドの世界でそもそも採用があるのか、仮に採用があったとしてインターネットコンテンツの仕事で潰されるのがオチだから「やめとけ」。中高年は働かないし。全部仕事はごく少数の若年者編集者に行くものと思ってください。

これはずいぶん情けない書かれようである。
マガジンハウスなんか就職するなといっている。
しかし、これらのコメントは出版業界というか、マガジンハウスの事情にもある程度は通じているが、それ以上ではない、〝素人の玄人〟が書いたものではないか。

両文とも説明不足で、生半可でボロボロだが、部分的には当たっているところもある。

このなかで一番気になるのは「中高年は働かないし。全部仕事はごく少数の若年者編集者に行く」という箇所。このくだりには苦笑いしてしまった。

これは相当内情に詳しくないと書けないことである。３６３ページを参照していただきたい。

いま、手元に一九九〇年に発行された『ろまん別冊・＊'90＊４４４人』という冊子がある。表紙に石川次郎という名前ハンコが押されている。二人で机を並べているときに持ちまちがえたらしい。わたしの名前のハンコを押してある社員カタログはたぶん、次郎さんが持っている。

『ろまん』というのはそのころ、マガジンハウスの総務部が作っていた社内報である。社内報でカタログ形式の社員名簿を作ったのだ。

４４４人というのはこのころのマガジンハウスの正社員の総数。それが、これから話をする三年後の一九九三年も同じくらいか、それ以上の数の社員がいたのではないかと思う。

いまのマガジンハウスの社員数は１９３人ということだから、社員の人数的にいうと、半分以下の規模の出版社になってしまったということである。

三十年のあいだに社員の数が半数以下になっている。これはどういうことなのだろう。

ここから、古い昔話をしなければならないのだが、いまから五十四年前、一九六九年の十二月のことである。わたしの話。平凡出版（いまのマガジンハウス）に就職が内定して、学校を卒業したら新卒入社するという話になったあと、アルバイトをしてくれといわれて会社に呼ばれ、『別冊週刊平凡』という臨時増刊の雑誌を作るのを手伝った。

このときに、いっしょに仕事したのが渡辺整さんという人で、この人は『週刊平凡』の編集部で木滑さんと並ぶ才人といわれたグラビア・デスクのキャップだったのだが、台風のようにものすごいブームだったグループ・サウンズに入れこみすぎて、台風一過後、販売部数の激減にともない、編集長の北川辰男氏ともども更迭されて新雑誌を開発しろという指示を受けて、ふたりだけの編集部を作り、部下がいないので、まだ新入社員にもなっていない入社予定のわたしを召集したという次第だった。わたしはここで初めて、本格的な雑誌編集というものを経験したのだが、一生懸命に働いて一冊作り終わったあと、セイさんに近所の小料理屋に連れていかれて、生まれて初めてあんこう鍋という代物をご馳走になり、「お前はよくやった」と褒めてもらった。

事前の説明が長くなったが、そのとき、鍋をいっしょに食べながら「お前がこの会社で生きていくための重要なことをオレが教えておいてやる」といって、アドバイスをしてくれたのだ。それはこういうものだった。

シオザワ、この会社は編集者が百人いたら、そのうち九十五人は仕事ができないヤツだよ。仕事ができるヤツは五人くらいしかいない。会社のエライ人はそう考えているよ。社員の95パーセントは仕事ができないヤツだよ。

そのことを忘れるな。お前は努力して5パーセントに入れよ。

そのほかにこういうことも教えてくれた。

いままで誰も考えたことのなかったような新しい、面白い企画を考えろ。
それが仕事ができることの本質だ。感覚をみがいて、
自分がダメにならないように、勉強しつづけるしかないんだよ。

これがこのとき、セイさんがわたしに話してくれたことだった。

あとから思ったのだが、社員になって編集者として仕事をし始めてから、こんなに役に立ったアドバイスはなかったと思う。「95人は仕事のできないヤツ」という発言は衝撃的だったが、これは事実だった。わたしが編集手伝いをした『別冊週刊平凡』は戦後の流行歌を集めた週刊誌サイズの500ページくらいある分厚い歌本だったのだが、残念ながらあまり売れなかった。

新雑誌の構想は宙ぶらりんになってしまったのだが、このころ、渡辺プロダクションが新しいレコード会社（ワーナー・パイオニア）を作るという話があり、渡辺美佐さんから平凡出版あてに木滑さんをうちにトレードしてくれないかという申し入れがあったというのだが、木滑さんはこの話を断り（清水達夫さんが断ったらしい）、渡辺セイさんが代わりにこの転職話を受けて、

ワーナー・パイオニアの宣伝部長に引き抜かれ、会社を辞めていった。

わたしは入社したあと、上司の副編集長や編集長から「人マネでない、新しい、面白い企画を考えてくれ」と、話を聞いているこっちまで口が酸っぱくなるほど、このことを繰り返していわれた。要するに、わたしが入ったころの平凡出版の上層部は、「人マネでない面白いページを作れるかどうか」、このことを基準にして「あいつはいける、あいつはダメ」という区分けをしていたのだ。

木滑さんは自分が編集長だったころの編集部について、次のようにいっている。


オレは編集長をやっていたとき、コイツは面白いと思うヤツしか見てなかったんだよ。そいつにはいろいろ言った。そいつは雑誌のために一生懸命に走ってくれるんだよ。デレっとしてるヤツ（面白い仕事の出来ないヤツという意味）は知らんぷりしてた。だから、オレの編集部ってね、そういう編集部だったのよ。


仔細はあとで説明するが、あるときのわたしのインタビューである。

仕事のできるやつしか、相手にしなかったといっている。これはセイさんが「百人いたら、仕事ができるヤツは五人しかいない」といったのと同じことをいっているのである。

役員になってからの木滑さんはあまり人の好き嫌いをむき出しにしなくなったが、本当はイヤなヤツとは口も聞きたくないというような、そのことについてはかなり激しい性格の人だった。逆に、好きになった人には敏感に反応して、その人といろんな話をして、世間のことや流行、社会で起こることをどう考えているか、知りたがった。小冊子のなかにこんな一文がある。

長い間ライフスタイル雑誌ばかり手がけていると、知らず知らずのうちに狭い視野の中で、馴れた手つきで仕事をする癖がつき、世界で何が起こっても反応が鈍く、まるで、ウィンドディスプレイのようなつくりものの誌面だけが空しく続くのです。これは、実に恐ろしいことです……。(2)

キナさんは表面は普通っぽく装っていたが、頭のなかで考えていることはかなり過激だった。あるとき、こういうこともいった。これも忘れられない会話である。

これも三十年以上昔のことだ。多分、一九九三年の初め、石川次郎が会社に辞表を出して辞めていったあとだったと思うが、築地の料亭だったたか、会社のそばにあった『野の花』という喫茶店(このあともときどき呼び出されて、ここでお茶を飲んでお説教された。『野の花』もなくなってしまった)だったか、そこであらたまった口調でこういったのである。

今度の不景気は一年や二年で終わるような生易《なまやさ》しいもんじゃないぞ。
このあと、二十年つづくか、三十年つづくか、わかんないぞ。
そのつもりでいないと大変なことになる。
オレたちも覚悟しなきゃなんない。

忘れもしない、こういうことをいったのである。

キナさんが「これからエライことになるぞ」といった一九九二年の初頭というと、ソ連が崩壊して一年、はっきり日本経済のバブルがはじけて、三年前に三万八千円あった日経平均がこのころは一万六千円と、どうしようもないところに落ち込んで、わたしもワケがわからず、これは大変なことになったな、日本はこの先どうなるんだろうと思っていたところである。

木滑さんは人のする話の理解力の高い人だったから、誰かこういうことをアドバイスしてくれる人がいたのかもしれない。時代の先を読む感覚が異常に発達していた。

それだけではなく、人の書いた企画書や雑談の最中に「こういうのをやりたいんです」というような企画の提案をすると、その企画の可能性を読み取る感覚が異常なくらい秀《すぐ》れていた。

例えば、『ポパイ』の原案になった雑誌（このときはまた、タイトルなど決まっていなかった）の企画書の草案は石川次郎が書いたものだったが、彼はその企画原案を読んだ途端に、その雑誌の無限に近い可能性を、自分のやりたいと思っていたことに結びつけて、瞬間的に理解した。

木滑さんの編集者としての最大の武器はこのことだったと、わたしは思っている。
人間についても同じで、波長が合うか合わないかを、言葉のやり取りの瞬間に相手の人間力のようなものを見抜いて、付き合うか付き合わないかを判断していたのだろう。

冒頭で、三十三年前は社員４４４人だったのが、いまは１９３人しかいなくなったと書いたが、要するにあのとき、木滑さんがいった「三十年つづく大変」をマガジンハウスは社員を半分以下に減らして生き延びたのである。これは退職金を上乗せして早期退職者を募《つの》った（わたしも二〇〇一年の年末にこれで辞めた）のと、若い年齢の新入社員の採用を最低限の人数にして、年次に合わせて大量の定年退職者が続出したことで可能になったことだった。

1990年に総務部が作った社員名簿。社員の数が増えすぎて、社内でも誰がどこの所属でなんという名前か、わからなくなっていて、こんな名鑑を作った。

1968年12月発売『週刊平凡』の臨時増刊。入社前のわたしの初めての編集仕事。表紙は森進一といしだあゆみ。

早期退職制度は一九九〇年代の末から始まっていたが、本格的には二〇〇二年から社長になった石崎孟を中心にしておこなわれた。これは端的にいうと、勉強不足で、考え方が硬直してしまい、高齢化して使いものにならなくなった社員編集者を整理した作業である。

社員の働き方も、昔は一冊の雑誌を二十人くらいの正社員の編集者を集めた編集部で作るというやり方だったが、このあと、現場の編集者は六、七人で、大量のフリーランスの人たちで脇を固めて、一冊ずつ雑誌を作りつづけるというシステムに変わっていった。

組合ともめながら編集部を整理し、正社員の編集部員の人数を減らして、具体的にこのシステムを構築していったのは九〇年代末に『ブルータス』の編集長を務めた斎藤和弘（この人もわたしの元部下だった）なのだが、一冊の編集をそっくり任せられる、現場の、力のある編集者を六、七人だけ残して作っていくやり方だった。その号だけの編集長みたいなものだ。

これは木滑さんが「信頼しあっている仲間だけでやるんだ」といっていた編集システムにそっくりなのである。斎藤の組織改革はたぶん、木滑さんの入れ知恵だったのではないか。社員編集者は少数精鋭で、その人たちが世間のいろいろな物知りの人たちの知恵を集めるというのはそもそも木滑さんの本来の雑誌の作り方だった。

木滑さんの雑誌作りは仲間＝気の合った同士で知恵を出し合って雑誌を作る、というものだった。規模の大きな同人雑誌のようなものだ。しかし、同人雑誌は雑誌の出発点であり、基本形なのだ。

小冊子『木滑さんの言葉』の話に戻るが、その26ページにこういうのがある。

いろいろな才能を持った人たちが
編集長のもとに離合集散して雑誌を作る、
〝国境なき編集部〟がベストです。(3)

これは二〇〇一年の『週刊東洋経済』からの引用。

これも別段で説明しているが、初期の『ポパイ』はそのやり方で、成功したのである。

それがそのあと、組合から、「フリーランスを編集者として使っているのはルール違反だ。編集は正社員の編集者がやらなきゃおかしい」とクレームをつけられ、やむなく、社員編集者を編集部に参加させて（キナさんの口調から察するにイヤイヤに入れて）、体裁を整えるのである。

これは、実は淀川美代子も同じ作り方をしていた。

言い方は木滑さんよりも穏やかだが、こんなことをいっている。わたしとの一問一答である。

塩澤　昔のマガジンハウスの雑誌の作り方って、大きく分けると、甘糟さん（甘糟章）みたいに読者をモニタリングしながら企画の肉付けをしていくやり方と、キナさんがやったみたいな、自分が面白いと思ったことを徹底的に追求するやり方があったと思うんです。

淀川　わたしはやっぱりキナさん派かな。甘糟さん的なやり方はあまり好きじゃない。読者はもちろん大事なんだけど、読者をモニタリングして作ると、それはもう遅くて時代遅れの感じがするのね。読者が求めていないものを提供して、それの楽しさとかおもしろさをわかってもらう、それがわたしの作り方なんです。

塩澤　自分の好きなことを提案すれば、ある部分の人たちに引っかかるということだと思うんだけど、それにしても淀川さんの作り方は、そうやって作った雑誌を買った読者があとに残って、数が増えていくわけじゃないですか、発行部数が増えて。それは単なる編集の技術っていうことだけじゃすまされないと思うんですよ。

淀川　わたしなんかは自分で思いついて、それを形にしてくれるのは周りの人ですから。雑誌を作るときに重要なのは周りの人ですよね。まわりに有能な人が何人かいないと、自分だけ一人いたって、なにも出来ないからね。編集部には何人もの編集者が集まってくるけど、その中に、二人か三人、わたしの雑誌作りを理解してくれている、仕事ができる、いい感覚の編集者がいれば本は作れる。そういう人たちに頼って本を作れば雑誌は売れていく。シオザワさんみたいに本を書く人はひとりでいいけど。雑誌は一人では作れない。一番重要なのは周りの人ですよね。自分一人だけでは何も出来ない。（4）

ほぼ、木滑さんと同じことをいっている。

なぜ、この体制がベストなのか、実はもうひとつ、大きな理由がある。

こういう話の前提になるのだが、社員に毎月払う給料より、ライターにしてもカメラマンにしてもフリーランスに原稿料を払うほうが安くてすむというコストのことがあるのだ。

社員はみんな高給取りで一番経費がかかる。正社員のリストラは固定的な出費（人件費）を減らす作業である。あまりきつい書き方はしないようにしないといけないのだが、要するに社業を縮小するなかで、少数精鋭主義といえば聞こえはいいのだが、組織を少人数構成にして、フリーランスの使い方をシステム化して、というリストラ化を推進したのである。

あけすけなことを書くと、使い物にならなくなった高齢の編集者を無理やり整理して、編集長の雑誌作りに反応できる社員を温存した、ということだった。

普通の社員はこれで整理したが、リストラを実行した社の上層の役職者は辞めるわけではなく、特に編集局長とか編集担当役員とかは管理以外に何かやることがあるわけではなかった。

彼らは新しい地平を切り開く編集能力も喪失していて、新雑誌を手掛けても、雑誌をリニューアルしようとしてもうまくいかなかった。

冒頭の辛口のマガジンハウス評にもどるが、「中高年は働かない。全部仕事はごく少数の若年者編集者に行く」といっているのはちょっと大げさだが、このことをいっているのである。これはしかし、別の言い方をすると〝保守派〟の編集者といいかえれば、彼らが救われるかもしれない。

しかし、そういう状況下では、雑誌を売る力を持つ〝革新派〟の年齢の若い編集者たちが実績をあげても思うように評価してもらえず（＝手柄を立てても編集長以上に昇格させてもらえるわけではなく）けっきょく辞めていった人もいた。具体的に誰、誰というようなことはあまり書きたくないが、前出の『ブルータス』を立て直した斎藤和弘もそうだったが、シティ・ボーイという言葉を復権させて、ヨレヨレになっていた『ポパイ』を蘇生させた編集長だった木下孝浩が突然会社を辞めて、ユニクロの執行役員になってしまったことなどはその好例である。

わたしは木下からこんな話を聞いた。十年ほど前におこなったインタビューでの発言である。

ぼくはやっぱり、（ブランド品とか高級品の広告ページをアテにした）集広依存型の雑誌作りというのは、対象になる読者層にとってはあまり、健全じゃないと思うんですよ。ただ、最初からマスに向けて雑誌を作ると、（雑誌空間としての）広がりがなくなってしまうと思うんです。マガジンハウスが作るべき雑誌というのは、ピラミッド型の一番上にいる感度のいい人間にポンと投げて、そこから下に広がっていく、というのが正しいやり方のような気がするんです。昔の『ポパイ』もクラス全員が読む雑誌ではなくて、クラスの二、三人がこれ、なんか面白そうだぞって見てくれてたんだと思うんです。

ぼくはマガジンハウスの雑誌がすごかった時代、少なくとも『ポパイ』が面白くて『ブルータス』も面白かった時代というのを読者として知っているから、もう一度、そういう雑誌にもどしたいと思ったんですけれども、いまの若い編集者はそんな時代のことは知りませんからね。会社的にも、上の人たち（上司と役員？）は『ポパイ』にあらためて「シティボーイ」という言葉を使うのは反対だったんですよ。そんな古臭い言葉をつかっても、誰も知らないだろうし、カッコ悪いだろうといわれた。だけど、ぼくにとってはこの言葉が『ポパイ』のアイデンティティのすべてだと思っていたし、誰も使わなくなってしまった言葉だからこそ、いま使うことに意味があると思ったんです。

シティ・ボーイという言葉をキー・ワードにして雑誌を作りたいということをいって、何度も何度も繰り返してそういう本を作っているうちに、その言葉がかなり浸透してきた。いまあるマーケットに向けて本を作ろうとしたんじゃなくて、ないマーケットを作ろうとしたから成功したっていうことはあると思いますね。

昔はものすごい編集費を使ってお金のかかる取材をしていたという話は聞いているんですが、いまみたいな状況のなかではそれと同じようなことができるわけはないんだけれど、そういうなかでどんな面白いことができるか、いま、この社会だから、なにを提案したら雑誌を買ってくれる人が増えるのか、そう考えるのが現実的だと思っているんです。（5）


このあと、彼は露骨に名前をあげて、わたしに「無能でイヤになりますよ」というようなことをいったが、もう辞めてしまった人たちばかりだし、その人たちの名前は省略する。

まだないマーケットを作り出そうとする編集者たちは、いまあるマーケットにしがみついて本を作っている編集者たちに非常識だ、冒険主義だ、いまの時代に合わないと批判され、陰口を叩かれて、みんなイヤになってやめていってしまうのである。そういう事象を見るにつけ、自身は過激な革新派であるのに、不況のなかで会社の保守と存続を中心に考えざるを得なかった木滑さんの胸中はさぞ複雑だったろう。

最後に。冒頭の質問の答えに「マガジンハウスは出版不況でボロボロ」とあるが、これも言い過ぎである。マガハが出版不況で苦労していることに変わりはないが、令和五年の年末、社長だった片桐隆雄は「今年は12億円の黒字でした。これで十三年連続の黒字です」といっている。だから、赤字でヤバイという話ではないのである。

その昔、全盛期のことだが、確か60億円の利益を計上していた記憶がある。それを思えば、ずいぶん痩せ細ったなとは思うが、社員の数が昔の半分以下になっていることを計算すれば、贅肉が落ちて、痩せてスリムになったと書くこともできる。

会社は黒字なの だから病気ではない。

何年か前のことだが、早稲田大学の先生の本を作って、文学部のふたりの女子学生に頼まれて、早稲田祭に参加したことがある。

著者の先生の講演と本の即売をして、本はまずまずの売り上げだったのだが、ふたりとも四年生で、就職が決まっていた。ひとりはディズニーランド、もうひとりはＮＨＫだという。わたしたちの時代は四年生の女子はみんな就職先に困っていたものだが、いまの女子は恵まれている。

時代が変わったなあと思ったものだ。

　ふたりはわたしがマガジンハウスの雑誌編集者の出身であることを知っていて、雑談で「いまの雑誌ってマガジンハウスのひとり勝ちですよね」といった。学生の目から見て、そう見えるのかと少し驚いたが、確かに、マガハの雑誌は他社の雑誌に比べると、背筋がピンとしていて、立ち位置がしっかりしている印象がある。こういうことは女の子のほうがわかるのだ。

　このあとのマガジンハウスの問題は、紙の出版物（雑誌）をベースにして、インターネットを初めとするデジタルの世界で、どういう戦略をとって、自社マーケットを広げていくか、このことではないかと思う。聞けば、鉄尾周一が新社長になったというが、誰が社長になってもマガジンハウスの将来が心配である。


【註】
（1）https://detail.chiebukuro.yahoo.co.jp/qa/question_detail/q1116690803б
　20240319 閲覧
（2）社内報『ろまん』第24号
（3）『週刊東洋経済』２０１１年3月26日号　東洋経済社刊　Ｐ・１１８
（4）『雑誌の王様』２０１３年刊　河出書房新社　塩澤幸登著　Ｐ・２５３、Ｐ・４４８
（5）『雑誌の王様』Ｐ・４９６

ロジックとエモーション

もう一度、九月に行われた「お別れの会」で配布されたパンフレット『木滑さんの言葉』に戻ろう。その二ページ目に載っているのは次の言葉である。

ロジックよりもエモーション、
みんな、雰囲気っていうかさ、
ワーッと「行こう」っていう感じが出た瞬間に
うまく分別できるんだよ。（1）

これは雑誌『ｒｅｌａｘ』の「大人になりましょう」という特集のなかに登場した木滑サンのインタビュー記事の一部抜粋。このとき、キナさんは七十四歳である。
これも一番大事なところを書かずに、当たり障《さわ》りなく美味しいところをピックアップ編集した文章。この部分だけ取り上げても、なんのことかわからない。なにをいっているかわからないように抜粋引用して、もったいぶってありがたがらせようという魂胆なのだろうか。アフォリズムではないのである。キナさんもこのことをこういう単体の使い方で読ませたら、怒り出すのではないか。当該雑誌のリードはこういう文章である。

特集「大人になりましょう」の大トリです。紅白歌合戦だって、大トリは北島三郎とか（最近は違うの？）一番年長の偉い人と決まっています。自分にとっていちばん偉い人、マガジンハウス最高顧問、『ＰＯＰＥＹＥ』や『ＢＲＵＴＵＳ』を作った人。『ｒｅｌａｘ』のゴッドファーザー、木滑良久、キナさんにインタビュー。74歳です。

大トリは北島三郎とか、キナさんが嫌いそうなことを平気で書いている。いまから二十年くらい前のインタビュー記事である。全文引用はやめておくが、重要な骨子を転載するとこういうことである。

――イヤですか、インタビューは？
木滑　イヤだ。どうせロクなことにならないから。
――そんなことないですよ。
木滑　ホントにそんなことない？　どれくらい？
――いや……どうとでも。短いほうがいいですか？
木滑　そりゃそうですよ。近頃はけっこう忙しいんだよ、オレ。ロウソクの火が消える寸前って明るくなるじゃない?

——いや、そんなこと言われても(笑)。じゃあ始めます。テーマは『大人になりましょう』。ぼくが考える理想の大人像というのは、「チャーミングな無責任」なんですけど、木滑さんはそれを体現している人だと思うのでお話を伺いに来ました。

木滑　何を言っているんだよ。失礼だな(笑)。あのさ、世の中に大人なんていないんだよ。幻想。老化していく肉体は確かにあるんだけどさ、基本的に大人って、いい意味でも悪い意味でもいない。

——ありゃりゃ。いきなりすごい結論(笑)。

木滑　団塊の世代がみんな定年退職していくから、「これからのマーケットは高齢者にある」みたいなことを言うじゃない。そんなことまだ言ってるのかってオレは言いたい(笑)。すぐ「30代の女性に向けて〜」とか言うけどさ、年齢なんか関係なくいろんなタイプがいるわけでさ。いつまでたっても発育不全のキミとか(笑)。だからホントに「大人って一体なんなんだ?」って言ったら、そんなものないんだよね。「典型的な大人って誰ですか?」って言えないでしょう?(略)

インタビューを受けながら、キナさんがうんざりしているのが伝わってくる。

話をする本人が面白いと思えないような話が、他の人が聞いて面白いわけがないというのが、キナさんの基本の考え方である。インタビュアーの〝キミ〟を発育不全と言っているのは、皮肉に満ちた本音だろう。随所に（笑）が入っているが、これはそんなものなしで読んだほうがいい。「チャーミングな無責任」などというのは単なる言葉のお遊びである。

お前、なにをバカなこと言っているんだ、というのが、このインタビューとこの特集に対するキナさんの本音、基本スタンスである。名前をあげたらかわいそうかもしれないが、インタビュアーは、このときの『リラックス』の編集長で、わたしの『ガリバー』編集長時代の部下の一人だった岡本仁なのだが、彼の、というか、マガジンハウスの〝大人〟の編集者たちの悪いクセなのかもしれないが、この「大人になりましょう！」という特集は頭のなかで企画をひねくりまわして作り出した〝理屈〟が充満した〝ロジック〟な代物である。

小冊子の13ページにこういうのがある。

世の中にはあまりにも〝理屈〟が多すぎるのではないだろうか。肩ひじ張った精神で、どんなに力んでも叫んでも人びとの心をとらえることはできない。あらたまって向かい合うよりも楽しいコミュニケーションの中からこそ共感が生まれる。（2）

岡本は大人になることが面白いことだと思ってこの特集を作っているのだろうか。

世の中では、「大人対応」ということを、だいたい、見て見ぬふりをするニュアンスで、忖度とか遠慮というような意味で使っている。

昔のマガジンハウス（平凡出版）の編集者だったら「大人になんか絶対ならない！」というようなタイトルで、世の中の不良品の人間たちの言い分をいろんなところから集めてきて、常識破壊的な巨大な特集を作っただろう。芸能界でいったら、ケンカっ早かった若いころの石原裕次郎、一生不良を貫いた内田裕也とか暴力の匂いが付き纏っていたシャープホークスの安岡力也、講談社に殴り込みをかけたころのビートたけしとか公衆電話の掛け方も知らなかった黒澤明とか……社会の規範や常識に抵抗しながら生きようとした人間たちを取り上げるだろう。

多分、そのほうが雑誌は売れただろうし、キナさんもそういう企画だったら、もっと饒舌になっただろう。こういうサブ・カルチャーの雑誌の特集企画というのは、核の部分に常識が仕切っている社会に対する［毒］がなければ、大勢に支持されることはないのだ。岡本はそのことがわかっていない。引用（インタビュー）をつづけよう。

――木滑さんは自分が若い頃に、大人だから憧れるみたいな人はいなかったんですか？
木滑　そういう理由で憧れたことはない。清水さん(清水達夫。マガジンハウス創業者)だって、すごく好きだったけど、大人じゃなかったもん、ぜんぜん。むしろ死ぬまで子供だった。

そういう意味では、大人になってはいけないんじゃないの？　もし大人っていうのがあったとしても。

——「なりたい大人がいないから大人になりたくない」みたいな言い方どう思います？

木滑　精神的に洗練されてカッコよくなっていく大人っていうのは絶対にないと思っている。だけどさ、物理的な老化に対して、例えばちょっと筋肉つければギックリ腰にならないとか、肉体的に若さをたもちながらぽっくり命が終わる、そういうことをちゃんと務めている人間が偉いと思うんだよね。尊敬できる。「大人になりましょう」だっけ？　そのテーマ、ぜんぜん面白くないね（笑）。

——（笑）すみません……。

木滑　面白くないよ、実に。みんな「にわか」っていうか、そういう勉強しすぎちゃった。そういう教育を受けすぎちゃった。だからなんでもかんでも理屈の裏打ちがないと通らないみたいなところがあるけど、世の中って結局、理屈じゃ動かないんだっていうことがわかったね。

——なんで動くんですか？

木滑　エモーション、ロジックよりもエモーション。


だいたい、こういうようなことで冒頭引用のあとの文章につづくのである。

キナさんが嫌がりながら話をしている様子が行間からビンビン伝わってくる。企画そのものに文句があるのだが、それは編集長権限だから、あまりドギツイことはいわずにいる。それでも口調はかなりきつく、途中で「もうこのくらいでいいだろ」とインタビューを打ち切っている。

雑誌『リラックス』は一九九六年に椎根和を編集長にして創刊したがうまくいかず、そのあとを岡本仁が引き継ぐ。このとき、雑誌が左開きの本文横組になっていて驚いた。左開きで文章横組の雑誌というのはマガジンハウスにはこれまでなかった。

この体裁は普通、社会科などの教科書とか学術論文などに見られるもので、そっくりイメージを切り替えたかったのだろうが、要するにこれは雑誌のルール破りだった。

『リラックス』は半年後に休刊して、しばらく研究期間があり、また復刊し、悪戦苦闘して、ある程度評価されたが、それでもけっきょく商業ベースに乗らなかった。二〇〇四年の十一月号は岡本が編集長を務めた最後の号で、もしかしたら『大人になりましょう』という特集タイトルは編集長を解任される岡本が雑誌にこめた最後のアイロニーだったのかもしれない。

ロジックとエモーション、つまり感覚（感動、感激）と論理を対比させて考える考え方は、当時は出版界では木滑さん独特のものだったが、実はわたしも同じような考え方をしていた。

これは、大衆社会を動かしているのはなにかという問題である。75ページ以降で、マーケティングはマーケットを後追いするだけで、マーケット自体を作り出す力はないということを書いた。このことをロジックで説明しようとすると、キナさんにまた「シオザワ、お前はリクツっぽすぎるんだよ」といわれるかもしれないが、マーケティングの専門用語のなかに「プロダクトアウト」という言葉がある。これは生産者が作りたいものを作って市場に需要を問うという考え方だが、木滑さんの「自分が最初の読者なんだ」という考え方は、この発想の最もプリミティブな形である。「プロダクトアウト」についての詳細は、最終章（424ページ以降）で説明している。

現代の日本のように資本主義が完全成熟した社会の基本的な動因は大衆が生活のなかでくり広げる消費行為であり、その本質的な正体は食べ物であれば美味しかったり、ファッションであればステキだったり、居住空間であれば快適だったりする、モノを欲しいと思う欲求なのだ。

キナさんにいわせれば、大衆はみんな、この〝エモーション〟に依存して生活しているのである。

木滑　やっぱりさ、オレにいわせると、甘糟なんかに笑われるんだけどさ、なにごとも甘糟さん、理屈で考えたってさ、話はその通りになんかならないんだから、神様の思し召しのままだよ、そのときのいろいろだから、人間、何通りの組み合わせがあるか知らないけどね、ひとりの人間がいろいろに対応できる範囲っていうのは決まっているんだからね、とにかく、定義とかルールとかで決めようと思ったら間違いだよ。そんなもん、ありっこないんだからって、この世界に。

要するに、オレがずっといっていたのは、また、木滑流かって、甘糟にバカにされたけど、人間の本能がモノを作るんだよ。

塩澤　オレはね、どっちかっていうと、キナさんに会うまでは、モノを分析して、理屈で考えて、頭のなかで組み立てて、それでそこになにを出せばいいかみたいな考え方をするような編集のやり方でずっと仕事してきたわけじゃない。そういう(仕事の仕方をしていた)記憶があるんだよね。

木滑　ホント?

塩澤　そうですよ、だけど、それはパターンでさ、上司からこうすればいいんだみたいなことを教わって、教えられた通りに球を投げるピッチャーみたいな感じで仕事をしてきたと思うんですよ。で、ある瞬間から、キナさんや石川次郎なんかが作っている本とか見ていて、エネルギーとか、そういうのがあるわけですよ、作っているものに。なんか違うじゃないですか、そうすると、徹底的に頭のなかで分析して、出来上がったやつをどう捨てるかっていうさ、そういうことに気がついた。オレからいわせるとだけど。

木滑　シオザワなんて、やっぱり分析主義だからね。でも、それはサ、オレは絶対に基本的には必要なことだと思うんだよね。ないよりあったほうがいいに決まっているんだよね。

塩澤　だから、オレは、あ、これはケンカなんだな、途中からはエネルギーのぶつかり合いなんだなみたいなことがわかった時点で、もちろん、分析も大事だと思ったたし、たくさん本を読んだほうがいいに決まっているって思ったけど、それをどうやって、戦うっていうような、そういう言い方をすると、そういうふうになるんだけど、こういうのを作りたいんだ、みたいなエネルギーに作り変えていくか、っていう——。

木滑　でもさ、考えてみたら、あの、オレなんかも典型的にそうなんだけれども、甘糟さんなんかにバカにされているんだけれども、アッ、木滑流かって、すぐ言われちゃうんだけど、石川次郎なんてね、要するに、本能の塊だよ、あいつは天才的な本能の塊だった。
塩澤　そうですよね、キナさんはオレと似ているというか、やっぱり（大学で専攻したのが）オレと同じ西洋史だから、思考の枠がちょっと似ているようなところがあると思うのよ。
木滑　もちろん、そう。ボクもね、歴史的事実っていうのかね、どこかに（真実が）ひとかたまりあって、そこからいろんなフィクションが始まるっていうね、それは外れていないと思う。

わたしたちがしているのは、冒頭の一行、ロジックとエモーション、論理と感動をもうちょっと突っ込んだ会話である。

わたしたちの会話のなかに［分析主義］という言葉が出てきたが、わたしは昔、知りあったばかりのころ、木滑さんから「お前は考えることが重すぎる（硬すぎる）んだよ。それがお前のダメなところだ」といわれた。しかし、これはわたしにいわせると、わたしの分析主義は、思えば、自分の感覚、感性に自信がないことの裏返しの表明だった。こんなところで自己分析してもしょうがないようなことなのだが…。

これは逆にいうと、自分が絶対だとは信じていないということでもある。肯定的にいえば、理屈っぽいが柔軟ではあるのだ。自分を絶対だと信じると、ヘタをすると、自分と意見の違う人のいうことは全部、間違っているという独断、自分絶対主義的な考え方に陥《おちい》る可能性がある。

わたしにいわせると、そこのところのバランスを取るための思考の技術が、わたしのなかの論理の部分＝分析なのだ。この分析も判断の基準をどこに置くかという問題がある。ここに、感覚的な基準、善悪というか道徳的な規範ではない、美醜とか、カッコいいカッコ悪いというような物差しを持ってくれれば、思考は論理の束縛・拘束・堅苦しさから脱出できる。わたしもそこのところはサブ・カルチャー的なのである。わたしはいつもそう思ってモノを考えている。人生で一番に重要なのはカッコいいこと、美しく生きること、武士は食わねど高楊枝みたいな心意気なのだ。これは本来のマガジンハウス的な精神なのではないか。

キナさんというのは、比較的インタビュー取材を嫌がる人だったが、一時期のわたしに対しては惜しまず、取材時間をとってくれた。

このインタビューはいまからちょうど十一年前、二〇一三年の九月に行われた取材データの一部である。場所はマガジンハウス八階の応接室を借りてのことだった。

わたしはもう、その十年以上前（二〇〇一年の年末）にマガジンハウスを退社していた。

このころのわたしはマガジンハウスの事績を記録して『平凡パンチの時代』や『「平凡」物語』などの長編ノンフィクション作品に書きあげることに熱中していた。

キナさんは、わたしが書くそういう作品の熱心な読者というか、応援者だった。

新しい本を作り上げて上梓するたびに、ハガキに感想を書いて送ってくれた。

わたしたちは時間をとって何度も会い、かなり熱中して、いろんな話をした。

わたしとキナさんの考え方の共通点というと、話のなかにダイナミックな世界観とか共通の社会観があって、「世のなかのことは変わって当然、安定は同時に衰退を意味する」というような全体的な認識の枠のなかで、個別の小さなテーマについて話をしていたことだろう。

わたしたちはふたりとも学生時代に歴史学を勉強していて、イデオロギー的な考え方をなんとなく信用できないと思っていた。イデオロギーなんて永遠のなかの一瞬の産物なのである。歴史の本質は死者の羅列であり、残酷なモノなのだ。

わたしは早稲田の文学部で中世ヨーロッパ史（都市とマニファクチャリズム）を専攻した。

キナさんは昔のことに口が重く、なかなか学生時代のことを話さない人だったが、あるとき、

自著。2010 年刊行。発売元は河出書房新社。岩堀喜之助の事蹟を中心に一冊にまとめた。750 ページある、わたしの最長のノンフィクションのひとつ。

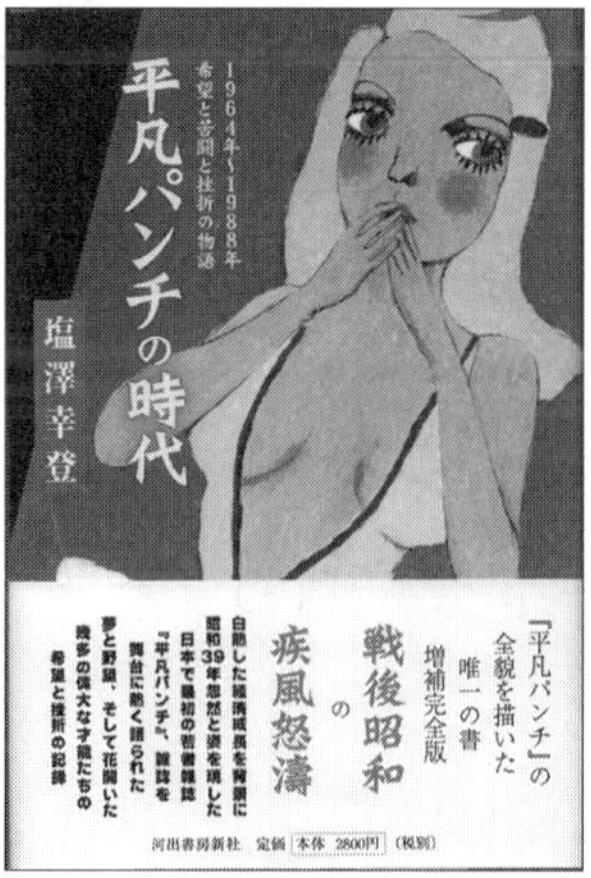

自著。2009 年刊行。これも河出書房新社から発売。1995 年に出したマガジンハウス版を再編集、リメイクした。

わたしとの雑談のなかで「立教大学ではアメリカ史を勉強した」といっていた。

基本の姿勢は合理主義者でプラグマチストだった。そして、同時に、敬虔なキリスト教徒でもあり、最後は（どの人にもいったわけではないだろうが、わたしには）「それは神の思し召しなんだよ」というのが口癖の人だった。


実は、わたしとキナさんが初めていっしょに仕事したのは昭和五十八年（一九八三年）のことで、あれから四十年間が経過している。その四十年のあいだにいろいろなことがあったのだが、そのことの事情もおいおい説明しよう。この会話のなかで登場する〝甘糟〟というのは、キナさんが社長を務めたときに副社長だった甘糟章さん。

石川次郎というのは一九七〇年代にキナさんと一蓮托生で行動して、『ポパイ』、『ブルータス』の編集現場を仕切った敏腕編集者、キナさんの片腕といわれた人である。石川次郎はある時期、わたしの上司でもあった。この話もあと回し。

その前に、この話を書いておかなければならない。


【註】
（1）『ｒｅｌａｘ』２００４年11月号　マガジンハウス刊　Ｐ・２１３
（2）『編集者の時代』Ｐ・１７９

木滑と甘糟　その一・昭和編

木滑さんはよく。わたしと話をするときに「こんなことというとまたアマカスにバカにされるんだけどサ」とか、「また木滑流かよってアマカスがバカにするんだけどサ」などといいながら、自分の考え方を説明した。

アマカス？　甘糟？　甘粕？

アマカスとは何者なのか。

甘糟さんは知る人ぞ知る、昭和のマガジンハウス（平凡出版）を知っている人にはおなじみの［キナメリ・アマカス］と並び称された、もうひとりの偉大な編集者の名前である。

まず、Wikipediaを引用する。学者の書く学術論文や大学の研究レポートではWikipediaを資料に使うのを禁止していることが多いというが、わたしが書いているのは学術論文でもなければ研究レポートでもない。Wikipediaを全面的に信用しているわけではないが、簡略にまとめられている場合もあり、資料として非常に軽便なので、これを使うこともある。

一応、ネットのなかの資料の使い方をことわっておく。次は甘糟さんのプロフィールである。

甘糟章（あまかす あきら、1929年5月30日生まれ）84歳没。

甘糟さんは仕事のできる部下には優しく、人間的な好き嫌いを木滑さんほど表に出さない人だった。憧れの編集者というとやっぱりキナさんだったが、甘糟さんは温厚で誰にでも好かれる、円満な人格者だったと思う。この写真は甘糟りり子さんが送ってくれた。瞑想的な雰囲気のいい写真だ。仏壇の位牌の横に飾られている写真だという。

日本の雑誌編集者。元マガジンハウス副社長。神奈川県横浜市中区伊勢佐木町出身。実家は米屋を営んでいた。府立高等学校（東京都立大学の前身）を経て１９５５年に東京大学文学部仏文科を卒業。学習研究社を経て１９５９年に平凡出版へ入社。『平凡パンチ』『週刊平凡』『an・an』の編集長として１９６０年代から１９７０年代の流行の先駆者として活躍。その後、『クロワッサン』『ダカーポ』などを創刊し、大人になった『an・an』世代へのライフスタイルの提言を行う。

１９８０年代に至るまで、出版文化の中での影響力は大きなものがあった。「ハマトラ」（横浜・元町生まれのファッションスタイル）や「リセルック」の名付け親とも伝えられる。１９８４年にマガジンハウス（前年、平凡出版から社名変更）副社長に就任。１９９６年、代表取締役相談役、１９９８年顧問に退く。２０１３年年11月19日、老衰のため神奈川県鎌倉市の自宅で死去。長女・甘糟りり子は作家。（１）

記録には一九八四年とあるが、それまで平取締役だった木滑と甘糟が同時にいっしょに副社長に昇格した記憶がある。

甘糟さんが平凡出版に入社したのは、昭和三十四年、『週刊平凡』の創刊に合わせた新入社員募集で、のちに作家になる後藤明生や退職後、『雑誌の死に方』を書く、東大新聞研究所出身の浜崎廣らとともに入社した人である。東大の仏文を卒業して、学習研究社に就職し、大学受験の雑誌の編集をしていたのがいやになって、平凡出版の週刊誌なら面白そうだと思って、入社試験を受けたのだという。昭和四年の五月生まれで、昭和五年の二月生まれの木滑さんとは同学年である。創刊編集長を務める清水にしたら、会社創設以来の東大卒で、しかも憧れのフランス文学専攻、前歴は大手の出版社の編集者だから、採用に嫌もオウもなかったのだろう。

わたしが甘糟さんに最後に話を聞いたのはいまからちょうど十年くらい前、二〇一三年の六月ころだった。もうすっかり引退していて、大病されて、亡くなられる半年前だから、もしかしたらわたしのインタビューが彼の人生の最後に受けた取材だったかも知れない。

そのとき、彼はわたしにこういう話をしている。

ボクの平凡出版はいきなり役職者から始まったんです。（『週刊平凡』が創刊されて）ボクの部下になったのはそれまで月刊の『平凡』をやっていた人たちだったから、そういう人たちはボクに反感があったと思いますよ。キナさんからよくいわれましたよ。「みんな、甘糟さんのこと怒っているよ」って。なんにも知らないヤツがキャップをやって、威張っているっていわれましたよ。ボクは特集のデスクにすわって仕事しているだけで、わりとね、社内のことには関心がなかったんですよ。だけど、キナさんにいわせると、古くからいる人たちがボクのことを「無知なやつがいきなり来て、偉そうにしてる」と批判して、大変な抵抗感があったみたいなんです。

ボクはね、芸能人の取材もろくにしていないし、そういう経験はなにもないんですからね。ボクが平凡出版に入ったときに清水さんがいったことは、「『週刊平凡』というのは芸能人の雑誌じゃないんだ。読者に面白い記事を作れ」と。だから、佐藤栄作とか、そんな人も出てくるんですよ。野球選手とか政治家とか。特集のキャップっていうのは、あの話を取材しろとか、書けって指示する役目だからね。ボクにはしがらみもなにもないし、あとのこととかも考えないからね。それでいい特ダネを取れたんですよ。(2)

新雑誌を創刊して、新入社員も増えたし、新しいフリーランスのライターたちも集まってきた。そのなかに、のちに直木賞をとる向田邦子がいたことは、わたしたちにはよく知られた話だった。また、この時期以降で入社した中途採用の社員には、熱心に労働運動をしてその出版社を辞めなければならなかった人たちもいて、甘糟さんはそういう人たちが組合を作る相談にものっている。こんな話もある。

副社長に昇格するときに、清水さん（当時の社長の清水達夫）に呼ばれてね、「これからは君も共産党はやめて、経営者としてやってくださいよ」と言われたんです。ボク自身は群れるのも好きじゃないし、いつもひとりっていうつもりでいたんだけど、会社というか、清水さんからはなんとなく、組合のシンパみたいに思われていたんです。

もう共産党はやめて云々というのは、いかにも政治オンチらしい清水さんの言い草だが、甘糟さんも魅力的な人だった。木滑さんは人の好き嫌いが激しく、清水さんにエコ贔屓と思われるくらい可愛がられていたから、周りからかなりやきもちを焼かれていた。だから、平社員間の人望というと、あったりなかったりした、という書き方でいいのではないか。

そして、木滑さんからいっしょに仕事したくないヤツの烙印を押された［その他大勢編集者］はある種、必然的に、誰とでも分けへだてなく付き合う甘糟さんの周りに自然と集まっていった、という経緯だったのだろう。清水さんが「共産党はもうやめて」といっているのは、そういうことを指している。甘糟さんは社内の不平分子の受け皿のような役目も果たしていたのである。

木滑さんは『週刊平凡』の創刊時、準備段階から自分だけ清水達夫に呼ばれて、相談相手を務めていた。要するに、甘糟さんも木滑さんも仕事ができることで、周りからは特別扱いされる存在だった。その二人が、けっきょく、会社の編集の総括責任者になっていったわけだ。

石川次郎はわたしのインタビューで木滑さんと甘糟さんについてこういっている。

甘糟さんというのはなんとなく策士みたいに思われていたけど、それは誤解、そんなことないんだよ。あの人はわりと細かいことは一切気にしないのよ。甘糟さんが誤解されたのは、周りに集まった人たちが「オレたちはキナさんじゃないんだ。甘糟さんなんだ」みたいな持ち上げ方をした。そのへんが良くなかった。そんなこと、本当はあの会社には関係なかったはずなんだよ。清水さんの（編集思想の）もとでひとつにまとまるべきだったのよ。それなのに変な派閥みたいのを作っていった。甘糟さんとキナさんというのは互いに相手を補い合うような良い関係があって、仲良しで、ふたりで清水さんを支えていたんだよ。

わたしも甘糟さんとは一度、いっしょに大仕事をしたことがある。実は、わたしは自分のキャリアのなかに、一九八〇年代の後半のことだが、『ターザン』の創刊作業を終えたあと、二年間くらいのことだったが、社内留学みたいな形で雑誌販売部に異動したことがある。

そのとき、わたしは『ターザン』の副編集長だったのだが、それが無役に戻って、雑誌販売の勉強をさせてくれといいだしたのだから、会社はかなり驚いたのではないかと思う。

雑誌販売部には二年間いたのだが、在籍一年目に係長に昇格して、男性雑誌の配本責任者になった。この時期に甘糟さんが総責任者になって創刊した新雑誌の『自由時間』のマーケット・

ディレクター（販売責任者）を務めたのである。

甘糟さんからの指示はいくつかあったが、そのとき、指示されたことをきちんとやれば文句はいわれず、機転を効かせて書店調査などで余分に働くとうれしそうにこちらの話を聞いてくれて、《この人はけっこう度量の広い、鷹揚《おうよう》でいい人なんだな》と思った経験がある。

［偏屈《へんくつ》］ということでいうと、このときも人間の好き嫌いについては木滑さんのほうが人間の好き嫌いについては激しいなということも思った。キナさんはそのころ、身内だけのことだったが、わたしには「シオザワ、オレは自分から仕事の作れないヤツは大嫌いなんだよ。そういうヤツというのは見かけからダサくて田舎モンなんだよ」といっていた。

少人数編集を説いて憚《はばか》らない木滑さんの本作りについて、甘糟さんはこういっている。

　キナさんのやり方というのは、割合、自分が好きなことを中心にして、同じような考え方、感覚の人たちと雑誌を作って、という考え方なんだけれども、ボクはやっぱり、そういう読者の側の情報をキチンと手に入れて、それから本を作っていく。自分でやることを決めてから、人に頼むというやり方をしていましたね。だから、ボクの場合は仕事さえキチンとしてくれれば、いっしょに働いてくれる人は誰でもいいんですよ。ボクは仕事は公平に割り当てたからね。それがボクのやり方だった。（3）

甘糟さんと木滑さんの編集に対する考え方も対蹠的だったが、人の使い方も正反対だった。

木滑さんは、何度も書いたが少数精鋭主義で、部下は社内では、木滑人脈とか木滑グループとか呼ばれて、周りの人たちの反感や嫉妬もあるし、仲間に入れなかったことでの批判的感情も社内のそこかしこに存在した。そういうなかで、木滑さんから頼りにされたり、いっしょに編集作業ができたりすることが、仕事ができる証のように評価されている側面もあった。

それに比べると、甘糟さんは現場の編集者に対する選り好みはほとんどなかった。誰でもいいですよ、みたいな鷹揚なところがあった。それが誰からも慕われた最大の理由だろう。

ここで、甘糟さんの基本的な編集についての考え方というか、編集理論を紹介しておくと、久恒啓一さんという、もと日本航空に勤めて、そのあと多摩大学の教授になった人のブログに、出典が不明なのだが、こういう文章がある。

> 甘糟章（は）「読者の心の奥底の飢《う》えとか、ニーズを見つけ、そこに穴を開けるのが編集者の仕事です」（といっている）。読者のニーズとは聞こえがいいが、それは「飢え」であると企画の名人・甘糟章は断言している。
>
> 若い男性の飢え、若い女性の飢え、主婦の飢え、現代人の飢え、それぞれの「飢え」を満たすべく、強力なドリルで時代に穴を開けていこうとしたのが甘糟章の雑誌作りであった。メディアの形は変わっても、核心である「飢え」に焦点をあてるメディアは、人々の精神

と肉体を撃つ。それは時代のテーマそのものだからだ。（4）

これは確かにその通りだが、この考え方は木滑さんの内発的でアプリオリにマーケット誕生の因子を設定して考える編集理論に比べると、多少、後付けの匂いがする。

しかし、甘糟さんが作った編集部では、編集者の能力の優劣の差はなく、みんな平等に仕事を割り振られて、キャップを通して細かな指示まであたえられた。部下は誰でもよかったのだが、怖いのはその先で、いわれた仕事をキチンとこなせないと、次の人事異動で編集から外される、というような話だった。独裁政治といえば、そうもいえた。

甘糟さんから見放されたら、よほどのことがないと編集者をやっていられなかった。

ボクの本の作り方というのは、自分の編集者としての経験からきている手法で、一番よく覚えているのは、新しく雑誌を発売して、書店に行って、その雑誌を立ち読みしている人がどこのところで目を止めるか、それを一生懸命に調べた。これは意外と案外みんな共通しているんです。立ち読みしている人が二ページくらいしかない、同じ短い記事のところで目を止めて、それを読むんですよ。それで、その記事で取り上げているテーマをたくさんのページを使ってデカい特集を組むと売れるんですよ。

覚《おぼ》えているのは、発売日当日の夕方に売れ行きを調査する書店を五軒決めておいて、その五軒を回るんです。販売部の調査というのは一週間後の調査結果なんですよ。それだと、その号が売れたかどうかの結論しかわからない。（3）

甘糟さんの最大の功績は、創刊以来、部数的には低迷が続いていた『アンアン』を黒字の雑誌に変身・脱皮させたことだった。

ボクは発売日の当日、その五軒の書店をまわってね、雑誌の減り具合を調べるんです。そうすると、（『アンアン』が）うんと減っているときと、減っていないときがあるんです。週刊新潮とか、週刊文春とかを立ち読みしているようなフリをしながら、『アンアン』を読んでいる人の隣にいって、雑誌のどこでページをめくる手が止まるか、みちゃあ判断していましたね、どの人も、必ずパラパラページをめくりながら、どこかで手を止めるんですよ。このやり方で、読者のありようを調べていくと、企画をどうするかということだけじゃなくて、特集のテーマになにを取り上げればいいのかというようなことまでわかる。そういうあたりを取って作った特集の号は必ず売れたんです。（3）

これは多分、そのやり方以前の問題として、木滑さんのような考え方に依存して、自分がやりたいようにやってみて売れなかった、そういう経験があり、〈自分が好きなように作ってもダメだ〉

と考えて、編み出した手法ではないか。つまり、ちょっと意地悪な書き方をすると、東大卒なんていう教養（あるいは理屈っぽさ）が邪魔をして、大衆のもつ生活感覚のなかにうまく入っていけなかったのではないか。その感覚の歪みを修正するために、そういうフィールドでの調査が必要だったということではないか。

この話をマーケティングの問題としてとらえると、これは発売当日の調査であれ、発売一週間後の調査であれ、甘糟さんがやっているのはマーケティング・リサーチである。

マーケティングという言葉が一般的な用語として使われるようになったのがいつごろだったか、わたしもはっきり覚えていないが、わたしのおぼろげな記憶からいうと、いまから四十年くらい前、一九八〇年代の「マーケティング」というのは「市場調査」のことだった。つまり、いまでいうとマーケティング・リサーチである。

この言葉のなかには、どうすれば市場（マーケット）を作り出せるかという問題は含まれていない。市場の調査結果をどう利用するかはまた、別の問題なのである。マーケティングを市場創出の問題からとらえ直そうとしたのはP・F・ドラッカーだが、彼は「企業の目的は顧客の創造である」と定義して、「マーケティング」も定義し直して、次のようにいっている。

企業は二つの、そして二つだけの基本的な機能を持つ。それがマーケティングとイノベーションである。（略）これまでマーケティングは、販売に関する全機能の遂行を意味するにすぎなかった。それではまだ販売である。われわれの製品からスタートしている。われわれの市場を探している。これに対し真のマーケティングは顧客からスタートする。すなわち現実、欲求、価値からスタートする。「われわれは何を売りたいか」ではなく「顧客は何を買いたいか」を問う。（略）マーケティングだけでは企業としての成功はない。静的な経済には、企業は存在し得ない。（5）

企業の第二の機能は、イノベーションすなわち新しい満足を生み出すことである。経済的な財とサービスを提供するだけではなく、よりよく、より経済的な財とサービスを提供しなければならない。（略）イノベーションを、単なる一つの機能とみなすことはできない。それは技術や研究の世界のものではない。（略）イノベーションとは、人的資源や物的資源に対し、より大きな富を生み出す新しい能力をもたらすことである。当然、マネージメントは、社会のニーズを事業の機会として捉えなければならない。このことは、社会、学校、医療、都市、環境などのニーズが強く意識されている今日、特に強調されるべきである。（6）


文章中の説明の繰り返しを避けるために（略）を多用したことをおことわりしたい。

ドラッカーはマーケティングとイノベーションの両方を包摂したものが「マネージメント」といっているのだろう。ドラッカーはマーケティングの概念をすっかり変えた。しかし、それでも、それでは市場（マーケット）はなにをキッカケに発生するか、その説明はない。

ドラッカーはマーケティングを補完するためにイノベーションという言葉を用意したが、木滑さんはそこを一歩踏み込んで、特に娯楽という生活の部分に限定してだが、マーケットを作る基礎的な母胎は商品提案者の「少年時代の人生経験に対する大衆の共感だ」といったのだ。

小冊子に雑誌『編集会議』の《創刊号特集》のこんなフレーズの抜粋がある。

　最近はやたらマーケティングとかいうけど、
人間はそんなものじゃ計れないですよ。（7）

マーケティングを信用する代わりに、自分自身の記憶と編集力を信じるのである。

『エッセンシャル版マネジメント』2001年刊　ダイヤモンド社　P.F. ドラッカー著。この人によって、マネジメントの概念と理論はごっそり変化した。

雑誌『編集会議』2004年5月号。創刊号特集。編集長が花田紀凱だったころ。

このことは［マーケティング］のリサーチに依存して編集作業をやろうとした甘糟さんが、『アンアン』の改造には成功したが、『クロワッサン』の創刊や自分が発案した『ダカーポ』で苦労したことと無縁ではないかもしれない。こんなことを書いたらまずいかも知れないが、木滑さんによれば『ダカーポ』は創刊から最後まで26年間、赤字幅は小さかったが、一度も黒字にならなかったという。甘糟さんは創刊よりも、リニューアルに強いタイプの編集者なのである。

そのことがあって、清水さん（当時の社長）は大まかに分けて、木滑さんを新雑誌担当、甘糟さんを既存誌の安定飛行の担当という役割分担を構想したのだろう。しかし、甘糟さんだけではなく、甘糟さんの部下の編集者だけでもなく、業務の社員たちでさえも新雑誌の創刊作業に関わりたい、あのころのマガジンハウスはそういう気風の会社だったのである。

もうひとつ。甘糟さんの平凡出版に辿り着くまでのキャリアもかなり面白い。

ボクは大学を出て、学研というところで『大学受験コース』っていう受験雑誌の編集をやっていたの。西洋史と英語の担当だったんですよ。それで、西洋史の担当というのがしんどかったんですよ。各大学の出題の傾向をパーセンテージで表示するんだけれどもね、あれ、どうやってたと思いますか。地方の国立大学に行って、今年の受験の問題を教えてくれ、と。ボクは四国と九州の担当で、熊本大学とか、（訪ねて）いって、（頼んで）問題を送ってもらうでしょ。あの当時だから、ファックスなんてないからね、それで入手した問題用紙を細かく切るんですよ、ハサミで。ところがね、一番困るのはAとBをつなげとかいうのがあるでしょ、あれでごちゃごちゃになっちゃうんです。ルネサンスもあるし、フランス革命もあるし、それを切り取って別々に分けて入れていくんです。コピーもないし、この作業を一週間くらいかけてやるんです。それでルネサンス（に関する出題）は全体の何パーセントとかそういうのを延々とやっているんです。英語の方は辛くなかったんだけど、世界史がつらかった。けっきょく、四年間それをやって、つらくてしょうがないからやめようと。どこかよそに転職するんじゃなくて、なんとか自分でやろうと。ダメだったら、兄貴がやっていた古本屋の手伝いでもすりゃいいやみたいに思って、学研をやめたんですよ。

ところがこの兄貴というのが放蕩息子でね、ちゃんとした商売もやらないし、家にはほとんど寄り付かないんですよ。ボクは横浜の出身でね、本牧の山の上に住んでいたんです。元々は米屋の次男坊だったんだけど、米屋は兄貴が継ぐだろうと思っていたの。そしたら、戦争中に配給制度になったら、親父が怒って米屋をやめちゃったんですよ。

戦後、親父のやる仕事がなくてね、兄貴が古本屋を始めたんです。ところが兄貴も遊びたくてしょうがなくて、ちゃんと商売をやらないで、いつもブラブラしていたんですよ。

ボクは高校はいまは緑ケ丘高校っていうんだけど、そのころは旧制の三中と呼ばれてたところの卒業なんです。家から歩いて十分くらいのところにあった。で、中学校の時から古本屋の手伝いをしながら、学校に通っていたんです。ちっとも店にいない兄貴の代わりに帳場の留守番をしていた。で、学生時代は英語が得意だったから、家庭教師を二つやって、あと本牧の基地のそばに米軍の高級将校のオメカケさんたちが何人も住んでいたんだけど、その人たちに英語の手紙が来るんですよ。それを訳して、返事を書くという仕事も頼まれて、そのうち、手紙の代筆も頼まれるようになった。（8）

学生時代の彼は横浜のオンリーさん（米軍将校たちの日本人妻）たちのあいだでは、ラブレターの代筆をしてくれる〝古本屋の東大生〟というあだ名で有名だった。大学を卒業するまで、古本屋の店番をしながら、家庭教師のアルバイトとラブレターの翻訳とで生活費を稼ぎ出し、少しも働かない父や兄の代わりに家族を養っていたのだという。

古本屋稼業に関しても、いっぱいエピソードがある。戦争が終わって、何年も経っていない。米軍といっしょに大挙してアメリカ文化が流れ込んできた。風雲急を告げる時代だった。

あのころ、昭和二十五年ころかな、東大の月謝が三百円ですよ。一番儲《もう》かったのは、シアーズのカタログを進駐軍の家を回って買い取って、それを二十冊くらい集めて、こんな大きな箱に詰め込んで、関西に持っていくんです。一冊二千円でブティック（洋品店）を回って売り歩くんですよ。大阪や京都に持っていくとよく売れるんだという話を聞いて、ボク

もやってみた。そしたらホントに売れた。（8）

シアーズのカタログはアメリカの女性ファッションの最新デザインの宝庫で、ドレス・メイキングのみんなが欲しがった。デザインを真似して婦人服を作って売るのである。

こんな話がある。わたしがまだマガジンハウスにいたころに上梓した『夢の行方』という本は京都を拠点にする女性下着の世界的メーカーであるワコールの創業社長だった塚本幸一さんの一代記だが、彼がそもそもブラジャーとコルセットに注目した経緯《いきさつ》である。

この本のなかに、塚本さんの相棒だった中村伊一さんのこんな証言がある。

自著。『雑誌の王様』2010年刊行。発売元は河出書房新社。清水達夫の編集者としての遍歴を中心に一冊にまとめた。

『夢の行方　ワコールと塚本幸一の戦後』1999年刊。自著。シオザワがまだマガジンハウスの社員だったころの作品。

「進駐軍の家族が帰国するときに捨てていったシアーズローバックの通信販売の見本帳を売り歩く人がいて、これ買いませんかっちゅって持ってきた。それを一冊買った」

もしかしてワコールにそのカタログを売りつけたのは甘糟さんだったのかもしれない。(9)

インテリ臭くない甘糟さんの思い出話は面白いのだが、どういうわけか、「大学生になってから」の金儲け話が痛快である。

とにかく、古本はすごく儲かった。戦争中、インテリだった人が本を売るっていうんで、蔵書を見せてもらいにいくでしょ、そうすると、そのなかの何冊かを選んで、「これはいい値で売れるから買います。他の本は大して値がつかないからお売りにならない方がいいですよ」というと、大体「いや、いくらでもいいから持っていってよ」っていうんですよ。そのなかに必ず、良い値で売れる本があるんです。手に入れた本を自分の店で売って、あと、古本の市場に持っていくと、何倍の値がついちゃう。

ボクは商売人というか、米屋のせがれだから、そういう金を儲ける根性だけはあってね、お金が好きなんです。清水さん(当時の社長)というのはお金が儲かればいいんだみたいな考え方はしない人だったんだけれども、ボクは儲かるっていうことが一番重要なことだと思っていたんです。前に、一ページも編集ページのない、広告だけを集めた雑誌を作って一度に何千万円て儲けたことがあるんだけれども、あのときはホントに痛快だった。(略)ボクは雑誌の『平凡』ていうのはよく知ってたの。なぜかっていうと、古本屋の時代にね、貸本もやっていたの。貸本、これが儲かった。貸本で一番儲かったのは、実は『平凡』なんですよ。あの雑誌は見るだけで、そんなに読むところはないでしょ、で。雑誌の最後のページに貸出表を貼ってね、何日に持っていったかを書き込んでおくんですよ。そうするとね、同じ本を1日に3回くらい貸し出すことがあるんです。み終わったら、すぐ返しに来るから。その日に返せばお金も安いし。貸出表は書き込みでごちゃごちゃになっちゃう。すごいなあと思いながら見ていたんです。本屋さんに「二十冊売ってくれないか」といったら、「あんたに二十冊売ったら他の人に売る分がなくなっちゃう」っていわれた。「五冊売ってあげるから、残りは他の本屋で買え」って言われた。そのくらいすごい売れ行きだった。だから、社員募集の広告を見たとき、これは面白いかも知れないと思ったんですよ。まさかいきなり新雑誌の特集キャップをやらされるとは思わなかったけど。(8)

木滑さんの［15歳まで］と甘糟さんの［学生時代］はなにか意味があるのかもしれない。清水達夫さんが自分の後継者に新雑誌づくりの名人だったキナさんを選んで、お金儲けが大好きだったという甘糟さんに既存雑誌全体のマネージメントを任せ、キナさんのアシスト役に回した理由もなんとなくわかる気がする。
そして、実は、木滑さんと甘糟さんの物語はここからが歴史物語としての本番なのである。

【註】
（1）https://ja.wikipedia.org/wiki/ 甘糟章　20240319 閲覧
（2）『雑誌の王様』P・276〜
（3）『雑誌の王様』P・283〜
（4）https://note.com/hisatune/n/na16e2580cd2f　20240319 閲覧
（5）『マネジメント〜基本と原則〜』２００1年　ダイヤモンド社刊　P・F・ドラッカー著　上田淳夫編訳　P・16
（6）『マネジメント〜基本と原則〜』P・18
（7）『編集会議』２００4年5月号　P・6
（8）『雑誌の王様』P・272〜
（9）『夢の行方　塚本幸一とワコールの戦後』１９９9年　マガジンハウス刊　塩澤幸登著　P・89

木滑と甘糟　その二・幕末編

話をふたたび、幕末の米沢藩の家老、木滑要人に戻す。

歴史小説家の綱淵謙錠が書いた『戊辰落日』のなかに木滑さんのご先祖様が登場する史実の話である。このことはすでに詳細を26ページ以降に書いた。

話がダブるのだが、『戊辰落日』は戊辰戦争、会津藩と新政府軍の血みどろの戦いと会津の悲劇的敗北を描いたものなのだが、この戦争をもう少し詳《くわ》しく説明すると、会津藩が長州、薩摩に激しく憎まれたのは、会津藩主の松平容保が幕府から脱藩浪人たちで荒れる京都の所司代を命じられて、治安維持のために藩兵を率《ひき》いて上京、さらに新撰組などを差配下に置き、勤王思想にかぶれた脱藩者、不貞浪人を徹底的に弾圧した。新撰組が引き起こした池田屋事件や長州藩を京都から追い出した蛤御門の変などで討幕の後ろ盾になっていた長州藩や薩摩藩から激しい恨みを買っていたのである。

徳川幕府が大政奉還したことで江戸は戦火をまぬがれたが、錦の御旗を高く掲げた新政府軍は京都での怨恨を晴らすべく、会津藩の取りつぶしと藩主の首を取ろうと目論《もくろ》んで巨大な兵力を持って東北地方に攻め込んだのである。この悲劇の主人公は会津若松の人たちだったが、隣接する米沢藩や仙台藩、新潟の長岡藩、そしてそれ以北の東北諸藩もこの激浪に呑み込まれた。簡単にいうと、この争乱が戊辰戦争である。

米沢藩や仙台藩は幕命を忠実に果たした会津藩に同情し、なんとか戦争を避けようと仲介役を買って出て、東奔西走北上南下するのである。その米沢藩の和平工作担当者が家老格の木滑要人だった。その和平交渉の挫折によって彼が落胆する様子は32ページにも引用したが、文春文庫版の『戊辰落日・上』の79ページから80ページにかけて描かれている。それで、話はここからだ。『戊辰落日』のなかで一箇所にしか登場しないが、２７８ページにこういう文章がある。

彼（雲井龍雄）は米沢軍の参謀甘糟備後や副総督千坂太郎左衛門と謀り、薩長離間のための一通の書簡をここに、したためたのであった。（1）

まず、雲井龍雄とは何者なのか。そして、甘糟？

甘糟備後とは何者なのか。備後は略名で備後守、正式名は甘糟継成である。

雲井龍雄は幕末の米沢藩でもっとも有名な勤皇の志士だ。米沢市の資料にこうある。

雲井龍雄［くもいたつお］は、天保15年（1844）、米沢藩士中島総右衛門の次男として袋町（松が岬二丁目）に生まれ、のちに小島家の養子となり小島龍三郎と称しました。雲井龍雄は、晩年にかけて使用した仮の名前です。彼は幼い頃より秀才の誉れ高く、藩校興譲館では抜群の成績を修めます。詩作や文才に優れ、その作品は多くの人々に影響を与えました。慶応元年（1865）、龍雄は藩命により江戸に上ると、安井息軒に入門して、全国の英才たちと学び、京都では米沢藩の探索方として活躍。龍雄を有名にしたのは戊辰戦争の最中の慶応4年に起草した「討薩檄」でした。この檄文は奥羽越列藩同盟の正統性を主張、薩摩を「薩賊」として痛烈に批判、稀代の名文といわれ列藩同盟諸藩の志気を大いに鼓舞しました。

明治新政府が樹立されると、龍雄は集議院に出仕しますが、その激しい気性から孤立し、わずか一月余りで去ることになります。その後、不平士族を扇動して政府の転覆を図った「朝憲紊乱罪」により、明治3年に斬首されました。27歳という若さでした。（2）

これは米沢市役所が作っているホームページの［広報よねざわ・米沢偉人伝］というところからの抜粋引用なのだが、実はこの文章は六年ほど前には別の文章があったのを、書き換えたものである。その、書き換えられる前の文章が、米沢の歴史を紹介した［米沢の文化を見える化］というアメーバのブログのなかに残っていた。長文なので一部引用するが、ここでは雲井龍雄をこんなふうに書いている。

（雲井龍雄は）嘉永四年（1851年）八歳のとき上泉清次郎に師事するが、翌年上泉が没すると、曽根俊臣（魯庵）の私塾で学ぶ。この頃からすでに奇才の片鱗が見られ、強記で感受性が強く、詩作や文章の才は天性ともいえるものであった。安政二年（1855年）十二歳で山田蠖堂（ようだかくどう）の杜宇《とう》山荘の門をくぐり甘糟継成、窪田茂遂、上村節山、宮島誠一郎、木滑要人、中川雪堂らに交じって、蠖堂に師事した。(3)

書き換えられる前の文章は本書のページ数でいくと3ページくらい、2500文字以上ある、なにもかもを書き込もうとした長文で、わかりにくいから書き直したのだろう。ここでは、甘糟継成と木滑要人が同列に並んで論じられていたのだ。

問題は甘糟継成という人物が、甘糟章さんのご先祖様かどうかということなのである。もし、この人がマガジンハウスの甘糟さんのご先祖様だったら、甘糟さんと木滑さんは幕末の戊辰戦争のときにも［米沢藩］という同じ船に乗って、激浪にもまれていっしょに苦労していたことになる。というより、後から説明するが、戦国時代、上杉謙信公の時代から同じ釜の飯を食べていた運命共同体の仲間ということになるのである。

インターネットに『名字NET』というページがある。
そこでほとんどの名字の希少度や普及の具合がわかる。
ここで［甘糟］を検索すると、まず二つのことがわかる。

1・名字としての希少度は全苗字のなかで1万7888位とかなり珍しい。

2・甘糟を名乗る人は全国に230人いて、そのうち180人が神奈川県に住んでいる。

アマカスは「甘粕」という表記の名字もあり、こちらの検索は次のようになっている。

3・名字としての希少度は全名字のなかで8023位である。

4・全国におよそ1000人いて、神奈川県に730人、東京に120人住んでいる。


これは状況証拠でしかないのだが、明治維新からすでに150年以上が経過していて、甘糟の名字を名乗る人が230人しかいないというのだから、まず、なんらかの形で、幕末の米沢藩の甘糟さんとマガジンハウスの甘糟さんは血筋が繋がっていることは間違いないと思う。マガジンハウスの甘糟さんは横浜伊勢崎町の出身だが、幕末の甘糟さんも横浜に無縁の人ではなかった。このこともあとで説明する。

実は、ネットのなかで「甘粕」という地名を探すと、埼玉県美里村甘粕という場所がある。ここに甘粕神社という名前の神社があり、その説明はこうである。

甘粕神社の創建年代は不詳ですが、坂上田村麻呂が東征のため当地を通りかかったところ雷雨が激しかったので、これを静めるために当地に雷神を祀り、創建したといいます。（埼玉県神社庁「埼玉の神社」より）

当地は、武蔵七党の猪俣党の流れを汲む甘糟氏の本貫地とされ、猪俣党系図によると猪俣忠基の子家基が甘糟七郎と称している。猪俣党は、武蔵国那珂郡（現在の埼玉県児玉郡美里町の猪俣館）を中心に勢力のあった武士団。武蔵七党の一つで、小野篁の末裔を称す横山党と同族であり、主に猪俣氏を名乗った。猪俣党は児玉郡美里に河匂、木部、古郡、甘糟、深谷に荏原、人見、横瀬、本庄に滝瀬、花園に御前田、寄居に藤田、尾園、男衾、岡部という広がりを見せた。（略）甘粕氏は甘糟・天粕とも書く。「吾妻鏡」に元暦元年（一一八四）に甘糟野次広忠（家基の子）は、平家追討のため源頼朝から所領の万雑事を免除されたという記録がある。地内には「堀の内」と呼ばれる甘粕氏館跡があり、その水城の一部が残存している。（4）

これが埼玉県美里村の甘粕神社に残された、平安時代末期の甘粕家の初元の歴史の伝聞である。さらに、「武家家伝（戦国武将名鑑）」という資料のなかにこういう記録がある。

甘粕氏（甘糟氏とも書く）は、清和源氏新田氏流の田中弾正大弼重氏の四男甘粕備中守広氏に始まり、越後国古志郡の豪族であったといわれる。一説に宇多源氏佐々木氏族ともいいう。甘粕氏の居城は北灰毛村の山中に有る枡形城で、近江守景持に至って上杉謙信に従って数々の軍功を挙げたとされている。近江守景持は、もとは長重と名乗り、謙信から景の一字を賜って景持に改めたものである。甘粕氏の出自に関しては諸説がある。先述のように、新田氏の一族で上野国に住したが、新田氏没落後、越後に来住して上杉・長尾両氏に仕えたという説。ついで、上田庄の出身で、長尾為景に仕え、のちに上杉謙信の麾下に入ったとする説。さらに、甲斐・信濃の境にある白峰山中に住し、狩猟を業としていたが、上杉謙信に見いだされ家臣になったという説などがある。

いずれの説も、それを裏付ける史料があるわけではなく、景持に至るまでの甘粕氏の家系は曖昧模糊としたものである。甘粕氏の系図は『甘糟近江守家系図』『清和源氏甘糟家家譜』『源姓天河瀬氏系譜』が伝えられているが。いずれも信憑性に乏しいが、両資料によれば、八幡太郎義家の子義国の曾孫重兼が上野国新田郷天河瀬を領し、姓を甘粕（甘糟）と名乗ったという。南北朝の動乱に際しては、一族をあげて南朝方に味方して戦った。南朝方の敗北によって上野国に蟄居していたが、上杉憲顕に従って越後に入ったと記している。（5）

これらの資料を読むと、甘粕氏の起源の由緒が緒説に別れているのがわかる。

名字ネットの甘粕、甘糟の苗字の分布を調べると、現代、埼玉県でその苗字を名乗っている人は一人もいないとあるから、美里町に甘糟神社があるといっても、平安朝末期に彼の地に住んでいた甘糟氏はその後、別の地に散り散りに移り住んでいったと考えてもいいだろう。

資料も「いずれの説も信憑性に乏しい」と書いているが、諸説あるとはいえ、ここまで中世の暗黒時代の所以がわかっていれば立派である。
いずれにしても、鎌倉時代以降の二百年ほどの時間経過ののちに、戦国時代、甘粕、甘糟の名前は上杉謙信の家臣として存在しはじめている。そして、この時代の甘粕・甘糟家は大変な名家である。まず［甘粕］の所以をここで説明しよう。

甘粕氏（甘糟氏とも書く）は、清和源氏新田氏流の田中弾正大弼重氏の四男甘粕備中守広氏に始まり、越後国古志郡の豪族であったといわれる。一説に宇多源氏佐々木氏族ともいいう。甘粕氏の居城は北灰毛村の山中に有る枡形城で、近江守景持に至って上杉謙信に従って数々の軍功を挙げたとされている。近江守景持は、もとは長重と名乗り、謙信から景の一字を賜って景持に改めたものである。甘粕氏の出自に関しては諸説がある。先述のように、新田氏の一族で上野国に住したが、新田氏没落後、越後に来住して上杉・長尾両氏に仕えたという説。ついで、上田庄の出身で、長尾為景に仕え、のちに上杉謙信の麾下に入ったとする説。さらに、甲斐・信濃の境にある白峰山中に住し、狩猟を業としていたが、上杉謙信に見い出され家臣になったという説などがある。いずれの説も、それを裏付ける史料があるわけではなく、景持に至るまでの甘粕氏の家系は曖昧模糊としたものである。甘粕氏の系図は『甘糟近江守家系図』『清和源氏甘糟家家譜』『源姓天河瀬氏系譜』が伝えられているが。いずれも信憑性《しんぴょうせい》に乏しいが、両資料によれば、八幡太郎義家の子義国の曾孫重兼が上野国新田郷天河瀬を領し、姓を甘粕（甘糟）と名乗ったという。南北朝の動乱に際しては、一族をあげて南朝方に味方して戦った。南朝方の敗北によって上野国に蟄居《ちっきょ》していたが、上杉憲顕に従って越後に入ったと記している。（5）

こういう大変な話なのである。信憑性に乏しいと書いているのがちょっと気になるが。そして、まず上杉謙信の侍大将だったという甘粕近江守景持のことである。

甘粕景持の生年については、現存する家系図の中に記述がなく不明（『甘粕近江守家系図』『清和源氏甘粕家系譜』『源姓天河瀬氏系譜』）。越後上杉氏に仕え、桝形城や三条城の城主であったといわれるが、領有の経緯や真偽については不明な点が多く、『温故の栞』『越後古城記』『飯塚村誌』『上杉謙信伝（布施秀治著）』に景持の居城であったと記されるなど古くからの伝承がある一方、『甘粕近江守家系図』『清和源氏甘粕家家譜』『源姓天河瀬氏系譜』では、三条城将であったとしか記されていない。江戸時代の書物「信濃のさざれ石」には、天文16年（1547年）10月、主君である長尾景虎が髻山に城を築く際に、完成するまでの仮の砦として、長野県長野市豊野近辺に景持が三日城を築城したと言われている。（略）長尾景虎改め上杉政虎（謙信）は、永禄4年（1561年）8月、川中島に出陣して甲斐国の武田信玄と対峙した（第四次川中島の戦い）。この戦いで景持は殿軍を承《うけたまわ》り、千曲川に布陣して妻女山から下ってくる武田軍の別働隊と激戦を繰り広げた。そのため武田軍では、謙信自ら殿軍となったと勘違いした者が多かったという。また景持について、『甲陽軍鑑』では「謙信秘蔵の侍大将のうち、甘粕近江守はかしら也」、『松隣夜話』では「勇気知謀兼備せる侍大将」と激賛している。

謙信没後は上杉景勝に仕えた。天正10年（1582年）、新発田重家の乱に際して、景勝から三条城将（6千石、含む同心分）に命じられ、木場城の補佐や新潟城・沼垂城攻略にあたり、城攻撃の兵站基地を守備する重責を担った。天正14年（1586年）8月18日、新発田征伐に際して第二陣に加わり、鉄砲大将として敵将を討ち取る戦功をあげる。のちに景勝から戦功を賞賛され感状を受ける。文禄4年（1595年）、家老・直江兼続の命により、上松弥兵衛と共に蒲生郡出雲田庄、大槻庄、保内の検地奉行となる。上杉氏が慶長3年（1598年）の会津若松、慶長6年（1601年）の米沢の2度の移封に従い1千100石を領した。慶長9年6月26日（1604年7月22日）、米沢にて死去。子孫は代々米沢藩士として仕えた。（6）

［甘粕］と［甘糟］にどういう区別があるかわからない。多分、［塩澤］と［塩沢］みたいなものだと思うのだが、二つの名字が正確にどういうつながりになっているかもよくわからないのだが、同時代の上杉の武将で、甘粕景持の縁戚だという甘糟景継という人物がいる。

甘糟 景継（あまかす かげつぐ）は、戦国時代から江戸時代初期にかけての武将。越後上杉氏の家臣。越後上田衆。なお、姓は「甘粕」の表記の場合もある。実戦はもとより、戦略眼・戦術構築等、武勇全般に優れた武将として上杉二十五将に数えられている。

その生涯。上田長尾家譜代の家臣登坂加賀守清高の子。天正5年（1577年）、上杉謙信の指示により戦死した甘糟継義の名跡を継ぎ、藤右衛門清長と名乗ったが、後に主君上杉景勝の一字を賜り景継と改名した。（略）慶長3年（1598年）に主家の移封に従い会津へ移り白石城代を務め、2万石を知行した。慶長5年（1600年）、徳川家康による会津征伐に対して守りを固めていたが、「御家中諸氏略系譜」（『上杉家御年譜』）の記述によれば、景勝の命で会津参府中の留守の隙を突かれ、伊達政宗に白石城を奪われた。

慶長6年（1601年）の米沢移封後は6千600石を知行している。慶長11年（1606年）、桜田御門普請の頭取を務め、将軍家より時服と銀子を賜《たま》った。軍記物等では、妻の急死により会津へ戻った留守中に白石城を奪われ、景勝の怒りを買い死罪になりかけた。以後景勝から冷遇をうけ、直江兼続の一配下に左遷された等の記述がある。

慶長16年（1611年）5月12日に死去。寛永10年（1633年）に書かれた「甘糟家先祖書」にはゆえあって自害とあり、6千600石は取り潰されたとあるが理由は不明。景勝の死後の寛永元年（1624年）、その子供たちは次代藩主・上杉定勝によって200石で上杉家に復帰することを許された。寛永5年12月18日（1629年1月12日）に米沢北山原で家族と共に斬首され、平成19年（2007年）に日本におけるキリスト教殉教者187名中の1人として列福された右衛門信綱（洗礼名ルイス）は、景継の次男とされる。（7）

正確を期したので、甘糟家の歴史由来の説明が長くなってしまった。家系のなかにキリシタンの殉教者までいるのだが、それはこういう事情。幕府がキリシタン（キリスト教徒）の迫害を始めると、災難を逃れた人たちが、当時まだ、取り締まりがあまり厳しくなかった米沢藩に流れ込んできて、城下は一時、キリシタンの人々の最後の楽園、〝エデンの園〟になりかけたのである。幕府はこれに追い打ちをかけるように取り締まりを厳格化し、改宗を拒否したキリシタンの人々を死刑にした。米沢藩でそういうことが実際にあった。

斬首されたという甘糟景継の次男である甘糟信綱も熱心なキリスト教徒だったという。幕末に登場した甘糟継成の家史、家柄というのはこういうものなのである。家禄は二百石、侍組上士とある。二百石だったらまずまずの石高だが高禄とはいえまい。それで、幕末の甘糟家の棟梁、甘糟継成なのだが、この人も［米沢偉人伝］に名前がある。

甘糟継成［あまかす つぐしげ］は、天保3年（1832年）、甘糟藤右衛門の長男として生まれました。甘糟家は武勇で名を馳せた甘糟備後守景継を祖とする家柄で、上級家臣である侍組に属していました。継成は17歳で家督を継ぎ、藩校興譲館では典籍（館内書籍の管理などを担う役）を務めました。継成の業績で特筆すべきは、上杉鷹山の事蹟をまとめた『鷹山公偉蹟録』の編纂執筆です。安政元年（１８５４年）から約９年間の歳月をかけて稿本全21巻を完成させました。明治11年に明治天皇天覧の栄誉を得た名著であり、鷹山の研究をする上では現在でも欠くことのできない基本文献です。（略）慶応４年に始まった戊辰戦争では、軍務参謀として千坂高雅、色部久長（長門）らとともに越後戦線に出陣し、新政府軍を大いに苦しめました。新潟陥落を受けて米沢藩は越後から全軍撤退して降伏しますが、この決断は継成の進言によるものとも言われます。明治になると上京し、福沢諭吉や大久保利通、勝海舟らと交流を深め、明治２年に明治新政府の待詔院に出仕しますが、間もなく病気で亡くなりました。38歳でした。（８）

藤沢周平が雲井龍雄を主人公にした『雲奔《くもはし》る』という小説を書いている。この小説には甘糟継成が頻繁に登場するのである。こういうふうに紹介されている。

甘糟継成は侍組上士で、龍雄より十歳年上でしかないのに、学殖、識見、風格ともに老成し、藩の青年層の間では一頭地を抜いた存在であった。（９）

一方の木滑要人は『戊辰落日』には頻繁に登場するのだが、この本では一箇所だけしか出てこない。米沢藩が会津や仙台の期待を裏切って新政府軍に降伏する場面だ。

藩主上杉斉憲は、全藩士に謹慎を命じ、自分も城を出て恭順の態度を明確にした。同時に国老毛利上総、参政木滑要人を越後下関にいる鎮撫軍に送ったが、鎮撫軍の将村田勇右衛門に「藩主自身がすぐ来い」と一喝された。木滑は国元に急行し、世子茂憲、国老竹俣美作が兵五十名を率いて、改めて新発田の鎮守軍総督府に謝罪に行った。この時竹俣は、自分から追討軍の先鋒を承りたいと言い出した。(10)

これを読んで推理するのだが、おそらく、木滑要人は竹俣美作にも同行していたのだと思う。多分、追討軍の先鋒の話も竹俣美作一人の独断ではなく、木滑が最初に使者に立つときから決まっていたことだったのではないか。この『雲奔る』のなかにはこんな文章もある。

米沢藩では、会津を救い、会津藩との友誼を貫くべきだとする千坂、甘糟らの議論と、朝廷の命である以上、会津討伐の先鋒は避けられないとする議論が分かれ、藩を挙げて激論をかわした末、ついに討会先鋒を決定したのである。結局は、藩主斉憲が論達の中で言うように、この際強いて救会を言い、先鋒を回避したりすれば、すぐに違勅の罪に問われ、「滅亡踵を廻らすべからず」とする判断が勝ったのである。

藩上層部は、千坂太郎左衛門を軍務総督に、甘糟継成を軍務参謀に任命した。(11)

これを読むと、藩上層部が対会津戦争の反対派に会津攻撃の先陣を命じたのがわかる。会津の味方をすべきだと主張した二人に会津征討の先陣を命じるのはかなり意地悪なやり方に見えるが、藩命は絶対だったのだろう。それと、戦争が終わったあと、新政府から一度は越後で官軍と戦火を交えた甘糟に懲罰《ちょうばつ》が及ばないように工夫したという考え方もできる。

このくだりには木滑要人の名前はないが、藩上層部の一人ということなのだろう。木滑要人の米沢藩での俸禄がどのくらいだったかは記録がなく、わからない。

しかし、実は『雲奔る』のなかに、こういう、また別の、意味深な文章がある。、

（山田蠖堂の）門下に甘糟継成、窪田茂遂、上村節山、小島秀精、土肥節斎、宮島精一郎、中川雪堂らの俊英を集め、門閥を賢とし格例を政とする藩の上層部を、公然と罵《ののし》った。(12)

これは前出の引用（3）と同じような文章で、多分同一の基礎資料に基づいて書かれた文章ではないかと思うのだが、藤沢周平は元になる資料の人名の羅列のなかから［木滑要人］の名前

を削って文章を書いている。これは書き忘れたのではなくて、それなりの理由があったのだと思う。藤沢周平は木滑が藩の上層部の人間だということを知っていて、彼の名前をここに書くと、文章の辻褄が合わなくなってしまうと考えて、木滑の名前を外したのではないか。

多分、木滑家は家格が高く、木滑要人は藤沢がいう〝門閥を賢とし格例を政とする〟一派（保守派）の人間だったのではないか。引用（６）の文章に甘糟家の家禄は二百石とあったが、そして、多分、ここに羅列して名前が書かれた侍には千石、二千石という、〝門閥を賢とする〟高禄の人間はいなかったのではないか。

木滑はかなりの高禄で召し抱えられていたのではないか、わたしはそう推理している。

ついでに［木滑］という名字をわかる限りで調べると、こういうことになっている。

藤沢周平著『雲奔る』。2014年発行の新装版、文春文庫。米沢藩の志士、雲井龍雄の短い生涯を描いた歴史小説。

『東北の幕末維新』2018年吉川弘文館発行　友田昌宏著。米沢藩の侍たちの思想と行動を史実に忠実に記録した一冊。

1・名字としての希少度は1万0983位と、珍しい部類に入る。

2・木滑を名乗る人は全国に620人いて、新潟が最多で160人、東京に100人。

木滑の名字が新潟に多いことについて調べていくと、こういうことがわかった。


木滑（きなめり）は、新潟県新潟市南区の町字。郵便番号は950-1311。

1889年（明治22年）から現在の大字。中ノ口川中流左岸に位置する。

もとは江戸時代から1889年（明治22年）まであった木滑村の区域の一部。（13）


ここからはまた、わたしの推理である。資料がなにも残っていないので勝手なことを書くのだが、戦国時代の［木滑一族］はこの木滑の地名が残るあたりを領有する土豪＝国侍だったのではないか。上杉謙信が戦争に出かけるたびに、配下の足軽（たぶん、普段は農業に従事していた）を連れて、戦陣に参加していたのではないか。

越後は上杉謙信の息子の景勝の時代なのだが、豊臣秀吉が検地したときの石高は39万石だったというが、それが秀吉の覚えめでたく、会津若松に移封され、120万石の大所帯になったのだという。たぶん、このとき、甘糟一族もだが、木滑一族も越後の木滑から会津若松、そのあと、減封されてからは米沢に移ったということではないか。

さらに調べてわかったことだが、これとは別に石川県の白山市に木滑の地名が残っている。

そもそもの木滑家の出自は新潟の前は石川県だったのかもしれない。いろいろ調べていたら、「石川県道178号木滑釜清水線」なんていうのまで出てきた。地名の検証は面白い。

戦争が終わったあと、甘糟継成は米沢藩庁から待詔院出仕を命じられて上京するのだが、藤沢周平がそのときの彼の様子を文章にしている。

甘糟継成は待詔院出仕として出発したが、この仕事にあまり乗り気でなかった。出発するとき、「さてさて世の中は不思議なものよ。去年は朝敵の首謀人と呼ばれ、この粗相首に五百金を懸けられたものが、今日は禁中の吏となるか」と自嘲するように言った。(雲井)龍雄にとって蠖堂門の先輩にあたる甘糟は、激動期の米沢藩の中で終始正論を以て藩論を主導し、(新政府軍と戦った)越後線線では参謀として全軍の作戦を指揮した。龍雄と同様に主戦派として謹慎していたのである。甘糟は敗戦の責任者として、龍雄とはまた異なった苦悩を抱いて生きているようだった。(14)

これが、『雲奔る』のなかに遺された甘糟継成の明治維新以降の佇まいである。

手元にもう一冊、『東北の幕末維新〜米沢藩士の情報・交流・思想〜』という本がある。

この本は雲井龍雄とのちに貴族院議員になる宮島誠一郎と甘糟継成を中心にして書かれた著

作なのだが、戊辰の戦役が終わった後の米沢藩の様子がかなり詳しく書かれている。
木滑も甘糟も殿様といっしょに行動していて、東京にいる。そして、明治二年の版籍奉還の経緯についての箇所に木滑要人が登場する。

東京詰の（宮島）誠一郎らは、あるいは版籍奉還の上表文を取り寄せ、あるいは要人と接触して、諸藩の動向を探るのに余念がなかった。薩長土肥につづき大垣藩、越前藩なども上表を決し、もはや版籍奉還の趨勢はあらがいようもない。ならば、いっそのこと人に先立ち上表するが得策、東京詰の議論はかく決し、二月十六日、その旨を国許に伝えるべく奉行の中条豊前、中之間年寄の木滑要人が早追で帰藩の途についた。（15）

国元に帰った木滑らが東京の事情、各藩の状況、時代の趨勢をいくら説明しても、藩内の意見は相変わらずバラバラで、議論が百出し、紛糾がつづいている有様、これに業を煮やして、木滑要人が起草した『上旨之旨』が家中に布達された。こういう内容のものだ。

ご先祖様伝来の封土と御譜代の家臣をともに献上することは、我が公にとって忍びがたき御情実もあるが、ここは皇国のためを思われ、私情を断ってそうと御決断された。家臣としては悲痛に堪えぬが、この御趣意を深く体認し、家中一同朝廷のために尽くし、公の

勤王の御素志を貫徹するよう心掛けよ。(16)

これはこの本の著者の友田昌宏が現代文に翻案したものだと思うが、原文の出典は［宮島「巳三」三月十四日条］とある。宮島誠一郎の史料は早稲田大学図書館所蔵の［宮島誠一郎文書］として保存されている。

そして、わたしが探捜した資料のなかで木滑要人の名前があるのはここまでである。このあとのことはわからない。

一方の甘糟継成だが、東京に出てからの彼は戦役でヨレヨレになってしまった藩の財政を立て直すべく、さまざまの考えを模索する。日本が諸外国と肩を並べる強国になるための最重要課題は貿易体制の確立で、藩の養蚕業、つまり絹を輸出することで、国と同時に藩を富ませることを構想するのである。藩財政の健全化の要諦は藩内の生産物の輸出にあると考えた。そこから、ぼんやりとだが甘糟と横浜の密接な関係が浮かび上がってくる。

『東北の幕末維新』のなかには、こんな文章がある。

(甘糟)継成は、五月九日にも『御内用』により役所役の堀尾保介、勘定頭取の今井吉次と横浜を訪れている。『御内用』とは、横浜商人の鈴木屋安兵衛を通じて、生糸を外国に輸出する手筈を整えることであった。(17)

継成が範としたのはアメリカやイギリスの例であった。（略）継成は横浜の外国人たちと世界地理をめぐって激論を交わして勝利を収めるほどの西洋通、その面目躍如といったところであろうか。(18)

横浜と甘糟継成との関係が濃厚に滲《にじ》み出ている文章である。

これはおそらく版籍奉還を終わらせた明治二年、彼の死の直前のことだと思う。資料にはこの年の七月、明治新政府の待詔院に出仕したとある。待詔院というのは、天皇への建白書を受けつける窓口だった。ところが、ここで死病が発覚し、八月にこの職を辞し、米沢に帰藩、母の喪に服したというのだが、それから三カ月後の十一月二十九日に亡くなっている。残された甘糟一族の人たちがここからあとの明治の時代をどう過ごしたかはわからない。この二年後、廃藩置県がおこなわれ、藩からの俸禄で生活する侍という身分はなくなる。

いずれにしても、上杉も木滑も甘糟も廃藩置県によって上京したのだろう。そして、それぞれの才覚で明治以降の時代を生きようとしたのだろう。

ここから先の両家の歴史は、木滑良久と甘糟章、ふたりの出会いまで曖昧模糊《あいまいもこ》としている。

甘糟りり子（作家・甘糟りり子・甘糟章さんの娘さん）はこういっている。

甘糟家の歴史についてですが、この辺り（鎌倉藤沢）に多くの土地を所有する甘粕という一族がいるのですが、父の先祖はそこにいて、横浜に出た際に「甘糟」と漢字を変えたと聞いております。だいたい五代くら前というのは母が言っていたのですが、正確ではありません（甘糟と甘粕は元々同じだったようですが）。

父は子供の頃、親戚の別荘がこの辺りにあって横浜から時々遊びに来ていたとは話しておりました。父の気質は、お書きになられていたように横浜という土地柄の影響が大きいと私も思います。そして、先祖がどうだったかということにそれほど関心があったわけではないようで、父とはいろんな話をしましたが、「甘糟家の歴史」について詳しく聞いた記憶はありません。甘粕大尉のご子息と間違えられた話はたまにしておりましたが。

彼女は「横浜に出たのは五代前」と書いている。五代というのは一世代をだいたい三十年として計算すると百五十年前。明治元年が百五十七年前だから、維新か終わったころの話である。彼女がいう「鎌倉藤沢あたりに多くの土地を所有する甘粕」が甘糟章さんたちのご先祖様だとすれば「鎌倉・藤沢の甘粕家」がいつごろからそこに住んでいるかという話になる。

この「甘粕」が江戸時代からこの地でつづいている家であれば、どこで米沢藩の甘粕・甘糟と別れたのか。もしかしたら戦国時代以前の分派かもしれないし、明治維新の廃藩置県に前後して神奈川に移った「甘糟」の分家であるかもしれない。そこから先は確認が取れない。

もし戦国時代以前から「鎌倉・藤沢」に住んでいる甘粕（甘糟）なのであれば、戦国武将名鑑のなかに「新田氏の一族で上野国に住した」とあるから、建武の中興の時代には鎌倉幕府を滅亡させた新田義貞の郎党だったことになる。新田は上野国の豪族である。

甘糟さんの家は稲村ヶ崎の急坂を登った高台にあるのだが、『太平記』のなかに、新田義貞が鎌倉を攻めあぐねて困りはて、黄金作りの太刀を難所の稲村ヶ崎の海に投じたところ、龍神が呼応して潮が引き、そこから鎌倉に攻め込むことができたという挿話がある。

甘糟さんが横浜から鎌倉の稲村ヶ崎に住まいを移したのは、ご先祖様が呼んだ（？）からかもしれない。新田義貞が南北朝の騒乱のなかで戦死、新田家が没落したあと、新田軍の残党の甘糟某が「鎌倉・藤沢」に安住の住処を求めたのかもしれない。

りり子さんが「甘粕大尉の息子と間違えられた」と書いている、甘粕大尉というのは関東大震災の混乱に紛れて無政府主義者の大杉栄・伊藤野枝を殺害したいわゆる〝甘粕事件〟の主犯である甘粕正彦のこと。この人は昭和に入ってから満州に新天地を求めて移住し、満映の理事長として活躍するが、日本の敗戦、満州国の崩壊とともに青酸カリで服毒自殺している。

甘粕正彦の出自ははっきりわかっていて、宮城県出身だが、その父親は山形県米沢の出身だという。甘粕正彦の資料には、はっきり米沢藩士、甘粕景持の子孫とある。［甘粕］のほうの血筋である。

話が重なる形になるが、問題は［甘糟］、戦国時代の甘糟景継の流れである、

甘糟景継の子孫、幕末に大活躍した甘糟継成の家系の明治以降のひろがりは資料がなく、はっ

きりしない。わたしの推測だが、りり子さんがいう「鎌倉藤沢」に多くの土地を所有する甘粕（または甘糟）が明治維新以降に彼の地に移り住んできたのであれば、米沢を去った甘糟が［鎌倉・藤沢］あたりに新天地を求めたのかもしれない。

この推理は間違っている可能性もあるが、そうだと面白い。どっちにしろ、幕末の米沢藩とその百数十年後のマガジンハウスで、木滑と甘糟が大活躍していたことにかわりはないのだが。

これも蛇足だが、塩澤という苗字について。名字ネットで調べるとこういうことである。

1・塩沢は全国での順位は11164位。塩澤は2842位。

2・それぞれ1万5000人、4700人いる。中部地方、長野県、山梨県に多い。

というようなことが書かれている。新潟県の六日町盆地には塩沢という町があり、塩沢つむぎで有名。また、軽井沢には塩沢湖という湖があり、紅葉の美しいところだというが、わたしは夏にしかいったことがない。戊辰戦争のときに長岡藩の河合継之助が戦死したのは塩沢村というところだという。もう一つ、面白い話。福島県には石川郡というのがあり、石川郡の石川町は水郡線の停まるところだが、ここにも塩沢という地名の場所がある。

わたしの家の苗字も木滑や甘糟と同じような歴史を持っているのではないか。

塩沢家の家伝では、わたしたちは戦国時代、武田信玄の家来だったと伝えられている。

武田家が徳川・織田連合軍によって滅亡したとき、塩沢のご先祖さまの一部は討死することなく生き延びて、南アルプスを超えて三峰川沿いに逃れ、高遠に定住した、と聞いている。長野県の伊那谷に塩沢姓が多いのはその名残りである。

こういう話を総合して、想像をたくましくすると、わたしのご先祖さまと木滑さん、甘糟さんのご先祖さまは、いまから四百五十年くらい前の戦国時代、それぞれ、上杉謙信公、武田信玄公に従って、川中島の戦役に望み、敵同士になって、干戈を交えたかもしれない。

たぶん、そういうことはなかったと思うが、歴史のなかではなにが起こっているか、わからない。それが歴史である。

【註】

（1）『戊辰落日』P・278

（2）https://www.city.yonezawa.yamagata.jp/5802.html 20240319 閲覧

（3）https://ameblo.jp/yonezu011/entry-12435820671.html 20240319 閲覧

（4）http://kagura.wa-syo-ku.com/ 美里町の神社 / 甘粕神社 20240331 閲覧

（5）http://www2.harimaya.com/sengoku/html/amakasu.html#google_vignette 20240319 閲覧

（6）https://ja.wikipedia.org/wiki/ 甘粕景持 20240319 閲覧

（7）https://ja.wikipedia.org/wiki/ 甘糟景継 20240319 閲覧
（8）https://www.city.yonezawa.yamagata.jp/5805.html 20240319 閲覧
（9）『雲奔る』２０１４年新装版　文春文庫　藤沢周平著　P・57
（10）『雲奔る』P・２５４
（11）『雲奔る』P・１９４
（12）『雲奔る』P・48
（13）https://ja.wikipedia.org/wiki/ 木滑_（新潟市）20240319 閲覧
（14）『雲奔る』P・２７７
（15）『東北の幕末維新～米沢藩士の情報・交流・思想～』２０１８年　吉川弘文館刊　友田昌弘著　P・１８６　これは『木滑要人日記』の明治二年二月十五日の条を元にして書かれた文章。この史料の原本（多分、本人の手稿）は米沢市の上杉博物館に所蔵されている（らしい）。
（16）『東北の幕末維新～米沢藩士の情報・交流・思想～』P・１８７
（17）『東北の幕末維新～米沢藩士の情報・交流・思想～』P・１９５
（18）『東北の幕末維新～米沢藩士の情報・交流・思想～』P・１９７

第二章　遍歴と足跡

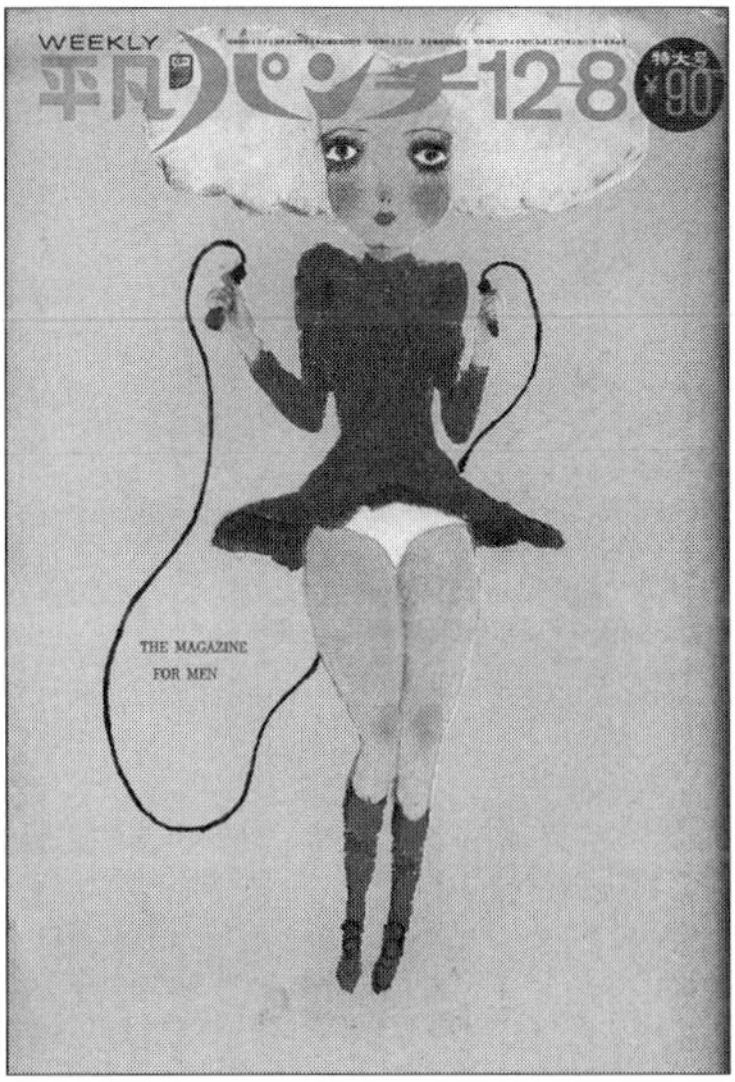

週刊『平凡パンチ』1969年12月8日号。木滑さん編集長時代の一冊。このころの『パンチ』にはなにかひとつ、雑誌全体を考える編集者でなければできないような読者を驚かせる仕掛けがあった

昭和十年代、終戦まで

木滑さんは昭和五年二月の生まれである。

ということは戦争が終わった昭和二十年には十五歳である。

子供時代はどういう少年だったのだろうか。

小冊子『木滑さんの言葉』の三ページ目に載っているのは、こういう言葉である。

若いときは、毎日本能を鍛えているんだから日常が稽古の場。
（略）目の前に現れた奴の面白いところを見つけて、
そこをだいじにして、吸収しちゃえばいい。（1）

これは雑誌『ポパイ』の「二十歳のとき、何をしていたか？」という特集のなかのインタビューからの抜粋。残念ながら、これだけではなにをいっているのかよくわからない。引用に無理がある。「若いときは、毎日本能を鍛えている」とはどういう意味なのだろうか。

まず、気になるのは文中の（略）だが、どんな言葉が省略されているのか。

右の記事のなかの［少年時代］についての木滑さんの言葉を引用するとこういうことである。

「創造の基本は人間の本能で、それはだいたい15歳までに体験していることで仕込まれていく。便宜上15歳にしているわけじゃなくて、大体それくらいの年までなんだよ。まずは親とか兄弟によって作られて、あとは学校や育った場所、出会った友達によって、刺激されたり、増幅されたりする。そういうことが自分の芯にあって、ホノホノと燃えているんですよ。それを表現して形にするのが編集の仕事だから、大変だよ。みんなよくやっているよ、ほんと」

木滑さん自身は、15歳のときに見た進駐軍、ラジオから流れてきたアメリカの音楽がそれだというけれど、大人になってから形にするためにはどんな努力が必要なのか。

雑誌『POPEYE』2017 年 5 月号。当時の編集長は木下孝浩。木滑さんが作った「シティ・ボーイ」という言葉を復活させた。6 年間、編集長を務めた。

雑誌『考える人』2010 年冬号、編集長は松家仁之。松家はのちに『クウネル』を作った岡戸絹代といっしょに雑誌『つるとはな』を創刊している。

「若いときは、毎日本能を鍛えているんだから、日常が稽古の場。別に相手の資質を選んで人と会うってことじゃなくて、自分の目の前に現れた奴の面白いところを見つけて、そこを大事にして、吸収しちゃえばいい。それが反射するっていうこと。年をとって、その反射がなくなったときは悠々と諦《あきら》めればいいんだよ。スポーツ選手に体の限界があるように、いつかそれも終わることは知っておいた方がいい。だからさ、若い命を大事にしろってことですよ」（1）

こういうこともいっている。

「雑誌の編集はものすごく感覚的。血肉の中から湧き出るような話なら大げさじゃなくても、心をこめてやればすごい面白いんだよ。だから、会議のために義務感で適当な企画を出している時間は本当に無駄」（1）

これらの発言は、本当に木滑さんの編集思想の精髄を語っている言葉だと思う。
同じことをわたしのインタビューではこういうふうにいっている。

要するに、ボクがずっといっていたのは、また、木滑流かって、甘糟にバカにされたけど、人間の本能がモノを作るんだよ。で、なんかとぶつかったときに、本能が反応するんだよ。たとえば、アートにしても、なんにしても、作るきっかけになっているのは全部本能だよね、だから、本能っていうのはどうやって鍛えるのかっていわれたってね、鍛えようがないんだって。

要するに生まれた時から、親のそばでずっと体験したことがけっきょく、自分の［反応体］を鍛えているんだから、ボクなんか、しょっちゅういうんだけど、あんなに刷り込まれて、鬼畜米英って刷り込まれて、敵だ敵だっていわれていた連中を、東口の新宿駅前、アルタの前で駐留してきたアメリカ軍を見ていてさ、あっという間にアメリカがすごいって思っちゃうんだから、いかに刷り込みっていうのがいい加減かっていうのがわかる。だから、教育とか、そういうのはダメなんだよ。

感性・感覚の基本の形ができるのは「15歳まで」といっているのだが、少年時代の彼の一番の衝撃的な経験は、十五歳のとき、戦争に負けたあと、東京に進駐軍がやってきたのを目撃したことだった。これが自分がアメリカを憧れるようになった直接のきっかけである。

彼はこの話を自分でも文章にしているし、インタビューでもくり返して語っている。

キナさんが自分で書いた終戦体験の文章がこれ。

15歳で終戦。少年時代から軍国教育を受け、鬼畜米英とすり込まれてきたのだが、進駐米軍のピカピカの隊列を新宿駅前で見てから一変した。米軍のラジオ放送（当時WVTR）に聞き入り、アメリカの映画を見まくり、街を走るアメリカの車の名前を覚えた。なぜ一朝にして変わってしまったのかということは、正直いって今でもきちんと説明できない。圧殺されていた少年の好奇心が遅まきの芽を吹いたのかもしれない。（2）

わたしが何度かした木滑さんへの取材でも、この話が必ず出てきた。別のあるとき、わたしがしたインタビューで彼はこんなふうに話している。

ボクが十五歳のときに終戦になったでしょ。それまで鬼畜米英とかいって、アメリカとかそういうものを敵害視するように教え込まれていたじゃない。それなのに、（そういうふうに思い込んでいた）ある日、終戦後すぐだよ、新宿の二幸（駅の東口にあった食料品屋、二階が大きな食堂になっていた）の前、スタジオ・アルタの前の、こういういまみたいな手すり（ガードレール）じゃなくて、（金属は）供出されて、木の丸太になっているんだけれど、そこに腰かけて、ずっと見ていたんですよ。進駐軍が入ってくるのを。それを見たとたんにね、その鬼畜米英が飛んでいっちゃったの、ダーンて。とにかくカッコよかったのよ。ものすごいピカピカで、なんか違う世界の人種が現れたっていう感じがしたんだよ。

それにショックを受けたんですよ（3）

この体験をして、アメリカが憧れの国になる前、ジープに乗った進駐軍が新宿の街にやってくる前、彼は［軍国少年］だったというのだが、そのことについてはこういう告白がある。『ブルータス』の二〇二〇年七月一日号、東京特集の取材インタビューである。

僕は1930年の生まれで、子供の頃は中野に住んでいました。親父は教育者で、ちょうど戦争が始まるくらいの頃だったから、「工業学校に行け」と僕に強烈に勧めるんです。それで喧嘩になりましたね。そのまま陸軍に入りたくなかったんで、僕は「絶対、海軍だ」と。海軍はエリートでかっこいいからね。当時、東京タワーのすぐ近く、飯倉の交差点あたりに〈水交社〉という海軍の社交クラブがあったんです。夏の時期にその前を通ると、入り口の門が開いていて、中のプールが見えるんですよ。そのプールで、恰幅のいい若い男たちが泳いでいる、その様子を、いいなあと思ってずっと眺めていました。

終戦日の玉音放送も聴きました。ラジオからの声が途絶えて何言ってるんだかよくわからないけど、ああ負けたんだって。終戦直後、今の新宿アルタの場所にあった二幸という食料品店の前を、立川方面へ進駐してくる米軍の隊列を目撃しました。15歳の頃です。新宿はまだ闇市ばかりで遊ぶところなんて何もなかった。歩いている進駐軍の兵士たちの制服

や革靴がもうピカピカでカッコよくて圧倒された。これじゃ負けるよと思いました。（4）

これが十五歳（旧制中学四年生、いまなら高校一年生）の記憶である。

この話は新潮社の雑誌『考える人』のインタビューでは、こういうふうに話している。

子供のころ、知りあいに海軍の人がいて、それがとてもいい人で憧れていたのと、海が好きだったから、海軍の航空隊に入りたかったんです。戦争が終わってからのモノのない時代に、原動機のついてない乗りもの、船だけでなく、自転車とかローラースケートとかそういうものが好きになって、それはいまでも変わりません。自転車はいまもよく乗っています。遠くまでツーリングしたりはしませんが、家のある目白からマガジンハウスのある銀座くらいならすぐですよ。

船は、マガジンハウスのヨット好きの連中が合同で艇を持っていたのでそれに便乗したり、油壺で有名艇に乗せてもらったりしていました。（5）

木滑さんの少年時代のキー・ワードは［海］と［海軍］ということだった。

彼が卒業した大学が立教大学だということは公言もしているし、周知のことなのだが、出身高校がどこだったかを明記した資料はない。わたしも自分の本のなかで、木滑さんが卒業した高校がどこなのか、学校名までは書いていないのだが、あるとき、彼は白状するように「オレは海城高校の卒業なんだよ」といったのである。

その校名を聞いたとき、わたしは［海城］をそれほど重要な名前だとは思わずにいた。

海城高校というのは、新宿の大久保にある高等学校。わたし（シオザワ）たちが中学生のころは、都立高校との併願校で、入学金を都立高校の合格発表まで待ってくれる学校で、入学試験の合格倍率が異常に高い高校だった記憶がある。

わたしも海城を受験して合格している。男子校だったのでいかなかった。私立校ということもあったが、都立高校はすべて男女共学で、そのことは少年のわたしにとっては非常に重要なことだった。これは余談。

資料によれば海城高校というのは、明治時代に海軍兵学校入学を目指す予備校として創設されたのだという。創設時の学校名は［海軍予備校］というものだったが、その後、海軍省から要請があり海城学校と改名したのだという。露骨に予備校と名乗るのをやめてくれという話だったのではないか。昭和六年に、海城学校は海城中学校と改称している。

年表の昭和十九年の項には「太平洋戦争激化により、生徒は勤労動員に出動」とある。

旧制の中学校というのは五年制で、小学校卒業後、十二歳で進学する学校制度。この計算でいくと、木滑さんの十五歳は海城中学校の四年生で、その後、旧制の中学校を卒業して、大学に進学したということになる。

そして、いろいろ調べていくと、この海城中学校という学校名は木滑さんの少年時代の海軍への憧れとピタリと重なり合うのである。Wikipediaには「海城」という校名は、戦艦を意味する古語が由来になっているという情報が付記されていた。

このことにも格別の意味があった。

木滑さんの子供時代の生活について、さらにもうひとつ、家業の話。

前出の『ブルータス』の東京特集でのインタビューでキナさんは「父親は教育者で親父から工業学校にいけ」といわれたといっているが、わたしがキナさんから聞いているところでは、「ウチの親父は、ダサい会社なんだけど、日本光学の子会社みたいな、レンズを作っている会社をやっていたんですよ」というものだ。このことも意味深だ。

教育者と工場経営者ではだいぶ違うが、教育者が「学校の先生」という意味だったら、工業学校にいけ、などとはいわないだろう。木滑さんが父親を〝教育者〟といったのは教育熱心な人という意味ではないか。「工業学校にいけ」というのは、「工業的な知識を身につけてオレの会社のあとを継げ」という意味だったのではないか。

話はここからである。日本光学というのは、いまのニコン。35ミリカメラで世界に名を馳せた企業なのだが、実は、この会社の戦前の歴史はちょっと物騒である。

Wikipediaを参考にして同社の歴史を紹介すると、こういうことである。

大正6年（1917年）光学兵器の国産化を目的に、三菱財閥の岩崎小弥太が個人出資して、日本光学工業株式会社を設立。最初から帝国海軍系企業として、主に艦艇用光学兵器を開発。1930年代以降は陸軍系企業だった東京光学（現・トプコン）と共に「陸のトッコー、海のリッコー」と呼ばれた。同社が開発した倒分像立体視式十五米二重測定儀は戦艦大和に搭載された。戦後は民生品の生産に転換した。（6）

この説明によると、家業が海軍用に作られる日本光学のレンズを生産していた下請け工場の跡取り息子だった木滑さんが父親のあとを継ぐより、海軍の軍人になりたかった根底の理由が了解できる。なにしろ、自分の父親が、戦艦大和の大砲の照準器のレンズを作っていたのである。

父親は工業学校にいかせて技術者になって欲しかったのだろうが、キナさん本人は海軍のエリート士官になりたかった。父親は息子の考えを無下に否定するわけにもいかず、海城中学校への進学を許した、ということだったのだろう。以上は歴史小説的な推測だが、事実とそれほど違っていないのではないかと思う。

話をもどして、海城中学校に入学する前、小学生時代の木滑さんはどういう子供だったのかという話だが、これがかなりのいたずら小僧なのである。

ずっと中野に住んでいたのだという。ここからはわたしのインタビュー。

子どものころはどこにいくのも自転車でね、自転車に乗らないと友だちんちにいけなかった。それで練馬とか杉並とかに空気銃を風呂敷につつんで持っていって、スズメとか撃ってさ、最後はのさばりすぎて、原宿警察につかまったことがあるんだよ。（7）

木滑さんは中野の育ち、石川次郎は杉並の浜田山育ちである。わたしは世田谷の育ち。ちなみに、小学生のときにおまわりさんに捕まった思い出だったらわたしにもある。まだ小学生だったと思うが、そのころは駒沢公園がいまみたいにきれいに整備される前、瓦礫だらけの荒蕪地の広がる荒地だったころのことなのだが、ここで、一人だけで2B（小火薬弾）の火薬を集めて試験管に詰め込んで作ったロケットの打ち上げ実験をしていて、おまわりさんに捕まって、住所氏名を白状させられ、「学校と両親にいうぞ」と怒られたのだ。だからどうしたということでもないのだが、そういう［少年体験］は大人になっても、人格・感性に多少の影響を与えるものなのかも知れない。わたしはいまでもおまわりさんはちょっと苦手である。そして、ふたたび、キナさんの独白。

そういう子ども時代の体験というのは、同じような育ち方をした男の子の記憶のなかには誰でもあってね、例えば、石原裕次郎とか加山雄三とかと出会っていろいろと話をすると、そういう思い出話がパッパッとつながるわけ。コイツのやっていることは、オレにはよく

わかるよって。それで、裕次郎とも加山とも仲良くなった。（7）

考えてみると、裕次郎も加山雄三もヨットが大好きで、［海］が生活のキーワードだった。そして、そのあとの話だが、戦争が終わり、軍人になる夢から覚めて、アメリカに凝り始めてからののキナさんはこういう少年になる。

十五歳で終戦になったとき、戦争で勤労勤労ばかりで、ちゃんと教育も受けてこなかったし、これからは勉強以外のことを熱心にやろうとなんとなく思ったんですね。戦前から『少年倶楽部』とか『譚海』とかいう雑誌を読んでいました。自転車に乗って音羽にある講談社を見にいって、ああ、ここでつくっているんだなんて思ったり、やっぱり雑誌は好きだったんだろうな。友だちには勉強しないなんてばかだっていわれたけど、でも勉強だけ一生懸命やっていたやつはみんなつまんないやつになっちゃったよ。大きな地方紙で偉くなった友だちもおもしろいやつだったのに、年とってからはただのジジイになって、お前どうしようもないなって（笑）。貿易で大儲けしたやつもいたけど、みんななんか俗っぽくなって死んじゃった。だから、出世だの野心だの勝ち組だのっていってちゃダメなんですよ。（8）

キナさんから見てつまんない人生だったといっても、本人が自分の人生をどう考えていたかはまた、別の問題で、「生きる」ということをそんなに簡単な物差しで測っていいのかという気もするのだが、こういうことをいうから、キナさんから「シオザワ、お前は考えることが硬すぎる」といわれるのかもしれない。

木滑さんはつづけて、人生を生きるということについてこういう。

自分の生きてきた八十年を正当化するわけじゃないですけれども、とにかく五感を高めて、情緒価値を大事にしたほうがいい。映画や音楽をいっぱい見たり聞いたり、そういうことを遊びというなら遊ぶってことでしょう。それで気の合う人、自分と似たテイストをもっているけれど雰囲気の違う人、異種配合といってもいいかも知れないけど、全部が好きじゃなくても、いいものを持っているなという人と仲良くする。べたべたじゃなくさらっとね。定年退職してパソコン教室に駆け出していったり、陶芸教室にいったり、カメラぶらさげて鎌倉をうろついたりするっていう、そういう年寄りになるのはやめたほうがいい。そのほうが幸せですよ。(8)

大学進学では立教大学文学部。わたしも文学部(わたしは早稲田)の卒業なのだが、戦後昭和の文学部というのは卒業してもどこに就職できるかわからないような、就職的には不安定な学部だった。

それでもキナさんは父親の「家業を継いでほしい」という意向とは正反対の、将来、どういうことになるかわからない文学部を選んで進学していたのだが、自分でも「なにかになりたい、親父のあとを継ぐのだけは絶対にイヤだ」と思っていたという。

文学部では歴史学、アメリカ史を専攻している。

最後に余計なお世話的な蛇足。最初のコメントのなかに、「みんなよくやっているよ、ほんと」という褒め言葉があるが、これはヨイショのリップサービスだと思う。というのは、ここで「お前ら、ダメだ」とはいえないだろう。

わたしにいわせるとだが、この「二十歳のとき、何をしていたか?」という特集には三十三人のコメントが登場するのだが、その人選が安易すぎる。ほとんど取材しやすそうな人ばかりである。この人たちが大人になった〝シティ・ボーイ〟だというのだろうか。

そういっては悪いが、サブ・カルチャーのアブクみたいな人たちばかり名前を連ねている。

安倍晋三や共産党の志位和夫がいいかどうかわからないが、誰か著名な政治家、日本経済を支える大企業の社長たち、大活躍しているスポーツ選手、ユーミンとか中島みゆきみたいな人たち、映画監督とか俳優たち、大学の研究者、そういう人たちが一人も入っていない。そういう人たちの「シティ・ボーイ」な部分を取材するべきではないか。みんな、そういう人たちが二十歳のころ、なにを考え、なにに悩んでいたかを知りたいのではないか。

企画はある種の凶暴性を持っていなければ、沈滞してしまった読者層を活性化することはできない。この安易な人選は、木下が作ろうとした『ポパイ』の限界というか、マガジンハウスの編集者の発想の限界を暗示しているのかもしれない。

そういう発想の限界を超えるための方法論はあるのだろうか。キナさんはこういう。


人間というのは、人と人とが接触するとき、原体験を通して理解しあって仲良くなっていくんだよ。裕次郎と知り合ったとき、オレのほうが裕次郎よりもいろんなことを知っていたという、マア、年上ということもあったけれど、慎太郎（石原慎太郎）はオレと裕次郎が同い年だと思っていたみたいだけれども。

だから人間というのは十人十色で、シオザワはシオザワ、オレはオレで、みんなね、一つの対象に対して感じる本能みたいなものは全部違うんだよ。

だって、自分の原体験が違うんだから。それはそうでしょ。その生き方というのをどこかで大事にしていないと。大事にするっていうのが適切な言い方かどうかわかんないけど、自然に育っていないと、目の前に押し寄せてくる現実に対して面白い反応をしなくなっちゃうんだよ。（7）


少年時代の体験をどうやって自分の感性＝感動能力に変えていくか。

このことはそう簡単に説明できることがらではない。

自分が好きなことについて、知識に詳《くわ》しくなるだけではなくて、そのことの文化としての本質を把握する、一生懸命に考える。その、自分の好きなことや人間に憧れる。

理屈をこねながらいうと、それが本能＝感性を鍛えるということではないか。

わたしはそう思っている。


【註】
（1）『ポパイ』２０１７年５月号　Ｐ・97
（2）『文化通信』文化通信社　２０１０年11月15日号（第３９１１号）
（3）『雑誌の王様』２０１３年刊　河出書房新社　塩澤幸登著　Ｐ・２２２
（4）『ブルータス』２０２０年７月１日号　Ｐ・78
（5）『考える人』２０１０年冬季号　新潮社刊　Ｐ・36
（6）https://ja.wikipedia.org/wiki/ ニコン 20240320 閲覧
（7）『編集の砦』２０１４年刊　河出書房新社　塩澤幸登著　Ｐ・２４６
（8）『編集の砦』Ｐ・２４５

昭和二十年代のこと

ここでは木滑さんがあまり人にいったことのない話をしてもらおう。

木滑さんは平凡出版の歴史について、こういっている。創業の二人の挿話である。

（清水さんというのは戦前、電通に勤めていて、その後、大政翼賛会に勤めはじめたんだけど）同じ部屋に岩堀さんがいたんですよ。（清水さんの働きぶりをみていて）このタッちゃんは使えるねって。政府の肝煎りの大政翼賛会だからね、電通の流れを汲んでいる清水さんが気になっていたんだろうね、岩堀さんは。

清水達夫と岩堀喜之助のこと。話を聞いているのはわたし（シオザワ）である。

清水さんというのはけっこう、頭が柔らかかったんですよ。

清水さんというのは若いころは日本橋の名曲喫茶みたいなところで、日がな一日過ごしているような文学青年だったわけじゃない。それで、小さい劇団の西洋芝居を手伝ったりしていた、そういう人だから、ミーハーの極致の歌謡曲とか赤城の山も今宵限り、みたいな話を一番嫌がっていたんじゃないかと思うんだよ。それが、一瞬でバッと切り替わったのは、要するに清水さんの素養の下地（＝下町の文化）に深川清水橋（この橋は清水さんのご先祖さまが架けたといわれている）みたいな話があったからじゃない。あの、そのへんはなんていうのかなあ、お弁当箱みたいな感じがするんだよね。こうやって、フタを開けてカラのお弁当箱にみんながなにを詰めるか、楽しみにしているみたいな。なんか、そういうポジションというか、スタンスはなにから始まったんだろうね。

ボクはだから、思うんだけど、一番最初、文芸雑誌を作りたかったヤツが、実際には通用しなかったところから、オレが考えていたようなモンじゃダメだみたいなね、そこからあの人は、自分はできるだけ、こう白紙のままでいて、自分の目の前に誰がなにを書いてくるか、どうかっていうのを面白がれるっていうのが、あったんじゃないかっていう気がしてしょうがないんだよ。

清水さんもけっこう貧乏しながら、戦争中を過ごしたんですよ、戦後を迎えて、文芸に憧れて、文学青年で演劇青年だから、（そういう雑誌を）作ってやろうと思って始めたけどなかなか思い通りにならなくて、岡晴夫が日劇で満員の観客を集めて、劇場の周りをとぐろを巻いているお客さんを見て、行き詰まった文芸誌を芸能誌に転換したわけじゃないですか。日比谷公園のプールの脇で、仲間が七人だったかな、集まって、みんなに相談したんですよ。

それはね、清水さんがオレたちと同じように、相当貧乏とか、貧しいとか、憧れているものがいっぱいあったのを、ある日、可能性が、世の中が変わってきたというのを見ながらね。清水さん、いろんなものに憧れたんだと思うんですよ。でも、素質がないから。素質ってね……文化的体験がないから、どうしていいかわかんない、白紙の弁当箱じゃないけどさ、弁当箱は考えるわけ、なかになにを詰めたらいいのかを。

別の方向にいって余計な話をして腰を折るみたいだけど、そもそも一番はじめに岩堀さんがいなかったら、マガジンハウスって出来なかったんだよね。要するに、あの人がどこかで金を集めてきたり、怪しい紙（用紙）を手に入れたり、それから三拝九拝して平凡社の下中さんからタイトルをもらったりというね。配給権のついた、そういう作業をやったのは全部、岩堀さんで、最終的に大日本印刷の営業所にもう毎日通ってサ、電話番をしながら、相手が根負けして、仕方がないから刷りましょうってね、そうじゃなくて、アレを小さな印刷屋さんでやっていたら、大量部数に発展するときに頓挫していたと思う。だから、全てのエネルギーは岩堀さんが注入していたんだよ。

もっといえば、その間ずっと岩堀さんという人が悪戦苦闘しているわけですよ。あらゆる問題で、お金とかさ、紙とか印刷とか、清水さんはそういうの一切やっていないんですよ。ホントのことというとね、オレね、しみじみ感じたのは、オレが会社を辞めたときに清水さんから平凡企画センターという子会社があって、ボクはその会社の社長だから、キミは専務やってよ、といわれたんですよ。だけど、そこに入って財政状態を調べたら、行き詰まっちゃってどうしようもないんですよ。清水さんというのは、お店屋さんごっこも好きだったの。だから、クロワッサンの店とかね。面白いからやりたかったんだよ。でも、やったら大変なの、あんなもの。岩堀さんというのは起業家だったんだけど、清水さんは起業家というより編集プランナーだったんだよね。清水さんの出してくるいろんな発想は身近だからね。身近っていうと変だけど、例えば、オバーチャンと奥さんと娘二人、それが全てのサ、モニターだったわけですよ。最初はだから、いろんなことを奥さんに聞いてやっていた。奥さんが子供おぶって、編集の手伝いをやって、作家の家を訪ねたりしていたんです。

昭和23年8月の熱海への社員旅行。当時は家族揃ってみんなで集まってもこの人数だった。どういうわけか、子供は女の子ばかりだった。後列の左端が清水達夫、右から二人めの帽子をかぶっているのが岩堀喜之助。

雑誌『平凡』創刊号。1945年11月25日発売。確か発行部数は3万部。あっという間に売り切れた。みんな、紙に飢えていた。

だから、清水さんは要するに、一冊一冊見ていくとわかるんだけど、月刊『平凡』が出来て、それでオバーチャンが喜んで、それでラジオやなんか（レコード？）流行歌を聞いているオバーチャンが面白い面白いっていって、役者のお宅訪問みたいなことをやると、すごい喜んで面白がって見ていたという、そういうのがあって、そこから、奥さんがもう少し違ったモニターでなんかに反応して、それで、娘たちも大きくなるのに従って、どんどん変わってきているわけですよ。だから、『週刊平凡』以降は娘たちですよ。で、『平凡パンチ』というのは、娘たちが学校に行って、男の子と付き合い出してからの話なんだけど、で、『アンアン』になるわけだから、全部に家族が絡んでいる。

清水さんの発想の源流は家族が読みたがる雑誌を作ろうっていうことだったんだよ。平凡を芸能の雑誌に変えていくっていう話も、アレ、一瞬にして変わったんですよ。（日比谷公園の端っこの芝生にみんなで集まって）会社にはこれだけしかお金がないから、これをみんなで分けちゃうか、それとももう一冊やるか、という岩堀さんの言葉に遅れてきた清水さんが、いま、日劇で岡晴夫が公演していて、劇場の周り、お客さんでぐるぐる巻きだったと。それで、芸能誌というのはどうだろう、という。それがヒントだったって。清水さんも別にさ、根拠がたくさんあっていっているわけじゃなくて、直感的に思いついて発想したんだと。それでやっているうちになんとなくうまくいき始めて雑誌に独自性が出てきた。

歌謡曲を取り上げて、それから映画のスチールをロハ（ただ）で使い出したり、あのへんからだんだんね、いま、オレたちがやっているのは文芸じゃないんだみたいな。世の中でもてはやされていることを書かないとやばいぞ、みたいなことを考えるようになった。要するに、もっとストリートジャーナリズムみたいなところに入っていったっていうんですかね。

それでこのころ、木滑さんはどうしていたかというと、立教大学の文学部史学科の学生である。『ポパイ』の［二十歳の時、何をしていたか］という特集のなかにも発言があるのだが、そこでは「僕の二十歳なんて戦争が終わってまだ5年、世の中がまだ立ち直っていないから、悪いんだけど、話すことがないんだよね」といっている。（1）

また、『ブルータス』の東京特集には、「立教大学に入ってからは、学校帰りに目白の駅前にあった〈白鳥座〉という映画館によく行っていたな」という発言がある。（2）

わたしが木滑さんから聞いた若いころの話というのは、「お前と同じ史学科だったんだよ。アメリカ史を勉強したんだ」というのと「大学時代、広告研究会をやっていたんだよ」ぐらいのことしか話してもらっていない。誰か（多分、石川次郎さん）から聞いた話なのだが、どうも、木滑さんと奥さんは学生時代からの付き合いで、同窓だったらしい。奥さんの方が、年上である。

これはわたしの受けた印象だが、このころのことを話すのをイヤがっているのではなく、それほど重要なことだと思っていないのではないか、という感じがする。

一方、雑誌『平凡』のほうは目の付けどころが良かったのか、発行部数をどんどん増やしていく。美空ひばりが登場し、原節子が誌面に参加して、清水さんが阪東妻三郎に気に入られて、難しかった取材ができるようになったり、連載した小糸のぶの性体験小説『乙女の性典』が爆発的な人気を呼んだりして、部数倍増街道をまっしぐらに突き進んで、百万部に辿り着くのである。

そして、話は『平凡』が百万部を突破したあとの木滑さんの就職の苦労話になる。


オレが大学を卒業するころはまだ戦後で、状態が安定していなくてサ、（就職ということでは）氷河期なんてものじゃないの、企業がまだ整備されていなくて、復員軍人もちゃん

雑誌『平凡』1952年4月号。表紙の女優は高峰秀子、このときすでに発行部数は80万部。下段の写真はまだ子ども時代の美空ひばり。雑誌の部数倍増の原動力になった、原節子や鶴田浩二と並ぶ、新しいスターの一人だった。

と帰ってきていなくて、三井・三菱だって不安定なころだったんだから。そういう時期に就職しなくちゃならなくて、そのときに、どこに入るかって、最終的に親父がダサい会社、日本光学の子会社みたいな、レンズ会社みたいのをやっていたんですよ。

それで、オレはそこにはいきたくないなと思っていたの。それで、そのころは会社なんて、誰かのコネがないと入れなかったの。東京食品ていうところとか、いろいろ受けたけど、全部ダメだったんですよ。それで、毎日新聞も受けたけど、そんなんイチコロで（落ちて）、東大の大教室で試験を受けてさ、もう、アレだけの人を見ただけでもうダメだなあと思ったよ。それでＴＢＳも受けたのかな、ＴＢＳはまだラジオのＴＢＳでちゃんとしてなかった。それは岩堀さんの紹介で受けたの、ＴＢＳ。だから、そのときから岩堀さんと口を聞くようになったのよ。

それでＴＢＳも落ちて、岩堀さんから、じゃ、しょうがないからウチに来いよと。銀座の喫茶店で、ＴＢＳを落っこちた話をしたら、じゃあ、お前、ウチ来るか、給料安いぞ、とかいわれて。ハイ、いきますっていったの。


これもキナさんから別の機会に聞いた話だが、学生時代の彼は立教大学の［広告同好会］の会長をやっていて、学校で作っている大学新聞に広告を入れてもらいたくて、父親の知り合いだった岩堀さんを訪ねたのだという。それで顔見知りになって、ＴＢＳを受けるときに推薦人が必要で、岩堀さんにその推薦人になってもらったのだが、うまくいかなかった、その報告にいって「それじゃ、ウチに来てオレの手伝いをしろ」といわれたのである。

つづいてまた、木滑さんの告白である。

昭和二十九年だったと思うんだけど、四月に見習い社員で会社に入って、いきなり、岩堀さんから清水さんを紹介されたんだから。オレ、岩堀さんのコネで入ったんだからね。それでさあ。最初入って一年間は見習いの社員で、一九堂《いっちく》印刷ビルの三階かなにかに全部、編集も宣伝も全部いたわけ。岩堀さんもそこにいた。そしたらまもなく、綿スフ会館のビルに引っ越したんだよ、手狭になったということで。（建物には）小さいスタジオもついていた。まあ、このころは『平凡』が百万部出ていたあとだからね。

綿スフ会館というのは新富町の都電が曲がるところでさ、京橋郵便局の前ですよ。あの引っ越しはボクの一番の力仕事というか、いっぱい仕事したのは、一九堂ビルから引っし先の綿スフ会館へ、ハチマキ巻いて手ぬぐい巻いて、けっこう大変だったもの。

その時にリヤカーを押して手伝っていっしょに引越しの荷物運びやったのが、芝崎さん（芝崎文）なんだけど。芝崎さんてコロムビアにいて、美空ひばりに強いっていうことで呼ばれた人なんだよ。みんなそうなんだよ。斎藤茂さんは誰だったかな、そうそう岡晴夫。下村さん（下村勝彦）は若尾文子とかね。みんな決まっているんですよ、そういう強い人（スターに強いコネを持つ人〉を　みんな引っ張ってきているのよ。だけど、ぼくはとにかく、そういうことだから要するに、もの書きでもない編集者でもない、例えばサラリーマンの、ちゃんと経理ができるわけでもない、そういう新入社員だったんだよ。

それでも木滑さんは平凡出版はじまって以来の大学新卒の新入社員だった。入社して、最初にあてがわれた仕事は［平凡友の会］の雑務処理だったという。［平凡友の会］というのは、雑誌の熱心な読者からハガキなどで希望者を募って作った同好のサークルだった。岩堀さんは将来はスーパーマーケットをやったり、結婚式場を運営したいという漠然とした事業の構想を描いていたのだという。

岩堀さんは中国で宣撫工作をやっているときに、日本の菌を増殖していって、日本はいい国だって思わせていこうとしていたわけじゃない。それと同じことを、平凡を使って日本の国のなかでやろうとしていたんですよ、岩堀さんは。だから、友の会っていうのはさ、そのための一種の培養の組織ということだったんだろうね。要するに目標は曖昧なのに、それを土台にしてなんかもっとデカイことをやろうと思っていたんだよ。これはオレにもちょっと想像がつかないんだけど、岩堀さんというのは最終的に国税庁の査察を受けたときに、かなりの使途不明金が会社にあったわけでしょう。あのお金がぜんぜん、いまでもどこにいったかわかんないんですよ。要するに、どっかに寄付したか、割にどっかに埋まっているんですよ。多分、いろいろな団体に。だから、そんなことは書けないけど、清水さんはそれが不愉快だったと思うよ。

そのヘンはさあ、オレも追求するつもりもないし、オレもよくわかんないんだよね。あのころ、岩堀さんは平凡商事というのを作って、なんか、平凡ストアとかね、役者の扇子を売ったり、手拭いを売ったりしていたじゃない。そこへサ、中国にいたころ、仲良くしていた元軍人の平緒さん（平緒光擴）がはいってきて、いろいろ手伝ってもらった。平尾さんも一生懸命に働いたんだろうけど、結局、全部うまくいかなくて、平凡商事は平尾さんが社長になって平凡出版の紙を調達する子会社になったんですよ。

ここでちょっと、ふたりの戦前、岩堀さんの（中国での）宣撫工作なんていう話をもう少し詳しく説明しておかなければならないかもしれない。

平凡出版の創業者の二人、岩堀さんと清水さんは大政翼賛会で同席したのだが、それ以前、清水さんは電通に勤めてコピーライターをやっていた。電通に勤める前は、そもそもは白山にある京華中学を卒業（映画監督の黒澤明の三年後輩）したあと、立教大学の予科（教養課程だけ履修するコース）に進学、そこで在学中に書いた小説で『サンデー毎日』の懸賞に応募して入選したこともある作家志望の文学青年だった。

一方の岩堀さんは清水さんより三歳年上なのだが、小田原中学を卒業後、家出して明治大学の政治学部に入学、働きながら大学に通ったが、学費がつづかず、同大学を退学したあと、徴兵検査を受けて身体検査で視力が薄弱だということが判明、父親が驚いて「おれが金を出すからちゃんと大学にいけ」といわれ、日大の法学部に途中入学、卒業後、いったん警察官として就職するが、その後、新聞記者に転身し、時事新報に就職。時事新報はいまはもうないが、福沢諭吉が作った新聞社だった。ここから、結婚後、中国大陸の占領地の宣撫官の募集に応募して合格した。宣撫官というのは、日本軍だけでは十分に対応出来ない対中国民衆の宣撫、つまり占領地の人心の安定を任務とする軍属のことだった。岩堀さんのほかに、同じ宣撫官出身の作家、文化人には『肉体の門』を書いた田村泰次郎、画家の洲之内徹、脚本家の青江舜二郎などがいる。岩堀はここで、中国に駐在する日本軍の並の軍人たちの愚劣さに失望して、日本に帰国し大政翼賛会に所属することになるのである。

実は、岩堀さんと関東軍の傑出した頭脳といわれた陸軍大将だった石原莞爾らとの関係はつづいていて、終戦直後、雑誌創刊の話が起こる前、川崎の溝の口にある練兵場跡地を払い下げてもらい、ここに中国大陸から帰国する宣撫官だった人たちを受け入れて［新しい村］を作ろうとしたという記録もある。（3）

岩堀さんが大政翼賛会にはいったのも、平凡社の下中弥三郎から『平凡』という雑誌名を譲り受けたのも、東急財閥の大立者だった五島慶太と仲良しだったのも、この宣撫官時代からのつながりで、この関係は平凡出版が百万部雑誌を誕生させて、会社が大きな利益を生み出すようになってもつづいていたのである。なんの証拠もない噂だが、右翼運動に資金を都合していたのではないかとまでいわれている。

実は岩堀さんは、アレだったんだよ。要するに、同族会社というかサ、自分の娘に平凡を継がせたい気持ちがかなり強くあったんだよ。岩堀さんのそういう気持ちがオレはわかったよ､すごく。なんかやっぱり娘にあとを継がせたいという。それと､娘の結婚ということを、前に話したよね、オレ。全音という会社の息子と結婚させようと、相当していたよね。おれは大体そいつと似たような歳だから、そいつと付き合ってやってくれと､金もくれたよ。そいつの誕生日だから、なんかプレゼントを買ってやってくれという話で。お前が選んで、……何度も。あれの（歌本の）全音に払っている著作権料がもったいないと思っていたんじゃないかなあ､多分。歌本て毎月必ず付録につけていたんだもの。アレに全部、楽譜が載っていて、アレは（著作権料がかなり）高かったんだと思うよ。娘を全音の社長の息子と結婚させて、いっきょにその問題を解決したら、相当儲かるなと思っていたんだよ。だからね、いま思えば税務署の査察というのが、平凡出版のあり方というのをそっくり変えたんだなっていうことだよね。岩堀さんはいろいろ大変だったと思うんだよ。オレねえ、あの会社、だんだん大きくなってきちゃって。税務署の査察があったときの出来事なんて知らないでしょ。（あのとき）岩堀さんと清水さんとが完全に袂《たもと》をわかったという感じで、もう、清水さん、怒っちゃったんだよね。

岩堀さんが羽鳥さんに同志を集めろ、と。向こうが清水さん中心にまとまっているんだったら、こっちもだ、と。そうしたら、田舎から連れてきたね、安保さんとか、ああいう少年社員たちしか集まってこなかったというんだよ。そう、それで、そのあとも、そういう少年社員の奥さんまで、岩堀さんが集めて、小田原でメシ食ったりしていたんだよね。それはいまでもやっているよ。（岩堀さんの）奥さんの命日に。

会社がみんな、二派に分かれてオレなんか右往左往していたんだよ。

どうしていいかわかんないんだもの。けっきょく清水さんの『二人で一人の物語』にも書いてあるんだけど、近所の旅館のつるよしでなんか腹を割って話して、二人で泣いて、これからもいっしょにやっていこうということになった。アレは基本的には、岩堀さんが、もうお前の好きにしろ、みたいなところで手を打ったから、清水さんは周りをまとめることができたんじゃないかと思うんだよ。それで、和解して、岩堀さんはなんかもう隠居スタイルで、東急ホテルに個人事務所を作って、そっちにいっちゃったんだよね。

それで、綿スフ会館に引っ越して、税務署の査察があったあと、おれはすぐ編集に回ったの。こういうことをいうとあれなんだけど、入ってすぐオレはね、割に清水さんにああでもない、こうでもないっていって用事をいいつけられてたの。それはなんかやっぱり、清水さんが自分の娘の学校のボーイフレンドの石川次郎をモニタリングしたのと同じようにボクのことを少し見ていたんじゃないか、週刊誌を出そうと思いながら。

それでね、清水さんがある日、入社して相当たってからだけど、ボクがなにやってたときだったかなあ、オレはもう世の中わかんない、ついていくのもイヤだからキミに任せるよっていったことがあるんですよ。要するにあの、戦後に創刊した雑誌というのは一定の年代でみんな潰《つぶ》れているじゃない。それでマガジンハウスが残っているのは清水さんのそういう、なんていうのかな、柔軟な姿勢が雑誌を生き延びさせたんだと思うんだよ。

もうまかせるから中身を詰めろよ、みたいなことでね。それともうひとつ、清水さんには違う関心がいっぱいあったわけだよね。だから芸能誌を作りながら、デパートも好きだったし、男の子の雑誌も欲しいなとか、そのときにもう『クロワッサン』という（タイトルの）雑誌を考えていたりもしていたんだよ。

清水さんもすごく鋭くてさ、木滑クン、その洋服どこで買ったのって、そういうことまで聞くわけよ。その清水さんの手の回らないところを、オレたちがまだ、なんていうのかな、ジェネレーション……。

清水さんは岩堀さんが下中弥三郎からもらった『平凡』という呼称をあまり気に入っていなかったらしい。それで社名変更の話になるのである。

社名を変更した表向きの理由は、『アンアン』、『クロワッサン』、『オリーブ』、『ポパイ』、『ブルータス』と横文字、カタカナ名雑誌を次々と創刊し商業雑誌として成功させて、それに相応しい社名にしたいということだったが、社内に流れていた噂では、平凡出版がビルを新築することになった同じ時期に、そもそも雑誌名をもらった老舗出版社で、百科事典がメインの売り物だった「平凡社」が売り上げ頭打ちで、百科事典が急速に売れなくなり経営不振に陥り、赤字解消のために麹町にある自社ビルを売却せざるを得なくなって、そこの社長が、「ウチは真面目にいい本を作っているのに、あそこはあんなものを作って儲けている」みたいなことを公言して、その話が清水さんの耳に入って、清水さんは激怒して社名の変更を決意したというものだった。

しかし、これにもウラがあるというか、清水さんなりの想いがあり、岩堀さんが持ってきてくれた名前だから、それで文句もいわずにやってきたけど、ここからはもう『平凡』というタイトルにこだわりたくない、というふうに思ったのだろう。清水さんはやっぱり江戸っ子で、平凡よりかっこよかったり、きれいだったりするほうが好きだったのである。

つづけて、木滑さんはこういう。

あのとき、清水さんが岩堀さんが死ぬのを待って社名変更したでしょう、そのときのマガジンハウスっていうタイトルはボクがロンドンのどっかでそういう名前の書店を見つけて、そこのショップカードを日本に持ち帰って、こんなのがありましたよって、清水さんに教えてあげたんですよ。そしたら、清水さんはそれを仕舞い込んじゃって離さないんだよ。それで、いつか機会を見て、そういう名前の会社にしようと思っていたらしいんだよ。そしたら、（社名変更を発表したとき）小黒（小黒一三）が泣いたじゃない。清水さんが（社名変更を）発表したら、オレはそんな変な会社に入ったんじゃない、平凡出版に入ったんだから、名前を変えないでくださいって泣いたじゃない、覚えてない？

わたしが「覚えています。ボクもあの場にいましたから。小黒には平凡出版っていう社名に対する引け目みたいのはほとんどなかったみたいですね」と答える。再び、木滑さん。

あー、オレなんか引け目があったよ。すごくあったよね。就職が決まったとき、秘密にしていたもの。そのころはもう雑誌の発行部数が百万部の会社だから、オレが（大学を）卒業する寸前に、書店に発売日に長蛇の列っていうね。すごい人気で、それでアレですよ、あのころ、『週刊朝日』に話題の人物ということで特集記事に岩堀さんが登場してさ、大きな、六ページくらいある長い特集だったよ。だから（ホントは）ほこるべき会社だと、思うんだけどね。なんかちょっと釈然としない気分でいたんだよ。

［なんかちょっと釈然としない気分］というのはちょっと説明がいるかもしれない。

わたしが平凡出版に就職したのは、木滑さんの入社から十六年後のことなのだが、そのころも同じで、就職が内定したあと、ちょっと釈然としない気分だった。

というのは、文学部の学生たちのあこがれの就職先は出版社だったのだが、当時、人気があったのは主にアカデミックな本を出版している岩波書店とか中央公論社とか、『日本残酷物語』や『中国古典文学全集』、『東洋文庫』などを出版していた平凡社も人気出版社で、そういう出版社の作る本に勢いがある時代だった。

しかし、平凡出版は、名前は平凡社に似ていたが、作っているものはそういう出版社と大きく違っていて、雑誌出版しかやっていなくて、しかもその雑誌の内容は人気映画とか流行歌とかトレンドを無原則に追いかけるばかりで、教養人のジャーナリズム感覚からいったら、完全な色物扱いの出版社だった。そういう人気者とか人気歌手ばかりを取り上げるのは教養主義的な出版社にとっては恥ずべきことだったのである。

木滑さんは平凡出版に就職することを決めたとき、自分の選択が恥ずかしくて、周りの大学の仲間に素直にいえなかったという。わたしの場合、昭和四十五年の平凡出版は、すでに百万部を超えるような雑誌を三誌抱えていて、しかも間もなく新しいファッション雑誌である『アンアン』を創刊する出版社ということで、入社試験の倍率もかなり高く、学生仲間からは羨《うらや》ましがられたが、卒業論文を担当した教授からは「珍しい出版社に就職するね」と言われた。

そのときは、わたしだって本当はアカデミックな出版社に就職できればと思っていたのだが、社員が二、三人しかいない出版社にはいきたくなかった。それで、給料もいいし、美人の女優やかわいい女性歌手と知り合いになれるかもしれないなどというやわらかいことも考えていて、平凡出版に就職しようと決心した。

それで、相当に高い倍率だった平凡出版の就職試験に合格したのはうれしかったのだが、ふだんマルクスやエンゲルス、黒田寛一とかの本ばかり読んでいる学生運動仲間には『平凡パンチ』なんていうナンパな週刊誌を出している出版社に就職するのだということは自慢できないな、という感じは抱いていた。親しかった友人に「平凡出版に就職するんだ」といって、細かいことを説明すると、「なんだ、平凡社じゃないのか」といわれた。

木滑さんがいう「釈然としない」というのはそういうことも含めた意味だと思う。

そして、ここから木滑さんの雑誌記者生活が始まるのである。

【註】

(1)『ポパイ』2017年5月号　P・97

(2)『ブルータス』2020年7月1日号　P・78

(3)『マガジンハウスを創った男　岩堀喜之助』2008年　出版ニュース社刊　新井恵美子著　P・49

昭和三十年代のこと

木滑さんはあまり自分の芸能記者時代、駆け出しのころの話をしなかった。

昭和二十九年四月、まず最初に岩堀さんの仕事（平凡友の会の雑務）を手伝うということで見習い社員として採用されて入社。一年後に正社員となる。昭和三十一年の年末に税務署の査察があったあと、岩堀さんから「友の会の仕事をもうしなくていい」といわれる。

このへんの話は無理やり聞き出したのだが、友の会は岩堀さん自身の重要な戦略の一部で、木滑さんをその組織のキーマンに育てようと考えていたのだったが、査察によって放漫経営が摘発され（誰かが税務署にタレ込んだらしいが、いまだに誰の仕業かわかっていない）、多額の使途不明金があるのをみんなに知られてしまい、岩堀さんが描いていた構想（どういうものだったか、本人はついに最後まで語らなかった）は挫折してしまう。

木滑さんは入社時から清水さんが編集部に欲しいと考えていた若者だった。

毎日、会社のなかで顔を合わせるたびに声をかけられていた、という。

そして、そんな経緯で清水さんは木滑さんを月刊『平凡』の編集部に譲り受ける。

私見だが、清水さんは昭和三十一年という新しい時代の流れなかで、自分の母校でもある立教大学から新卒就職した木滑さんに、なにか新しい、古いしきたりの横行する芸能界のクセのついていない、石原慎太郎とか裕次郎とか、そういう人たちと同じような可能性として、木滑さんを認識していたのではないか。

月刊『平凡』の編集部に配属になったあと、芸能記者時代の思い出を細かく話してもらえればきっと面白いと思うのだがあまり発言がない。

本人は「芸能は嫌い」と公言してはばからない。しかし、一部の人（例えば、同時期に入社して、長く月刊『平凡』の編集長を務めた高木清氏。３８３ページなどにも登場）は「あの人はホントは芸能が好きなんですよ」といっている。本当に芸能がイヤだったら、あんなに石原裕次郎なんかと仲良しにならないだろうし、渡辺美佐（全盛期の渡辺プロの副社長だった女性マネジャー）から信頼されることもなかっただろう。ただ、旧態な芸能プロとのやりとりや古い体質の芸能人らの取材の煩《わずら》わしさを嫌っていたのは事実である。

多分、芸能記者時代の手柄話を自分から吹聴しないようにしているのだと思うが、かなり有能だったらしい。ただ、その時代の苦労を本人はそれほど重要なこととは思っていない節《ふし》もある。それでも当時の思い出を綴った、ご自身の筆になる文章がある。

私は54年（昭和29）平凡出版（現マガジンハウス）へ見習い社員として入社。55年正社員になった。この頃は就職氷河期というか、戦後状態がまだ続いていて会社、企業がまだ整備中の時代だった。私は「平凡」の創業者・岩堀喜之助のコネで入社した……。毎月雑誌『平凡』の発売日には書店に行列ができるような人気雑誌で、百万部もの部数を発行していた。同級の仲間たちはミーハー雑誌といっていた。私は就職が決まったことをなかなか打ち明けられなかった。

編集部に配属されて最初の仕事が母校の野球部の長島、杉浦、本屋敷という人気選手の取材だった。立教大学の正門を入って、チャペルの横で三人の写真を撮っていたら、アメリカ史の清水博先生に出会い「キミはまだいるの？」と怪訝な顔をされたことを思い出す。

当時、新幹線などまだない。編集部の連中と銀座で飲んで、東京駅まで送ってもらって、〝バンザイ〟こそなかったが、遅い夜行列車の寝台で京都に向かう。京都・太秦にある撮影所は時代劇のメッカ東映・大映・松竹が軒を連ねていた。『平凡』京都取材班は、山のような編集プランを抱えて、御幸町の常宿を前線基地に1カ月以上滞在する。東京へ長距離電話を申し込むとつながるまで、時間によっては何時間もかかる時代だ。私は滞在中、東京の夢を見、毎日東京に帰りたいと思って過ごした。

初めての京都出張の時、東映撮影所のスタジオで中村錦之助（のちに萬屋錦之助）に挨拶した。彼は当時、東映のトップスタアだった。「えっ、キナメリ？」どんな字書くの。日本人？直情さっぱり気性の錦之助は遠慮がない。それからジッと私の目を見て「ヨシ、わかった。キナメリなんて呼びにくいから、こうしよう、今日からあなたのことを後藤さんて呼ぶからね、いいね……」この初対面の提案は55年も経った今でも痛快に思い出す。私は京都出張は嫌いだったが、錦之助は大好きだった。その後、石原裕次郎がデビュー。すぐに私が担当になり、京都出張も時代劇取材もなくなった。（1）

本人は面白がって痛快な思い出だと書いている。キナメリは覚えにくいかもしれないが、呼びにくい名前ではないだろう。木滑を後藤と呼びかえるなんて、ちょっとどうなんだろうという気もするが、そのころの彼は新入社員で新米の編集者である。時代は昭和三十年、三十一年、日本映画は全盛で東映時代劇、〝錦ちゃんブーム〟の真っ只中にあった。そのころの錦之助が目も眩《くら》むばかりの大スターのオーラを放ちまくっていた証拠になるようなエピソードである。

木滑さんは石原裕次郎がデビューして、すぐに担当記者になったという。

小説『太陽の季節』昭和31年新潮社刊。石原慎太郎著、この年の芥川賞を受賞。

石原裕次郎、まだ22歳。それまでの映画スターにない、時代の先端の若者を感じさせ、未知の可能性を秘めていた。大スターになった。日活は彼のおかげで赤字の社業を立て直すことができた。

裕次郎のデビューは昭和三十一年の五月。兄の慎太郎が書いた〝太陽族小説〟を映画化した『太陽の季節』だった。この映画の主演は長門裕之と南田洋子で裕次郎は脇役扱いだった。それなのに主演の俳優以上の存在感を発揮して注目される。その二カ月後に公開された『狂った果実』が初主演映画。石原裕次郎はビールを水のように飲み、無軌道に平気で殴り合いの喧嘩をするような若者だった。枝葉の話なのであまり詳しくは書かないが、調べてみると、裕次郎は相当のインテリなのである。あるときのインタビューで「愛読書は？」と聞かれて「ヘミングウェイと福永武彦です」などといってしまう若者だった。(2)

『狂った果実』では憧れの女優北原三枝と共演し、映画を大ヒットさせてしまう。

彼の銀幕デビューは相当に衝撃的で、たちまち新しい〝もはや戦後ではない〟時代の新しいタイプの大スタアになってしまう。

石原裕次郎は湘南育ちで、このとき、まだ慶應大学の現役の学生である。木滑さんは東京育ちだから、付き合いに違和感はなかった。122ページにも書いたが、キナさんは「裕次郎とは少年時代の遊びの体験が共鳴して仲良くなった」といっている。

話を雑誌作りのことに戻そう。

社是の一つである「読者とともに」というスローガンについて木滑さんはこういう。

アノさぁ、読者とともにっていうのがあるでしょ、アレは岩堀さんがなんか、あの戦陣訓じゃないけどさ、それに異を唱えないで、そういえばその通りだという、そういう言葉になるよなあと思っていたような話なんだよ。あの、なんとかを大切にという、三つの言葉があるじゃない。

清水さんはだけど、本当はそういう人じゃないんだよね。自分が大切だから。自分の好奇心がチカチカしたものをすごく大事にしていたから。それはすごかったですよ。

晩年、三浦が社長室長になって、三浦の紹介で政治家たちと付きあい出したでしょ。アレは変だと思うんだよね。清水さんがボケて老化したと思うんですよ。勲章もらうとかいって、自民党の代議士に会ったりしていたんですよ。

三浦云々の三浦というのは、清水達夫さんが亡くなる前に社長室長を勤めていた三浦実サンのこと。この人はわたしが『週刊平凡』で平社員編集記者だったころの上司。そのころはそんなに変な人ではなかったのだが、宮城県の出身で、『週刊平凡』の編集部にいたころから政治が好きで、自民党の代議士たちと行き来して付きあっていた。

三浦サンは社長室長になって、清水さんをもう少し有名にしようと考えて、清水さんに自伝を執筆させたり、勲章をくれるように（叙勲のために）代議士相手に運動したりしていた。

ここで、わたしが「読者の話に戻るんですけど。清水さんは、モデルにしている読者みたいのがいたわけじゃないですか。その（そういうモニターの）向こうにいる人たちにはどういうイメージを持っていたんですかね」と質問する。キナさんの答え。

そうねえ、よくわかんないけど、清水さんはなに考えていたんだろうなあ。でも、あのときってサ、自然にいろんなことが起こっていたじゃない、映画化とか、あの小説を映画化するとか、ジャンケン娘まで、誰に書かせるとか、その渦のなかで、清水さんはなにを考えていたんだろうな。そのうち『週刊平凡』という週刊誌を出すことを考えだしたから、あの、「読者とともに」ってさ、月刊の『平凡』を読んでいる人たちが、（自分が作りたいと思っている新しい週刊誌に）どういう反応があるか、清水さんはあんまり考えていなかったんじゃないかなあ。

読者のハガキっていうのがあったでしょ、岩堀さんはけっこう読者からのハガキに執着していたんだけど、清水さんはハガキなんてぜんぜん見ないのよ。清水さんはむしろ、無視していた。だから、清水さんてね、（自分を指さして）コレなんですよ。だからこれは、ニューヨーカーの編集長の、なんていったっけ（初代はハロルド・ロス、二代目はウィリアム・ショーン）あいつの言葉でしょ、「わたしは自分が面白いと思うこと以外は記事にしない」ってさ、いったんだよ。それをなんか、いろんな人が書いていたじゃない、常盤さん（常盤新平）とか。清水さんは、それを大事にしていた。これはオレもそうだと思ったんだよ。だから、あんまり、読者っていうより自分だよ。だから、オレ自身が読者なんだよ。

小冊子のなかの5ページ目にこういうセリフがある。

基本的に自分が面白いことをやるんだよ。
自分が面白いと思ったことは
読者にも絶対面白いという確信がなくては。
そう。ぼくら自身が読者そのものなんだ。（3）

木滑さんはこのころから、自分が面白いと思えない企画なんかやってもしょうがないと考えていたのである。これは、すでにおおかたの形が決まっている雑誌の編集方法というより、新雑誌の創刊や古い雑誌のリニューアルに適した考えかたである。

清水達夫さんもそのことがわかっていたのではないか。

もうひとつ、小冊子の29ページにある発言はこうである。

もうちょっと個人のパワーっていうのを
ちゃんと引き出して行く作業を誰かが

やっていかないと、編集部なんて成立
しないよね。（略）だから会議なんか
やったって駄目でしょう。「なんか
ありませんか」っていう会議なんかね。（4）

あのころね、大きい会議室で編集会議っていうのをやるんですよ。全員集めて。そこで自分が考えたアイディアを出さないと、怒られるの。それで出したアイディアを紙に書いて貼るんだよ。たとえば日銀造幣局に女優を連れていって写真を撮ったらどうかみたいな。それはこういう企画を出せば清水さんが面白がるだろうと思って考えるの。みんなで会議したら、そういうふうになっていっちゃうでしょ。自分で面白いと思わなくても編集長の清水さんが喜ぶようなネタをみんな、考えるの。そういうもんでしょ。

同じことをいっているのだが、小冊子の6ページ目にはこういうセリフもある。

会議のために義務感で
適当な企画を出している時間は
本当に無駄。（5）

いつもなんのためにこんなのやっているんだろうなと思っていた、オレは。なんだこれと。そのことをオレは清水さんにいったことがあるんですよ。

そんなことがあって、実は『週刊平凡』が始まるとき、オレだけひとり、『週刊平凡』に引き抜かれたんですよ。キナメリくん、悪いけど、こっちを手伝ってくれっていわれてサ、それでけっこう、みんなに憎まれたよ、オレ。

別にオレが出世するわけじゃないんだよ。三十代になったばかりだったんだけど。でもさ、清水さんにそういわれて、オレはうれしかったんだよ。なぜ、うれしかったんだと思う？　芸能界と付き合わなくてもいいからだよ。

清水さんに、じゃ役者の取材はやんなくていいんですかって聞いたら、みんなスターだっていいだしてさ、政治家もスターだ、スポーツ選手もスターだ、ファッションモデルもスターだっていいだしてさ。浅沼稲次郎もスターだっていわれたら、あ、これは面白そうだなと……。『週刊平凡』というのは出発点はそういう雑誌だったんだよ。それがだんだんまた、芸能の世界の人たちが入ってきて……。芝崎さんが編集長になったときに、美空ひばりがまたどんどん出るようになったんだよ。要するに、そのへんから芸能週刊誌になっていっちゃったんですよ。

『週刊平凡』ではグラビアのキャップ（活版ページのキャップは甘糟さんだった）に抜擢され、表紙の撮影とセンターのカラーページの［ウィークリーファッション］を担当した。

　これも現場時代の思い出を直接に綴った木滑さんの文章がある。


　59年（昭和34年）皇太子殿下ご成婚を機に『週刊平凡』を創刊することが決まった。テレビのある茶の間の週刊誌というキャッチコピーが発表され、初代編集長の清水達夫から創刊準備に参加するよう命ぜられ呆然とした。それまで1カ月に1冊だった作業が毎週1冊、正直いって何から始めればいいのか、分からなかった。その頃、美智子さまを中心に、日本中は皇室ブームに湧きかえっていた。

　私にとって、一番の難題は雑誌の顔ともいわれる表紙の制作だった。清水編集長の話を要約すると、月刊平凡の表紙は女優や人気歌手の顔で飾ったが、週刊はそれと差別化するための特色を出す必要がある。まず無地の白バックであること、そして、難しい注文。登場人物は原則として複数で全身サイズで撮ること。合成・切り抜きなどはしないこと、という厳しい要求である……。まず複数の多忙な有名人の時間調整だ。そして白バック全身といえば、天井の高いホリゾントのあるスタジオに来てもらわなければできない。それに清水編集長のねらいは〝異種交配〟だった。

テレビの時代になれば、俳優や歌手だけではなく、政治家もアナウンサーもスポーツ選手も芸術家も、みんなスターだという発想で、異分野の人を組み合わせようというのだ。ビックリしている私に、清水編集長は「創刊号には是非とも赤いスポーツカーを登場させたい」と強い要望だ。当時、毎日、東京中を走り回っていても、赤いスポーツカーなどめったに見られなかった。

いろいろ試行錯誤の結果、私たちはついに移動スタジオを発明した。伸縮自在の巨大な鉄の脚を作り、その上に白バックを巻いたロールをセットしてどこへでも出動――そんなある日、六本木から溜池に向かう途中の自動車修理工場で赤いスポーツカーを発見、アメリカ大使館員の車だったのだが、許しを得て、ついに創刊の表紙が撮れた。

また、我らの表紙撮影機動部隊は一時、東京第二税関といわれていた。外国人スターの来

雑誌『週刊平凡』創刊号 1959 年 5 月発売。表紙のタレントは団令子と高橋圭三。発行部数は 51 万部、定価 40 円。

石原裕次郎が足を骨折した時のお見舞い。左側の背中を向けているのが木滑さん。わたしが持っている、唯一の木滑さんの若いころの写真です。

日情報をキャッチすると、今だったら絶対に無理だと思うが、空港やホテルなどどこへでも出動した。（6）

さしたる苦労があったなどとは書いていないが、毎週のことである。スケジュール調整だけでも相当大変な作業だったのではないかと思うが、逆にいうと、雑誌がそういう考え方をしているとわかると、有名人はみんな、『週刊平凡』の表紙に出たがったのではないか。

『週刊平凡』は中綴じの、普通の週刊誌サイズの雑誌だったが、センターにカラー八ページ（最低でも）、モノクロ八ページを使った定例特集「ウィークリー・ファッション」があった。このページは制作が外部発注で、中身を作っていたのはアドセンターという編集機能も持っている広告制作のプロダクションだった。

このページを担当したデザイナーが〝グラフィック・デザインの天才〟、堀内誠一だった。カメラマンがあの立木義浩、そして平凡出版の担当者が木滑さんだった。

これは大仕事だった。

いまあらためて考えてみると、この組み合わせがのちのちの、平凡出版→マガジンハウスの新雑誌を誕生させる母胎になった、と書いてもいいと思う。

この話を前にわたしは『平凡パンチの時代』という本のなかで文章にしている。

まず、この秀抜なチームのカメラマンを請け負った立木義浩はこう語っている。

堀内さんはボクに全ての写真はドキュメントである、と言ったんですよ。それで、『週刊平凡』の創刊号でね、朝の出勤時間に東京駅の地下の階段のところで、いまだったら許可もらって、すごいお金払ってってなっちゃうじゃない。それをもう、ゲリラ戦法でやっちまえってんで人混みに入っていって撮影したんだよ。朝のラッシュアワーの人波のなかに、スターがひとりで立っているっていう、これ、当時、人気絶頂のトップモデルだった吉村真理ちゃんなんだよね。東京駅が一番混雑する時間に、無許可でこんなことしてさ、出勤で忙しい人たちがそれ見てみんながどいてくれるという、サラリーマンもイライラしていない、いい時代だったよね。このとき、オレはまだ20歳だからね。いま考えてみると、コマーシャルの写真というのはスタジオでウジャウジャやって撮っているのが多いでしょ。だから、堀内さんは余計に、まだ若かったオレに「すべての写真はドキュメントだ」っていったのかもしれないね。（7）

説明が必要だと思うが、この時の立木義浩（昭和十二年生まれ）は前年（昭和三十三年）に東京写真短期大学（現・東京工芸大学）を卒業したばかりで、報道カメラマンになりたがっていたのを、堀内誠一がこれからはモード写真の時代だと説得して、アドセンター設立に参加させ、ファッション写真を撮らせたのだという。堀内誠一（昭和七年生まれ）は高校を中退し、昭和二十二年に十四歳で伊勢丹デパートに入社して、早熟な才能を発揮して同デパートの広告を制作、翌年、現代美術会展激励賞を受けている。清水達夫とはこのころからの知り合いで、いつかいっしょに仕事しようと約束した間柄だった。それが『週刊平凡』の創刊で実現したのだった。

堀内誠一が（昭和三十四年に）「これからはモード写真の時代だ」といっていたことにも理由がないわけではなく、このころ、アメリカやヨーロッパではすでにリチャード・アヴェ

『週刊平凡』のセンターのカラーグラビアで創刊号から始まったWEEKLY FASHION。このページだけが外注で、作っていたのはアドセンターという、発足したばかりの広告制作のプロダクションだった。ここのデザイナーが堀内誠一、カメラマンが立木義浩という組み合わせ。社員編集者の担当が木滑さんだった。このページで、堀内、立木、木滑はアメリカのファッション雑誌を参考にして、当時、日本の雑誌の中で最もおしゃれなグラビアページを作った。
このページが、のちに『平凡パンチ』でも展開され、やがて、『アンアン』という雑誌に結晶していく。日本の雑誌を変革していく、きっかけになったページである。

ドンやウィリアム・クライン、ヘルムート・ニュートンら（当時）気鋭のカメラマンたちが『ヴォーグ』をはじめとするファッション雑誌のために、パリやニューヨークのストリートをロケ地にしてさまざまの実験的なファッション写真を撮りはじめた頃で、モード写真の黄金時代がやってこようとしていたのである。

『週刊平凡』というと、廃刊になってからもう35年たつ。雑誌名を記憶している人でも、なんとなく、いまやもう芸能週刊誌であったということぐらいしか覚えていないかもしれないが、創刊された当時は雑誌のセンターに美しいカラーのファッション写真を定例で掲載する、大変おしゃれな週刊誌だった。

また、そこで使われているモード写真も『ドレスメーキング』とか『装苑』のような服飾学校の生徒向けに作られている、服を作るためのモード写真とはちがう、いわゆる現代の生活を連想させる新しいファッション写真だった。大衆週刊誌に初めてモード写真を取り入れたのも『週刊平凡』の功績である。（8）

ファッション写真だから、当然のこと、被写体のモデルは誰かのデザインした服を着て登場する。木滑さんはこのページについて、こんな思い出話をしている。

立木さんの写真はすごかったよ、あのころ。だって、森英恵と会っても、誰に会ってもサ、キナメリさん、頼むから、あの「ウィークリー・ファッション」にわたしのデザインした服を出してね。一回でいいから、お金を払ってもいいからっていわれた。（ファッション業界の人たちに）見込まれていたものね。

社史を調べると、『週刊平凡』の創刊号は昭和三十四年五月一日発売。98ページ、定価四十円、発行部数51万部とある。表紙に登場した有名人はアナウンサーの高橋圭三と女優の団令子。二人で赤いスポーツタイプのオープンカーに乗っている。創刊二号の表紙は王貞治と桑野みゆき。この雑誌が発行部数百万部を超えるのは昭和三十五年の十二月に発売した新春特別増大号からである。

木滑さんの『週刊平凡』時代の有名な特ダネ、石原裕次郎と長嶋茂雄のフロリダ旅行時の上半身裸写真が掲載されたのは昭和三十七年の一月。そして、木滑さんがこの雑誌の編集長に就任するのは昭和四十年十月のことである。

椎根和は『平凡パンチの三島由紀夫』のなかで、木滑さんの『週刊平凡』時代を次のように書いている。

　木滑は、平凡パンチ、アンアンの前は、芸能誌『週刊平凡』の編集長もつとめていた。戦後日本を代表するスター、石原裕次郎と長嶋茂雄の二人をがっちりと掌握していた。

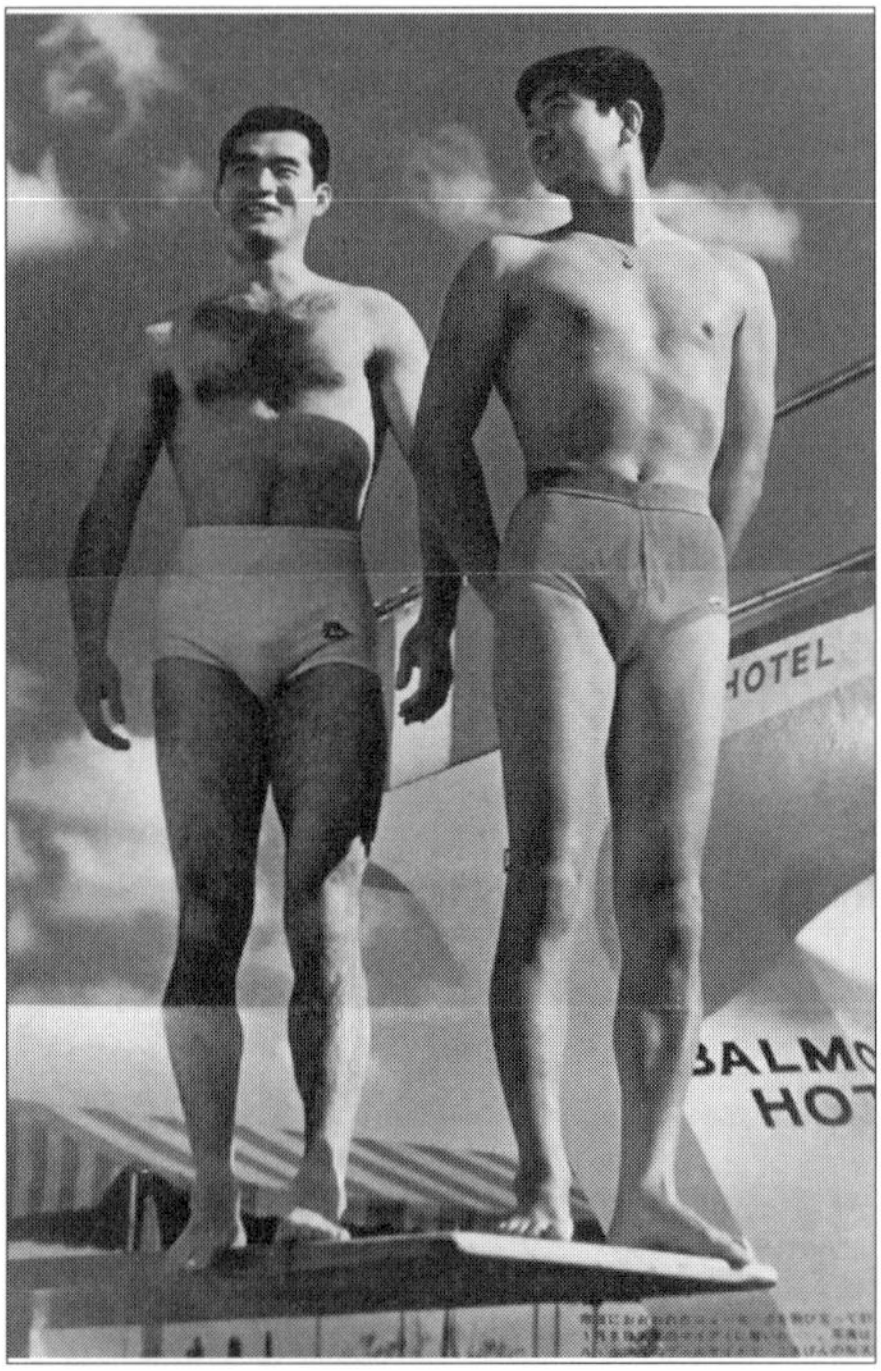

雑誌『週刊平凡』の1962年1月31日号。石原裕次郎と長嶋茂雄のアメリカ旅行。スポーツの世界の大スターと映画俳優の大スターを最もドラマチックな場面のなかでいっしょに撮影してみせた衝撃的な写真だった。
当時、日本人の海外旅行は難しく、かなりの理由がなければアメリカのビザもおりなかった。木滑さんはノースウェスト航空に四人分のチケットを用意してもらい、外貨持ち出しの制限もあったので、闇ドルを用意し、自身はヤシカという、当時あったカメラの会社のマーケティング担当という肩書きでパスポートをとって、アメリカに入国した。
当時の出版、雑誌の世界からはかけ離れた、衝撃的な写真だった。昭和30年代最大のスクープ写真ではないか。

まだ海外渡航が自由化されていなかった一九六〇年には、ノースウェスト航空に話をつけて、裕次郎と長島をマイアミに連れて行き、〝飛び込み台の二人の肉体美〟という有名な写真をものにしていた。スターの人気の盛衰については、独特の勘と哲学を持ち、芸能界の〝若頭〟と言われていた。（9）

これらの話をまとめると、清水達夫が考えた『週刊平凡』は芸能の世界を超えた、大衆文化そのものを扱おうとした雑誌だったことがわかる。

本人たちがどのくらい、そのことを意識していたかは不明だが、その背後には膨大な量の生活を消費によって豊かにしようとするさまざまの企業と、同時的に物質の豊かさを夢見る大衆が存在していた。木滑さんはある時点で、そのことに気づいていったのではないか。

その編集感覚が爆発的に花開くのが、『平凡パンチ』の編集長就任である。

【註】

（1）『文化通信』２０１０年8月30日発行　文化通信社刊　第３９００号
（2）『「週刊朝日」の昭和史～昭和30年代～』１９８９年　朝日新聞社刊　Ｐ・１２７
（3）『編集者の時代』Ｐ・43
（4）『Quick Japan』第30号　太田出版刊　Ｐ・１６５
（5）『ポパイ』８３９号「二十歳のとき特集」Ｐ・97
（6）『文化通信』２０１０年9月20日発行　第３９０３号
（7）『平凡パンチの時代』２００９年　河出書房新社　塩澤幸登著　Ｐ・２５０
（8）『平凡パンチの時代』Ｐ・２４９
（9）『VR的完全版・平凡パンチの三島由紀夫』２０２０年　河出書房新社　椎根和著　Ｐ・２７１

『平凡パンチ』の時代

本邦初の男性週刊誌だった『平凡パンチ』の創刊は昭和三十九（一九六四）年である。

実は、このへんからは、わたしにもはっきりとした記憶がある。創刊されたころの『平凡パンチ』がどんな雑誌だったか、まず、私事を書くが、わたしの記憶である。

『平凡パンチ』が創刊された昭和三十九年の春、五月（発売日は五月一日になっているが、実際に書店に並んだのはゴールデンウィークの直前、四月二十八日のことだった）、わたしは某都立高校の二年生である。いまでもはっきり覚えているのだが、この雑誌と出会ったのはその発売日、通学路を下校の途中、小田急線から玉電（いまの世田谷線）に乗り換える、豪徳寺駅の売店だったと思う。定価は50円である。

その創刊号を売店の平台で見たとたんに買った。なぜこのことをこんなにはっきり覚えているかというと、このあとしばらく、学校の帰りに必ず、この売店で新しく発売になるこの雑誌を買って、家に持ち帰って読み耽った記憶があるからだ。

『平凡パンチ』はまだ十七歳の少年に、世の中がどうなっているかを教えてくれた。

それまでのわたしの雑誌体験というと、小学生のころ『少年』や『少年画報』、中学生になってからは大和書房の『青春の手帳』くらいしか読んでいなかった。

大人になりかかっているわたしには、この雑誌は衝撃的に面白かった。

当時、若者という言葉がすでに市民権を得ていたかどうかまではっきり覚えていないが、この雑誌は、わたしたち〝ヤングな若者〟がすでに《若者》であり、《大人》とは違う行動原理、思考と趣向を持っていなければならないことを教えてくれて、雑誌を読んでいると、わたしたち、若者がどういう生活をすればいいいか、そのことも教えてくれた。大事なことはなにか、わかるような気がした。

そのころのわたしにとって、一番大事だったのは、同じ学校に通っている女のコとの恋愛のことだったのだが、この雑誌の巻頭には綺麗な外人女性のヌードのピンナップがあり、活版の読物ページでは『砂の上の植物群』の作家、吉行淳之介が「いまや男と女にとって一番重要なのはデートだ。デートではキスをするべきだ」というような発言をしていて、これをわたしは、教科書に書かれていることと同じくらい重要なこと、と認識しながら読んだ。

いま、あらためて思うに、『パンチ』にはその後の人生を生きていくのに参考になることがいっぱい書いてあった（ような気がする）。

創刊した『パンチ』を連続して買いつづけ、読みつづけたのは、五月、六月、七月くらいまでの約三カ月間で、夏休みの八月、わたしが通っていたのは学力偏差値も〝並〟の都立高校（別に名前を伏せる必要もない、千歳船橋にいまもある都立千歳ヶ丘高校である）だったのだが、友だちと遊びで予備校（代々木ゼミ）の大学受験の模擬試験を受けにいって、その判定結果が、「このままではあなたは希望する大学には絶対にはいれません」というような残酷なもので、こんな生活をしていてはダメだという結論に達し、遊びの誘惑が目一杯詰め込まれていたこの雑誌の購読を中止して、受験勉強に精出すことにしたのである。

わたしは三ヶ月で『パンチ』を定期購読するのをやめたのだが、創刊時、発行部数51万部だったこの雑誌は、その後、むしろ着々と部数を伸ばしつづけ、40号（昭和四十年二月発売号）では77万部、九月発売の73号では83万部と、伸長しつづける。

そして、十月に創刊編集長だった清水達夫が編集長の席を別の人間に譲《ゆず》る。すると、いったんは百万部にたどり着くのだが、その後、ズルズルと部数が落ち始めるのである。

木滑さんは拙著の『雑誌の王様』のなかで、こういうふうに回想している。

パンチがね、本当にすごかったのは創刊から一年半くらいのあいだで、編集長が清水さんじゃなくなるとズルズルと部数が落ち始めるんですよ。それで、そのとき、ボクは『週刊平凡』をやっていたんですよ。ボクが『兼高かおる世界の旅』の取材からかえってきたら、いきなり清水さんが「おまえ、もう『週刊平凡』はいいから、これから『平凡パンチ』をやれ」っていうわけ。ボクもまいったなアと思ったら、後藤明生がね、声かけてきて「キナさん、いまのままでやったってぜんぜんダメだよ」っていうんですよ。（1）

後藤明生というのは、のちに名文章家として名声を博して、文壇の大御所の一人になっていく、あの『挟み撃ち』の作家、芸術推奨文部大臣賞をもらう後藤明生である。一九三二年生まれだから、木滑さんの二歳年下、後藤は『週刊平凡』創刊時、甘糟章や中谷規子（のちに木滑の後を継いで社長になる吉森規子）、浜崎廣らといっしょに経験者募集で博報堂から応募して平凡出版に就職した人だった。このときは、『平凡パンチ』の編集部の活版デスクのキャップをやっていた。

いっしょに飲みにいったんだけど、飲み屋でね、名前をあげるわけ。コイツとコイツとコイツはダメだって。そういう話なんだよ。それは、その情報がすごく役に立った。後藤は「オレもやめるから」と。それで後藤はボクがパンチの編集長になったときに（平凡出版を）辞めて、作家になっちゃったんだよ。アレは面白かったけど、怖い話だよ。

木滑さんはこの時代を振り返って、「アレは不思議な時代だった」という。

要するに、『週刊平凡』を作るために集めた浪人たちとか、たとえば浜ヤンとかさ、そのあと入ってきた人たち、（わたしが「甘糟さんを筆頭にして、ということですね」と質問する）、そう、その人たちがわりとみんな、ちりぢりになって、なんていうかな、組合運動をやるとか、そういう人になっていっちゃうんですよ。あれはいま思うと不思議な時代だった。

そういう時代を背景にして、第二期の（ボクが編集長だった時代の）『平凡パンチ』は成立しているのヨ。

『平凡パンチ』創刊号 1964 年 5 月発売
表紙はイラストレーター大橋歩の作品。

『平凡パンチ』1967 年 6 月 19 日号。
たぶん、この号から木滑さんが編集長を担当したのでは。雑誌のなかに彼が住んでいた目白の街の特集がある。

これは説明の必要なコメントかもしれない。

平凡出版の労働組合が結成されるのは一九六五（昭和四十一）年のことである。特に組合運動に熱心だったのは昭和三十年代、『週刊平凡』の創刊以降に入社した社員たちで、特に六十四年の『平凡パンチ』創刊にあわせて、新入の社員がこの一年間だけで四十五人も増えていて、この人たちには、前にいた出版社でおこった労働争議で退職したり、自由にものがいえる環境を求めて平凡出版にたどり着いた、という人たちが多かったようだ。（1）

組織が大きくなり、社員編集者も多様化していって、仕事に適応できる人、なかなか大衆的な記事の作れない人、能力や持ち味を発揮する人、しない人が出てきた。要するに、社内でいい仕事をする人間と、なかなか人の話題になるようなページの作れない下積み的な人間が現れて、不満分子がある集団を形成し始めた、という書き方をしてもいいかもしれない。

木滑さんの『平凡パンチ』再生のための改造計画は次のようなものだった。わたしの著作だが、『雑誌の王様』はこの間の事情を次のように描いている。

清水達夫が編集長を退任すると、『パンチ』のセールスラインは増減を繰り返しながら、長期的に見ると逓減という販売成績を辿りはじめる。そういう状況に集英社が『パンチ』をそっくり真似した『プレイボーイ』をぶつけてくるのである。このことによって、『パンチ』の実売部数はガクンと減少し、これ以後、しばらくのあいだ、少なくとも過去の販売データの移動平均値に対して、マイナスを続けざるを得なくなるのである。

そして、昭和42年（1967年）6月、失地回復を期して、木滑良久が新任の編集長に就任する。木滑は『平凡パンチ』の改造に着手し、編集部内的には中途入社の若手社員たちを（中心的に）起用、取材活動の主力に据える。編集作業的には、活版特集を全共闘運動から「女のコにHな100の質問」まで、なんでもありの幅広い視野のなかで、あらゆる社会の出来事を風俗として同じ基準で捉えてみせるという編集方法で雑誌のなかに鮮明なコントラストを持ち込み、雑誌の持つエネルギーを総体的に引き上げようとした。この雑誌に関係した人たちの証言を集めていくと、横尾忠則にしても野坂昭如にしても「昭和42年ころから急に」という話が出てくるのだが、それはどういうことかというと、「木滑良久が編集長になってから」という意味なのである。すでにこのとき、『パンチ』は創刊雑誌としてではなく、若者文化を象徴するメディアとして存在しようとしていた。木滑は敏感にトレンドを嗅ぎ分けて、自分の雑誌を支えるに足るテーマ、人間をごく短期間で、しかし正確に峻別し、必要な人材を集めていった。（2）

小冊子にこういう一節がある。赤田祐一が書いた本からの引用である。

「このテーマだったら、こういう人があそこにいる」
っていうのを知っているのが編集者の仕事なんだ。そうでしょう？
鋭いやつをちゃんといっぱい持っているやつが偉いんだよね、ほんとは。（3）

こういうのもある。かなり刺激的だ。たぶんこれも赤田祐一。

要するに、お抱えのスタッフが
ルーティンワークで雑誌なんか作ったって、
面白くなる訳ないんだね。（4）

引用をわたしが書いた『雑誌の王様』にもどそう。

一変したのは企画や取材テーマだけのことではなく、用紙の選択や印刷技術など、雑誌のハードウェアの部分で、新しい感覚のコート紙やこれまでなかった色インク、二色印刷など、どれも当時の週刊誌にとっては新しかった技術を採用して本を作っている。

これによって、『平凡パンチ』は雑誌サイズ、一見の見た目の体裁はそのままで、中身は一新され、まったく新しい構造の雑誌に作り替えられる。そして、特集記事の充実を図るとともに、かたわらで誌面のビジュアル化を推し進めるのである。そのために考えだされた重要なものの一つがイラストレーションをページ作りの前面に押し出す編集技術だった。こうして登場したのが新感覚派編集者ともいうべき石川次郎、椎根和、鈴木正昭（のちの作家の西木正明）らの新人社員編集者、それに横尾忠則、宇野亜喜良、小林泰彦、黒田征太郎、峯岸達、柳生弦一郎らの新しいイラストレーターたちだった。

木滑の編集した『パンチ』はイラストが多用されていて、ページのなかに無理やり字を詰

め込むということをやっていないので、新しくて軽い、スピード感のある颯爽とした雑誌になった。(2)

キナさんは自身が『平凡パンチ』に関わった頃の思い出をこんな文章にしている。

羽田からプロペラ機で出発、最初の給油地はウェーキ島、次はハワイ。当時のホノルル空港は木造バラック建てで、倉庫のようなロビーに大きな扇風機が並んでいた。そこからサンフランシスコへ。1967年当時、日本からアメリカ本土に行くのは大変だった。TBSテレビの人気番組『兼高かおる世界の旅』のスポンサー、パン・アメリカン航空の全盛期。世界一周路線を開設した、日本支社の名物男、D・ジョーンズ氏の好意で私も招待され、テレビクルーと一緒に飛び立った。サンフランシスコからニューヨーク、パリ、ローマとそれは豪華な長い旅だった……。

帰国した私に『週刊平凡』編集長から『平凡パンチ』の編集長をという異動命令が出ていた。64年、東京オリンピックの年に創刊した『平凡パンチ』も、3年が過ぎて勢いを失っていたのでリニューアルが必要という、緊急な人事だった。

坪内祐三氏の『一九七二』(文藝春秋)に「東京オリンピックの一九六四から大阪万博の一九七〇に至る、いわゆる高度成長期の時代変化の勢い、すなわちドライブ感の激しさ…」

と、当時がすごい変動期であったと書いてある。まさにその真っ最中の67年から70年の3年間、私は『平凡パンチ』をやっていたことになる。都心の運河が高速道路にかわり、新幹線が走り、サラリーマンでも車が買える世の中になっていた。日本中が音を立てて変わっていく、まさに時代がドライブしていた。

私はまず編集部の人と編成を変え、それまで男性ばかり描いていた大橋歩氏の表紙を、華やかな女性のイラストに変えてもらった。毎日なにかが起きる、地球の回る勢いなのか、世の中が煙って見えた。ドキドキ、ワクワク、みんな眠るのが惜しいという気分で夜遅くまで動き回っていた。新しい音楽や海外取材、見るもの聞くものに刺激を受け、興奮した。こうして第2次『平凡パンチ』はつぎつぎに部数を伸ばし、70万、80万と信じられない売れ行きを記録した。70年に『アンアン』創刊のため私も転出するのだが、『平凡パンチ』で最後に思い出すのは〝70年安保〟で野坂昭如氏が安田講堂へ、三島由紀夫氏が騒乱の新宿へ、ヘルメットをかぶり『平凡パンチ』の腕章を巻いて催眠ガス煙る目標に突入していったことだ。後に落城した安田講堂に水攻めでふやけた『平凡パンチ』と『朝日ジャーナル』がたくさんあったという伝説が残った。(5)

木滑さんの雑誌改造の主力を担った若手編集者というのは、のちに新雑誌創刊の〝右手〟といわれた(豪速球タイプのピッチャーである)石川次郎と〝左手〟の(変化球投手の)椎根和だった。石川次郎はそもそも清水達夫の娘の高校時代の同級生で、大学卒業時（昭和三十九年）に清水から平凡出版に勧誘されたが、世界旅行を夢見て、その話を断って旅行会社に就職し、そのあと、清水に頼まれてずっと、副業で『パンチ』のモニター読者のアルバイトをやっていた人だった。旅行会社に就職して三年経ち、ツアーコンダクターの生活にいい加減嫌気がさしていたところで、また清水に「それじゃあ、うちに来ないか」とまた誘われて入社したのだった。入社試験を受けず、清水達夫の〝顔面接〟で入社が決まった最後の人である。

椎根和の方は大学卒業後、別の出版社に就職して、そこの婦人雑誌の編集部に配属になって、皇室担当の記者になった。皇室の共同取材で、平凡出版の記者から「ウチは年末のボーナスの封筒が横に立った」と聞かされて、それまで勤めていた出版社を退社し、平凡出版に入社して、無事、希望の雑誌だった『パンチ』の編集部にたどり着いた人だった。

石川次郎は平凡出版への入社前に、清水達夫に、まだ『週刊平凡』の編集長だった木滑さんに引き合わされている。そのと

木滑さんの新雑誌創刊戦略を現場の編集長として支えた石川次郎（写真左）と椎根和（右）。ふたりともキナさんの『平凡パンチ』の現場の編集者として薫陶を受けた。ともに早稲田大学商学部の出身。雑誌ビジネスの専門家だ。

きの印象の話。石川次郎談。

　あるとき、清水さんが「ああ、そうだそうだ」といって、突然、内線電話をかけて「いま、ちょっと上まで来ない？」って声をかけたのが、キナさんだったんだ。キナさん、トントントンと階段を上がってきて、そのときに初めて会った。「この人、木滑クン、『週刊平凡』の編集長、今度、ヨーロッパに行くらしいよ」って。そのとき、キナさんから「アッ、キミが石川クンか、清水さんから話は聞いているよ」って。なんだか調子のいい人だなと思ったんだけど、でも、カッコいい人だな、とも思った。で、五分くらいですぐ帰っちゃったんだけど、そのとき、清水さんに「いまの人、カッコいいじゃないですか。あの人、『平凡パンチ』のイメージにぴったりだと思いますけど」っていったら、清水さんが「そう思う？」ってうれしそうに笑ってた。その数カ月後に、ボクは平凡出版に入ることになるんだけど、キナさんも編集長で『パンチ』に異動になっていた。清水さんは、その当時からキナさんに『パンチ』の編集長をやらせようと考えていたんじゃないか。（6）

これが二人の初めての出会い。その何カ月かあと、二人は『パンチ』編集部で再会する。
木滑さんはわたしとの雑談のなかで、石川次郎の初仕事ぶりについてこういっている。

『パンチ』の編集部に異動していって、石川次郎がいったりやったりしていることを見て、「しめた」と思ったよ。そのくらい、わけのわからないオーラを発散していたんですよ。

一方の椎根和だが、木滑さんが椎根和をどう思っていたか、直接、聞いたことはなかった。石川次郎は木滑さんが椎根和についてどう思っていたかについて、こう語っている。

　キナさんは椎根のことを気持ちの悪いヤツだと思っていたんじゃないか。田舎者なのにそういうことに劣等感とか全然なくて、福島弁丸出しでしゃべる椎根に（東京育ちの人間とは違う）説明のできない迫力を感じていたんだと思う。

椎根和の書く原稿は企画の切り口は鋭いもので、いっけんタイトルとか見ると、なんだこれはというような、いい加減な感じがするが、構成もそれなりにきちんとしていて、妙な読み応え感があった。おそらく当時、椎根和が書くような〝変な〟原稿を書く人間は木滑さんの周りにほかにいなかったのではないか。彼は余人に代えがたい才能を持っていた。

三島由紀夫が椎根和の書く原稿を気に入っていたのも、そういう話だったのではないか。

当時の『平凡パンチ』の編集部の様子を椎根和は『平凡パンチの三島由紀夫』のなかで、こんなふうに書いている。

パンチ編集部は、歌舞伎座裏の古びた木造建築の二階にあった。木の床は、歩くたびにギシギシしなった。十一月から三月までの五ヶ月間は、飯場用の大型ガスストーブが消されることはなかった。二十四時間いつも編集部には人がいて、ステレオでは、いつもＬＰがかけられていた。ぼくは、Ｒ＆Ｂのオーティス・レディング、ウィルソン・ピケット、スティービー・ワンダーをかけていた。石川とぼくは、午後三時頃出社すると、すぐ机を壁際に押し付けて、ダンスができるスペースをつくった。他の編集者にソウル・ステップ（ダンスの一種）を教えながら、自分たちが一番楽しんでいた。踊りに飽きると、机を一個だけ中心に持ち出し、現金でポーカーをした。ある時、出前の少年が築地署に密告した。その時は、岩堀喜之助社長が、編集部にやってきて、「ごくろうさん。でも、これからは現金ではなく、チップでやりなさい」といった。

木滑編集長（木滑良久）は、そんな光景をみても、何も文句をいわなかった。編集部でただひとり、いつもビシッとしたスーツ姿だった。石川と鈴木とぼくは、夕方になると、取材と称して盛り場へでかけた。深夜に戻り、少し仕事の整理をしてから、今度は麻雀屋へ行く。仕事上の急な連絡があると、木滑編集長が麻雀屋にやってきた。パンチ誌では「五味康祐の麻雀道場」が人気企画だった。朝六時頃になると、三人で、近くの築地市場へ朝食を食べに行った。まだ一軒しかなかった寿司清は、午前五時半頃から開いていた。取材費はいくら使っても小言をいわれることはなかった。平凡出版（後のマガジンハウス）は、月刊平凡、週刊平凡、両誌とも発行部数百万部を突破し、平凡パンチ誌も百万の部数を超え、二誌にはなかった広告収入の急激な増大で、経理は、鷹揚であった。（略）

当時の平凡パンチ編集部は、無頼と放浪、新奇なものに対する無制限の賛同といった雰囲気があり、ぼくたちは、そのなかで、自分たちの個人的な欲望の方向のなかだけで、企画をさがし、特集ページを埋めていた。

特集班では、紅衛兵の〝造反有理〟という言葉に影響を受け、〝公私混同〟という裏編集理論がまかり通っていた。パンチ誌の表の編集理論に従うと、遊びの延長線上に仕事が生まれ、仕事の取材は遊びと同じことであった。公私混同こそ、いい仕事ができる秘訣だと思いこんでいて、

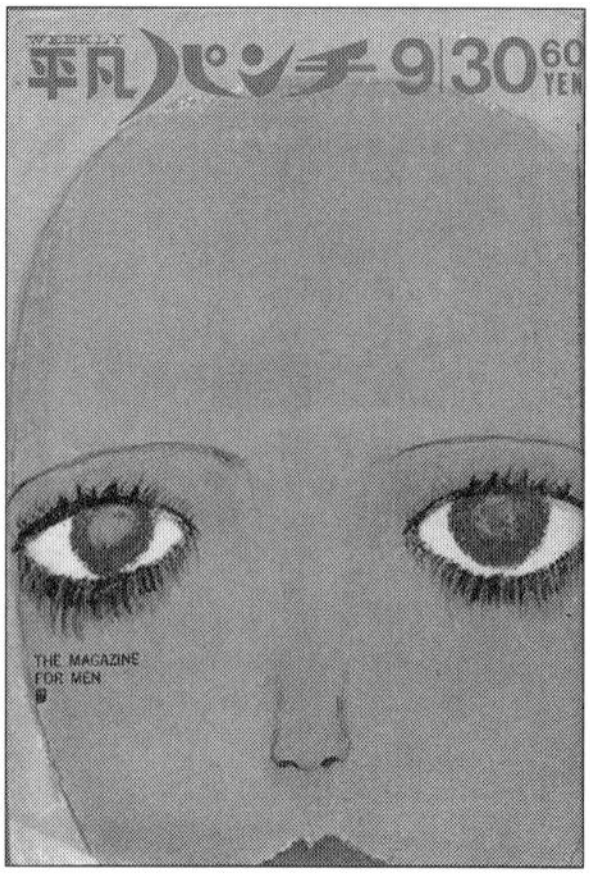

『平凡パンチ』NO・226　1968年9月30日号。

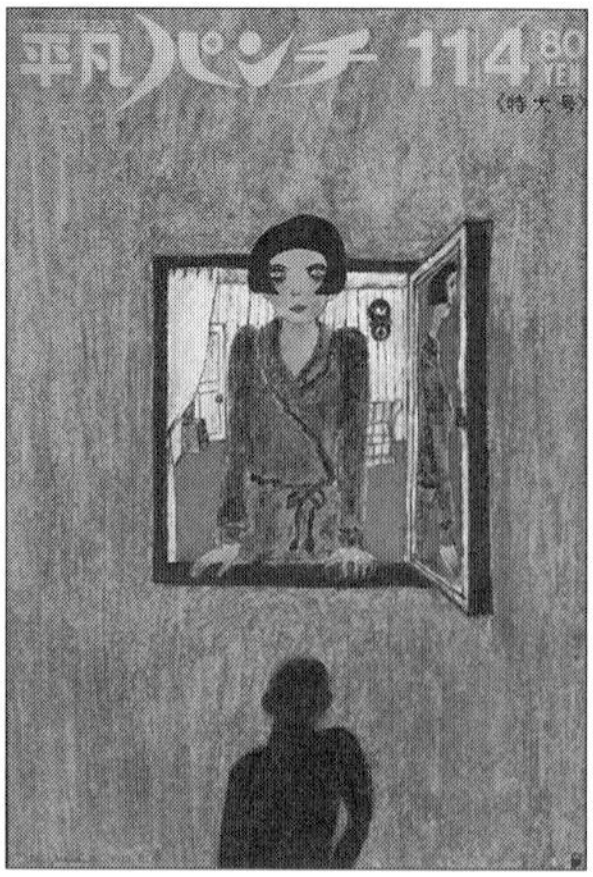

『平凡パンチ』NO・231　1968年11月4日号。

取材費も私生活に流用した。企画は、クラブや飲み屋で、相談して発案していた。一日二十時間は、編集部と盛場でウロウロしていた。その結果、ズルズルと遊びの費用も、取材費用という名目で、経理に請求した。（7）

読んで驚かれるかもしれないが、まあ、多少盛って、大袈裟に書いているところもあるがだいたいこういう感じだった。

小冊子にこんな一節がある。

無駄の中からクリエイティビリティは生まれるのに、そういうことがなさ過ぎるのです。（8）

次のふたつの文章も、この時代の雑誌作りを念頭に置いて、発言しているのではないか。

『平凡パンチ』NO・240　1969年1月6日号。

『平凡パンチ』NO・257　1969年9月15日号。

勘のいい人は、時代の風をパッとつかみます。(9)

トレンドのにおいを敏感に嗅ぎ分けろといっている。
そのためには、自分で遊ばなければダメ、優れた編集者だったら、遊びから仕事に必要な因子を取り出せるはずだ、といっている。

雑誌って時代のいい風が吹いているときに
ピッとマッチングすると、
ぶあーと跳んでいけるんですね。(10)

とにかくそのころの平凡出版は特異な会社だった。なにしろ、全社をあげての編集テーマが[遊び]で、毎年三月に行われていた新入社員の社員教育で、総務部長の神谷章炳サンが「我が社は雑誌で遊びを取り上げる会社ですから、編集部に行く人はできるだけ自動車の免許を取って、自動車運転の楽しさを理解しておいてください。麻雀もできるようになっておいてください」と挨拶するような会社だったのである。

わたしは会社に入って、最初に月刊『平凡』の編集部に配属されたが、大体、編集部に人が揃うのは午後四時ごろで、それから取材相手に連絡の電話を入れて、そのあと、碁や将棋の相手を見つけてひと勝負したあと、シャ飯（会社が作ってくれる夕飯）を食べて、それからボーリングをしたり、お気に入りの女のコ（女優とかモデルとか歌手とか）と連絡をとっておしゃべりしたり、ビリヤードをやったり、新宿の酒場で酔っ払ったり、明け方までウロウロしていた。深夜帰宅（早朝帰宅？）はいつもタクシーだった。わたしのいた編集部は月刊雑誌を作っていたから、一冊を一月かけて作ればいいのだが、それを一週間くらいで作り上げてしまい、残りの三週間は、旅行にいったり、それこそ盛り場をウロウロしたりして、遊んでいた。その代わり、残りの一週間は入稿地獄だった記憶がある。しかし、そうやって作る雑誌が百五十万部くらい売れていた。

椎根が書いている状況は、別に『パンチ』だけのことではなく、平凡出版の雑誌編集部、全部についていえることだった。いまなら、こんな金銭的にだらしないことは絶対に許されないだろうし、こういう就労形態もあり得ないだろうが、そんな、遊んでいるのにどんどん金が儲かる〝伝説の時代〟が確かにあったのである。

これこそ〝昭和元禄〟の最先端の部分だった。

そんな時代を背景に、木滑さんの編集思想は次のような形で成熟していった。

1・根深い大衆文化の成立。
　全ての世の中に起こる出来事、事件は平等に重要である。このことを体現したのが、『平凡パンチ』の特集記事だった。そこには、全共闘運動と浅丘ルリ子のイラスト・ヌードと最新の男性用ファッションと鈴鹿のグランプリ・レース（自動車レース）と三島由紀夫の楯の会とヒッピーの話が並列に列記されていた。ここから本格的な「大衆文化」が始まった。

2・商業主義の包摂。

新しい豊かな生活は消費によって成立する。『パンチ』の編集思想というより木滑さんの『週刊平凡』のセンターグラビアで、堀内誠一、立木義浩と一緒に始めたファッションのページの発展形の話だが、この編集ページは『パンチ』では、「パンチメンズ・モード」の名称で作られつづけ、人気企画として、やがてアパレル産業の新しい基本戦略に組み込まれる形になって、企業が雑誌に対して広告ページの掲載の形で参加するようになる。そして、いくばくかの広告掲載料金が生じた。これはファッションのことだけではなく、ステレオなどの電化製品、自動車、腕時計、男性用化粧品、若い男の生活に要するもの全般に及んで、雑誌広告の革命をも

三島由紀夫は晩年、文芸誌を措いて、『平凡パンチ』への信頼は厚く、主宰した楯の会などのメッセージはほとんど平凡出版の雑誌が発した。

たらしたと書いてもいい。

そして、木滑さんは昭和四十四年の終わりに、翌年の春に創刊する新雑誌『アンアン』の編集に参加するために『平凡パンチ』の編集長を退任し、〝木滑パンチ〟の時代は終わりを告げる。

【註】

（1）『雑誌の王様』Ｐ・２４７

（2）『雑誌の王様』Ｐ・２４８

（3）『証言構成「ポパイ」の時代―ある雑誌の奇妙な航海』２００２年　太田出版刊　赤田佑一著　Ｐ・４３２

（4）『Quick Japan』第30号　Ｐ・１６５

（5）『文化通信』２０１０年10月４日発行　第３９０５号

（6）『雑誌の王様』Ｐ・２９６

（7）『ＶＲ的完全版 平凡パンチの三島由紀夫』２０２０年　河出書房新社　椎根和著　Ｐ・29

（8）『宣伝会議』１９９４年６月号

（9）『週刊東洋経済』２０１１年３月26日号　Ｐ・１１８

（10）『編集会議』（宣伝会議刊）２００４年５月号Ｐ・２

『アンアン』から『ポパイ』へ

木滑さんは一九七〇年の春、『平凡パンチ』の編集長から新雑誌『アンアン』の創刊に時期をあわせて、同誌のタイアップ担当編集長に異動している。

このころのことを木滑さんはまず、こういっている。

アンアンの時に気がついたんだよ。ごく少人数でいいから、それ（才能を持っている人間）を確保して、そういう外のヤツ（会社の外部の人間）をいっぱい使おうっていう考え方でね。それがものすごい新しいものを作る秘訣だとわかったんだよ。

『アンアン』創刊時、清水達夫はそれまでなかったような組織づくりをおこなった。どういう組織づくりだったのか。どんな本づくりをしていたのか。

当時の編集部の現場は社員編集者六人で始まったというのだが、そのなかの一人に赤木洋一という編集者がいた。赤木は、吉森規子が退任したあと、一九九八年から二〇〇二年までマガジンハウスの社長を勤めた、甘糟章さんの側近のひとりである。さしたる業績もなかったと記憶している。その人が『「アンアン」1970』という本を書いているのだが、そのなかにこういう文章がある。

（『アンアン』の編集部では）社員とフリーランスのスタッフの区別もなかった。創刊が近づいて最小限の社員が配属されたが、編集長と校了責任者を除くと社員編集者はぼくを含めて六人しかいない。フリーランスのスタッフを大幅に起用することはわかるのだが、いわば寄り合い所帯で月二回発行する大型新雑誌の制作がスムーズにできるわけがなく、創刊時からこの「編集部」が大混乱におちいったのは当然だった。なによりもぼくたちを悩ませたのはアートディレクターの堀内誠一さんと芝崎さん（芝崎文・註＝この人が表向きの編集長だった）のどちらが編集長なのか不明確なことさえあったことである。意見が違うということではない。判断が出てこないのだ。「それは堀内さんに聞いてョ」「それを決めるのはボクではないでしょ」といったやりとりがのべつ交わされた。かといって二人の仲が悪かったというわけではないのだが。（1）

この文章は不思議な文章だ。〝編集部が混乱〟というよりも、文章自体が混乱している。フリーランスの大量動員は、社員編集者のなかに流行最先端のファッション雑誌を作ることのできる人があまりいなかったということがあるのだろうが、この人数の少なさの基本はたぶんおそらく木滑さんの考え方（少数精鋭主義）を採用してのことだったのではないか。しかし、木滑

1970年3月発売、雑誌『anan』創刊号。この時代の最先端の美意識を集めたような雑誌だった。都会でバカウケした。

2007年発行『「アンアン」1970』。平凡社新書、著者の赤木洋一はマガジンハウスの元社長、作家になりたかったのかもしれないが、このあとがつづかなかった。

さんの考え方でいけば、少数であれ、現場にいる社員編集者が、参加しているフリーランスの人たちの仕事をきちんとチェックして、記事の狙いをちゃんと把握していればスムーズにいくはずなのだ。それをフリーランスに社員編集者と同じような権限を与えて、編集作業をしようとするから訳がわからなくなるのである。それは編集部の組織構成の問題で、このことは編集長が指示するべきことである。デザイナーは作品の仕上がりについては大きな権限を持っていいと思うが、全体の仕事をきちんと、スムーズに進める段取りを作るのは編集長の組織づくりの問題である。堀内誠一はそのことがわかっていただろうが、遠慮していわなかったのだろう。赤木洋一は堀内誠一が「そのことを決めるのはボクではない」といったという。編集長とはどんな存在なのか、その定義がどこにも書かれていないが、赤木はおそらくそれを決めるのは編集長のはずだと考えてこの文章を書いたのだろう。編集長が全部を決める、これは甘糟さんの考え方である。

たぶん、堀内誠一はそういう考え方ではないのではないか。つまり、現場の編集者が自分で決めて、編集長にでもデザイナーにでも「こういうふうに考えて取材したんですが、こういうのでどうでしょう」といいにいけばいいのだ。

椎根和は『アンアン』編集部時代の堀内誠一について、その天才ぶりをこう語っている。


とにかく、取材した材料を持って、誌面のデザインの打ち合わせにいって、撮れた写真と誌面の意図、切り口を説明すると、「それじゃあこうしよう」といって、ぼくたちでは思いつかないような誌面構成を提案してきた。集まった材料が足りないとか、撮った写真が

天賦の才能を謳われたデザイナーの堀内誠一。木滑さんの知恵袋でもあった。雑誌『アンアン』のアート・ディレクターとして大活躍した。上記の雑誌のタイトルロゴは全て、堀内さんの作品。『アンアン』以後はパリに移住した。この頃から絵本作家としても作品を多産し、二十冊あまりの絵本も手がけた。
1932年東京向島生まれ、父親も図案家で幼少時から外国雑誌に親しんで育ったという。1987年に亡くなられた。
マガジンハウスの雑誌は、上記のロゴのほかに、『ターザン』も堀内の作品。

ダメだとかいう人ではなかった。目の前で（材料を）パパッと組み立てて見せてくれた。
それはすごかったよ。

つまり、赤木がここで書いていることは、上司の指示を受けてしか動けない、自分はこういうものを作りたいんだという強い意志を持っていない、現場の（兵隊的な）編集者たちが、部下のやりたいようにやらせてあげたい、自分が思いつかないような面白いことを提案してほしい、と考えている上司に対して抱く不満の典型なのである。

フリーランスの取材記者やライターはそもそも社員編集者のような仕事に対する意識は持っていない。自分がどう関わるか、その指示を待っているのである。それを社員とフリーを同等に扱えば混乱するに決まっている。そのことは、組織の問題として編集長が指示を出さなければならない。現場の作り手たちのエネルギーをうまくマネージメントする、それが木滑さんが考えた少数精鋭主義の要諦なのだ。

要するに、赤木の本のなかで書かれている編集部の混乱は木滑が考えた新しい方式をうまく活用できていない、そういう蹉跌《さてつ》である。小冊子の中にある、7ページの

このテーマだったらこういう人があそこにいる
っていうのを知っているのが編集者の仕事なんだ。

そうでしょう？
鋭いやつをちゃんといっぱい持ってるやつが
偉いんだよね、ほんとは。（2）

という言葉。このフレーズは172ページにつづいて二度引用することになるが、木滑さんの編集技術の根幹を作っている思想の一つ。同じ小冊子の26ページの

いろいろな才能を持った人たちが
編集長の元に離合集散して雑誌を作る、
〝国境なき編集部〟がベストです。（3）

という言葉も、同じことを意味しているのではないか。

たぶん、いまのマガジンハウスの編集部はそれに近い形になっているのではないか。

この話の流れだが、実は『アンアン』の編集部は本社（東銀座）から離れた六本木にあった。

「おしゃれな雑誌なんだから、六本木で作りましょうョ」と提案したのは堀内誠一だったらしい。

豊富な事業資金を持っていて、六本木の交差点近くに現金をポンと叩《たた》いて買った自社ビルである。

アンアン編集部はその建物の一階にあった。

赤木が書いた『「アンアン」1970』のなかに、こんな文章がある。

最初は気が付かなかったのだが、二階にも編集室ができていて、そこにもなんと、もうひとりの「アンアン編集長」がいたのである。二人目はパンチの伝説的編集長、木滑良久だった。彼はたったひとりでフリーランスを何人か使って、タイアップ広告をプロデュースしていたのだ。一九六七年から三年間、平凡パンチの黄金期を作った木滑は、体調を崩してパンチ編集長を降りていたのである。神経で胃がやられて、「仕事をやめないと治らない」と医者にいわれたというウワサだった。

ひとつの雑誌に二人の編集長……こういう摩訶不思議な人事、少なくとも社外の人から見れば首をかしげるようなことをこの会社は平気でやっていた。それで組織は混乱しないか、という疑問の声は社内ではあまり聞かれなかった。「芝崎さんは雑誌の編集長（？）、木滑さんはタイアップ広告の編集長だからいいンじゃない？」とあまり気にする人もいなかったようだ。（4）

これも木滑さんに対して底意地の悪さが目立つ文章だ。読者に阿《おもね》って文章を書いている。最初に「アンアン編集長」と誤解されるような書き方をして、あとからじつは〝タイアップ担当の編集長〟だったと、ネタバラシするように書いている。皮肉のつもりでこういう書き方をしているのだろうが、そういう組織を責任者（清水達夫）が作ったことの説明を後回しにして、「少なくとも社外の人から見れば非常識」というような書き方をして、読む側をわざと誤解させている。面白いと思ってやっているのかもしれないが、こんな書き方をするべきではない。事実関係を正確にいうと、『アンアン』には編集長の肩書を持つ編集者が三人いたのである。編集ページの編集長が芝崎文、タイアップページの編集長が木滑さん、その上に〝総編集長〟として清水達夫さんがいた。そのこともここでは説明していない。要するに、最初に「アンアンの編集体制はかくかくしかじか、こうなっていた」と説明をすればいいだけのことで、世間の常識が云々というような話ではない。

あまりこういうことは書きたくないが、文章を作る風体《ふうてい》に品がない。

また、この本はフィリップ・ソレルスの『公園』じゃないけど、時制の記述がゴチャゴチャしているためにいつ、だれがどういう形で編集長を務めたのかがわかりにくい。清水さん、木滑さん、甘糟さん、柴崎文氏、それに堀内誠一氏がどういう形で編集に関わったかがわかるように、巻末に時系列を整理した年表をつけてくれるとよかった。

木滑さんが『アンアン』を創刊するときにタイアップ担当の責任者になったのは、このタイアップという編集方式がこれ以降の広告導入の戦略を担《にな》い、将来、広告料金が会社の収益の大きな柱になっていくだろうと考えたからだろう。赤木は木滑さんが「体調を崩してパンチ編集長を降りていた」と書いているが、この戦略と人事はそんな個人的な事情で成立したものではないはずだ。

木滑さんが会社を辞めようと思ったのは、この人（赤木洋一）が直接の原因ではないだろうが、編集部のなかにある新しいことに挑戦しようとする自分を敵対視する、底意地の悪いものの見方をする人間たちが嫌になってしまったからではないか。極論すると、平社員の編集者なんかいなくても、有能な切れ者の編集者（例えば石川次郎）がひとり部下にいてくれれば、すごい雑誌を作れるのである。

木滑さんは『アンアン』創刊時のことをわたしのインタビューでこういっている。

わたしとの会話のやり取りをそのままの形で記載しよう。

木滑　でもさ、時代が良かったということもあるんだよね。

塩澤　そうそうそう、それもあると思うんですよ。

ビジュアル素材としての価値を失なっていない。どの雑誌も中古本市場で高値がついている。

木滑　金もいっぱいあったし、それはねえ、いまのヤツに比べたらすごい幸せですよ。

塩澤　あのときはマネさえしなきゃ、なに出しても受け入れてもらえる状況っていうの、ちゃんとした本だったら、そういうのがあって、ちゃんとした本を出したんだと思うんだよね。マネしたら、マネのマーケットしか入っていけないじゃないけど……。だって、『アンアン』なんて、完全にそうじゃないですか。

最初はね、新しさがもてはやされて、部数が全然ついていかないところが、あったけど。

木滑　最初のころは全然売れなかったからね。

塩澤　要するにさ、池がちっちゃくって魚が大きいのがいなくて、みたいな。

木滑　でもね、えらい人がみんな、のってくれた。なんかやらせろっていってくれてね。

塩澤　マーケットがだんだん大きくなって

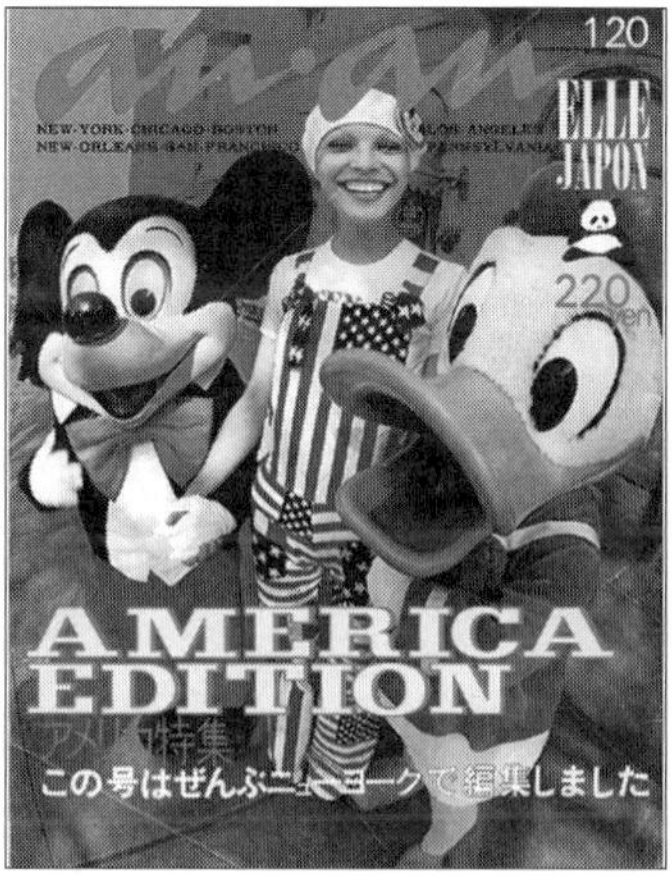

これらはいずれも創刊したころの『アンアン』。どの表紙にも工夫が凝らされている。いまも→

いったんだと思うんですよ。それはその先に、日本の未来のイメージがあったんだと思うんだよね。あの雑誌の先にね。説得力があった。

木滑　そうだね。

塩澤　高度消費社会というか、みんなが、お金を自分の生活に使うみたいなイメージがあって、あの雑誌はそういうみんなに支えてもらったというか、みんなその、いまのマーケットじゃなくて将来の消費生活の夢みたいなものを共有していたんですよ。

木滑　うん、そうなんだよ。

塩澤　だから、あの雑誌は軌道に乗るまで5年もかかったけど、それで、『ノンノ』にマネされたけど、生き延びて、有力なメディアになっていったんだと思うんですよね、大きな。ボクは『アンアン』が変えたんだと思うんですよ、日本の雑誌って。いくつかあるんだけど、軸になる雑誌って。ぼくはだけど、『アンアン』だと思うんだよね。

木滑　まあそうだよね。つい最近までの婦人、女性雑誌のあるスタンダードを作ったよね。

塩澤　キナさんたちが作っていた、堀内さんが作っていたあれをもとにして。

木滑　ま、堀内さんですよ、早い話が。

木滑さんはこういうこともいっている。

『アンアン』を作ったときに、堀内さんを雑誌全体のアート・ディレクターとして導入したら、アート・ディレクターと編集長とどっちが偉いんですかという質問があって、そりゃアート・ディレクターの方が偉いでしょ、外国ではアート・ディレクターが経営者の場合もあるっていう話をしたら、もう怒っちゃってね、それじゃ編集長なんかいらないじゃないかっていうんだよ。そういうのと同じに、外に生き生きした人がいっぱいいるのに、その人たちを使うと怒るのよ。

それで、キナさんは会社を辞めてしまうのである。
このトラブルを石川次郎はこう説明している。

『アンアン』でのキナさんのやり方というのはアート・ディレクターの堀内誠一さんをとても信頼していて好きにやらせていた。その結果、だれもがうなるような『アンアン』ができた。あれはホントにすごい仕事で、マネしたくてもできない展開だったと思うし、キナさんのすごさを絶対に認めるべきだとオレは思う。清水さんもうれしそうだった。そんなときに、編集部の一人が「編集長とAD（アート・ディレクター）とどっちがエライの？」と問題提起した。「キナさんがやっていることを見ていると、編集長よりADの方がエライみたいに見えるよ」って批判したらしい。くだらないんだよ、その考え方は。編集長はエライけど、ＡＤとどっちがエライのなんてハナシは意味もなにもない。役割がちがうんだから。だけど、キナさんは、堀内さんの考え方をできるだけ尊重するんだっていう意味合いを込めてＡＤの方がエライに決まっているじゃないかって言っちゃった。オレより堀内さんの方がエライに決まっているって。その気持ちは彼の正直な気持ちではあるけれど、おおいに誤解を招いた。特に、キナさんと堀内さんのやり方が理解できない連中にはね。そこのところにその人たちが文句をつけてきた。キナさんは言っていることもやっていることもおかしいって。それで、キナさん、イヤになって会社をやめちゃったんです。（5）

再び、木滑さんの説明。

それで、ボクが会社を辞めるっていったことがあるんですよ。そしたら、清水さんが「ちょっと待て」っていって、平凡企画センターっていう、清水さんと岩堀さんが作った会社（文房具を作って売るつもりで作った会社で赤字経営だったらしい）があって、そこで雑誌を作ってもいいから、その会社の専務になってくれっていわれたんだよ。これが大赤字の会社だったのよ。

石川次郎はこのときすでに『パンチ』編集部の主力編集者になっていて『アンアン』の創刊

には参加していないのだが、後任の（後からやってきた別の）編集長とウマが合わず、いろいろにいじめられて、当時あった月刊誌の『ポケットパンチｏｈ！』という雑誌に異動させられる。そこでしばらく意に染まない仕事をさせられるのだが、イヤになって退社してしまう。これが木滑さんが会社に辞表を出したのと、同時期だったらしい。

石川次郎について、木滑さんは「とにかくオレのところに来て、呼んでくれ、呼んでくれってね。だけど、給料払えないよ、平凡企画センターなんてなんにも儲かっていないんだからっていったんだけどね。それでもいい、と」といっている。

ふたたび、石川次郎の証言。石川がいっていることは多少、ニュアンスが違う。

会社を辞めて、退職金をフトコロにして、サテ、これからなにをしようかって考えていた。そこに、木滑さんから連絡が来た。「お前、いまなにを考えてんだ。ちょっと会おうよ」と。ボクは「自分と家族で食っていくくらいのことはなにやってでもできるから、フリーになろうかと思ってる」っていったのよ。そしたら、キナさんは「そんなこといわないで、とりあえずオレの話を聞けよ」と、それが［平凡企画センター］だったわけ。「岩堀さんと清水さんが文房具を作ろうと思って始めた会社なんだよ。オレはいま、そこにいるんだ」っていうのよ。そこに呼ばれた。そのとき、キナさんは「もしかしたら、雑誌を作るチャンスもあるかもしれないからちょっとオレを手伝ってくれよ。清水さんが社長の会社なんだよ。清水さんのこと好きだろ」っていわれて、なんの予定もないオレは「わかりました。キナさんを信じます」っていってそこにつとめることにしたんだよ。給料が半分になったけど、キナさん、一生懸命、オレにボーナスも払ってくれたよ。（6）

どっちのいっていることが正確かの判断はわたしにはつけられない。

それにしても、石川次郎について、木滑さんはこういうことをいっている。

石川次郎っていうのはすごいヤツだったたね。オレたちがいっしょに仕事したとき、ああいうヤツはほかにいなかった。あいつがやっていることに思いっきり頭にきていても、会うとすぐ氷解しちゃうんだよ。編集者っていうのはそういう能力の集積したものなんだよ。それで、なんかいい加減なように見えて、緻密な機械みたいなところもあるし、あのくらいちゃんとした、きめの細かい編集仕事をするヤツはいなかった。あれは天才的な編集者ですよ。

ただ、マガジンハウスの雑誌じゃなきゃ合わなかったんだと思うよ。あいつがテレビをやっているときに、世界的な事件が起こるじゃない。あの番組ってバカ話ばかりでできていた番組だから、そういう事件を取り上げなくちゃならなくなったときに、どうしようもなくてゲストを呼んでしゃべらせると、オロオロしちゃうんだよ。でも、マガジンハウスにいたときのジローというのはホントに面白かった。あいつがいなければ、マガジンハウスもあれだけのことにはならなかったと思うよ。

木滑さんと石川次郎、ふたりと親しく付き合った感想だが、木滑さんはカミソリのような切れ味の人で、石川次郎は鋭い刃を持つ大鉈か、斧のような人だった。人扱いはキナさんも人たらしのところがあったが、石川次郎にはもっと、誰でも受け入れるような、器の大きさを感じさせる人心の収攬術があったと思う。

このあとの二人の雑誌作りの経過をざっと説明しておく。

たぶん、一九七三年のことだと思うが、堀内誠一が『アンアン』から手を引いた同時期に木滑さんも平凡出版をやめたのだと思う。子会社の平凡企画センターの専務になって、清水達夫さんの発案になる『ＨＡ―Ｙ！』という若い主婦向けの子供服カタログも兼ねたファッション雑誌を出そうとする。この雑誌は編集ページのほとんどが堀内誠一が移住しようとしているパリで作られた。カメラマンは立木義浩がメインで、木滑さんと石川次郎が編集、『週刊平凡』の《ウィークリー・ファッション》、『平凡パンチ』の《パンチ・メンズモード》以来のスーパーな組み合わせだった。発行は平凡企画センター、発売を平凡出版が仕切るという話で創刊号が発売になった。ところがこれに、平凡出版の労働組合が「社外で作られた雑誌をウチの会社が販売するのはルール違反じゃないか。社内に編集者がいるのに外部の編集者を使うのはどういうわけだ」といちゃもんを付けてきて、この雑誌は頓挫《とんざ》する。

木滑さんにいわせると、社内の労働組合員、ロクな仕事もできないヤツらなのだが、それが集団で徒党を組んで、経営者に圧力をかける。清水達夫さんはこういうトラブルが大の苦手で問題の解決能力はなく、組合との交渉にあたったのは当時、専務だった牧葉金之助という人物なのだが、この人も心の底では、清水さんの木滑さんたちに対する偏愛（彼にはエコ贔屓《ひいき》に見えたのだろう）を面白くなく思っていたのだろう。木滑さんたちの作ったものは平凡出版では販売しない、という話で事態を収拾してしまうのである。

これで、『ＨＡ—Ｙ！』は行き場を失い、創刊号だけの〝幻の雑誌〟になってしまう。

国会図書館にも所蔵のない希少な雑誌である。

この成り行きに困った木滑さんが頼ったのは読売新聞だった。読売新聞の重役に深見和夫さんという人がいて、この人は清水達夫さんの中学校時代からの同窓生だった。清水さんにこの人を紹介してもらって、この人の口利きで、読売新聞の出版部でまず、『週刊読売』の別冊《スキーライフ特集》を作り、つづいて大当たりした『メイドイン・ＵＳＡ・カタログ』を作る。

この雑誌は定価が千三百円という当時の雑誌としては破格の値段だった。この時代の月刊雑誌の相場は二百円くらいだったのである。だから、当時の千三百円はいまの貨幣感覚でいったら、四千円とか五千円くらいではないか。

そういう雑誌が飛ぶように売れて、あっという間に実売で十万部を記録したという。

この『メイドイン・USA・カタログ』について、木滑さんはわたしにはこういっている。

アメリカに遊びにいってびっくりしたんだよ。ひと昔前はヒッピーだとかドロップアウトだとかやっていたのに、大学のキャンパスはみんなこぎれいなスポーツライクな格好をしていて、自転車を軽快に乗り回していた。アメリカの若い人たちがそっくり健康志向に変わっていたんですよ。

そのことを雑誌に取り上げたのが『メイドイン・USA・カタログ』だったんだよ。

あの雑誌を作ったあと、石川次郎が「こういう雑誌を作りたい」っていってきて、ボクは誰かに頼んで新しい出版社を作って、石川次郎といっしょに新雑誌（『ポパイ』のこと）を

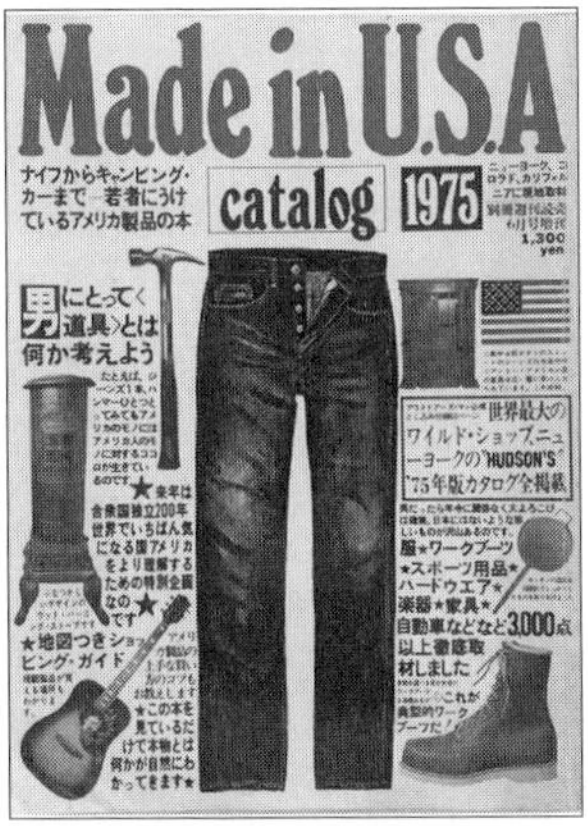

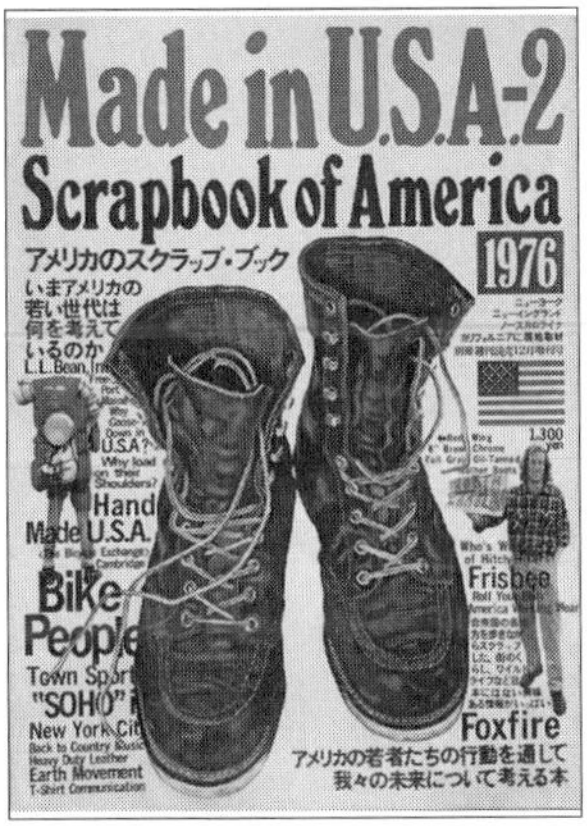

1975年・1976年読売新聞社発行　。アメリカが輝いていた時代。現地取材により、リアルタイムで若者たちのファッション、ライフスタイル、考え方、大学生活、住まいなどを取材、カタログ形式で紹介し、のちの『POPEYE』創刊や日本におけるカタログ雑誌の定着に大いなる影響を与えた70年代アメリカのスクラップ・ブック。

出版しようっていうのを計画していたんだけど、そのころ、VANの石津さん（石津謙介）と仲良くしていたから、石津さんにお金を出してもらおうと思っていたら、VANの商売がこけて倒産しちゃったんだよ。それで、どうしようかと思っていたら、岩堀さんと清水さんが社長を交代したときに、清水さんが岩堀さんに木滑を会社に戻すという条件を提示したんですよ、岩堀さんがそれを承諾して、清水さんがオレたちに会社に戻って来いといってくれたんです。

これが、木滑さんたちが『平凡パンチ』↓『アンアン』から姿を消して『ポパイ』を創刊して復活するまでの五年間の歴史である。

【註】
（1）『「アンアン」1970』2007年　平凡社新書　赤木洋一著　P・15
（2）『証言構成「ポパイ」の時代—ある雑誌の奇妙な航海』P・432
（3）『週刊東洋経済』2011年3月26日号　P・118
（4）『「アンアン」1970』P・73
（5）『雑誌の王様』P・302
（6）『雑誌の王様』P・307

第三章　改造と創刊

1983年5月末から『平凡パンチ』の改造が始まった。表紙のイラストはサトウサンペイさん。コラムがぎっしり詰まった面白マガジンをめざした。

木滑さんとの会話、自慢話について

このへんでわたしと木滑さんがどうやって仲良しになっていったのか。わたしたちの付き合いの、出会いの経緯を書いておこうと思う。

実は、わたしには自分の昔の話を書くことに、ある種の心理的な抵抗がある。

昔、マガジンハウスを辞めたころは、自分がいた会社がどんなところで、その会社で自分がなにをしていたか、マガジンハウスがどんなに面白い会社だったか、会社を辞めるに至った経緯とか、そういうさまざまのことを他の人に知ってもらいたくてしょうがなかった。いまでも、もの書きである以上、それも多くは自分が生きた同時代のノンフィクションを中心にして書いている以上、自分の〝立つ瀬〟を書くことはある程度、やむを得ないことだとは思っているが、あるとき、こういうことがあった。

なにかで知り合った人から「マガジンハウスにいらしたんですね」といわれ、「なにをなさっていたんですか」と聞かれて、調子に乗って、マガジンハウスに勤めた日々がどんなに面白かったか、冒険の連続だったか、というようなことを話すと、その人から「それって結局、自慢話ですよね」といいわれた。

楽しかった思い出を無防備にうっかり調子づいてしゃべると、自慢しているように受け取る人がいるということに不覚にも気づかずにいて、そのとき、初めて知ったのだった。

ところが、あるときの木滑さんの取材で、「お前はどんなんだヨ？」と聞かれて、わたしが自分の話は自慢話だと思われるとイヤなので、あまり話さないようにしているんです、と答えると、木滑さんからみて、わたし（シオザワ）がどう見えるか、話してくれたのである。

わたしからこういうことを書くのは面映《おもはゆ》いが、木滑さんが「シオザワが作る本て、どのくらい売れているの？」と聞かれたので、わたしは「まあまあです。どの本もある程度売れていて、赤字ということはないですよ」と答えた。二〇一〇年のインタビューである。

そのとき、キナさんはわたしについて、こういった。

木滑　アノ、シオザワってさ、自分の一種の生き方を発明したね。うまいよ、そのやり方ってけっこう理想的かもわかんないよ。
塩澤　イヤ、オレは、自分に対しての自己嫌悪があるんですよ。なにをやってるんだ、お前、みたいな。
木滑　いや、それはちがうヨ。
塩澤　そういう嫌悪感がついて回っているのね。
木滑　いま、オレが心のなかで思っているのは、もう編集者なんか一人もいらないということなんだよ。おれと石川次郎と、何人かで。あとはね、全部、外部の才能を使うんだと。『ポパイ』の創刊のときはそういう編集部にしようと思って。そういう部分で始めたのに、組合からイチャモンつけられて、社員を使えっていわれて頓挫《とんざ》したんだけど、シオザワを見ていると、マガジンハウス一番の分社の決定的な町工場だからサ、それは大成功っていうかサ。

塩澤　それは、自分が思う通りにやることの自己嫌悪というか、オレはやっぱり、（客観的な）基準が欲しいんですよ、自分以外の。だから、（自分がマガジンハウスを辞めても）キナさんとか、ジロさんとかを大事にしてさ、頼りになるなあという、そういう存在なんですよ。

木滑　そうなの？

塩澤　オレのなかではサ、やめたあと、あそこ（マガジンハウス）だけはまあ、ずっと近寄らないようにしようと思って、昭和通りからこっちに来ないようにしていたんだけど、だけどソロソロ『平凡パンチの時代』を書き直すのと、『平凡物語』を書いて出版してみようということを考えたんですよ。もう会社辞めてから八年くらい経っているからね。マア、これまでいろいろ書いてきているから、会社辞めてすぐ書いたんじゃないというのはみんな、わかってくれたなと思っているんだけれど。そろそろやってみようかと。でも、こうやって（マガジンハウスに）来ているあいだに、だんだん抵抗感がなくなって来ちゃったんですよ。それでオレも困っているんだけど、やっぱりマガジンハウスというのはオレにとって一番気持ちの良い物差しなんですよ。いっしょに仕事している河出書房新社よりもね。

河出書房からも、「シオザワさん、やっぱりマガジンハウスの分社みたいですね」っていわれる。出てくる企画がね、『「平凡」物語』とかさ。でも、オレの書く本は字が多くて部厚い。河出からはもうこういう本はシオザワさんしか作れないから、これはこれでガンガンやりましょうみたいにいってくれるんです。

木滑　でもね、（幻冬舎の）見城（見城徹）じゃないけれど、あいつの話を聞いていると、もっと面白いの、引き込まれていく、それが気がつくと全部、自慢話なのよ。

塩澤　イヤ、それでもオレはけっこう抵抗があるのよ。

木滑　テーコーっていうけどね、オレなんか、自慢話じゃなきゃ聞きたくないんだよ。

塩澤　イヤ、そりゃそうかもしれないけど、あるとき、会社辞めたあとね、マガジンハウスにいらしたんですかっていわれて、まあ、石川次郎なんかといっしょに仕事をしていてとかっていう昔の思い出話をうれしがって聞いているからしてあげたのよ。そしたら、最終的にさ、それって全部、自慢話ですよねっていわれたのよ。

木滑　でも、それでイイんだよ。そうじゃないとつまんないもの。人の昔話というのは、自慢話じゃなきゃ面白くないんだよ。それはオレの話もシオザワの話も同じ。

塩澤　まあ、もちろん、それはそうなんだけど。

木滑　オズオズと自慢話しているとつまんないけど、本人が堂々と話していると気持ちいいんだよ。

というわけで、調子にのって昔話をするのである。木滑さんがわたしの本作りを「理想的かも知んないヨ」と言っているのは、小冊子の19ページのこういう文章にあてはまるだろう。

出版社は（中略）ほんとうは町工場じゃなくちゃいけないんですよ。大きなビルなんかいらないんだ。机と電話があればできる商売なんですから。いい職人が何人かいてしっかりと揺るがない社長がいて、よそでできない仕事をやれば絶対に負けない。（1）

これも『考える人』からの引用だが、木滑さんはいろんなところで、この発言をしている。

それで、あらためてまず、わたしの事情をざっと説明するのだが、具体的にマガジンハウスを辞めようと考えはじめたのは一九九二年の初めのことである。

この前年の秋にわたしが編集長をやっていた『ガリバー』が廃刊になり、清水達夫さんが亡くなられて、石川次郎が会社に辞表を出した。このときにその三つがいっぺんに重なった。

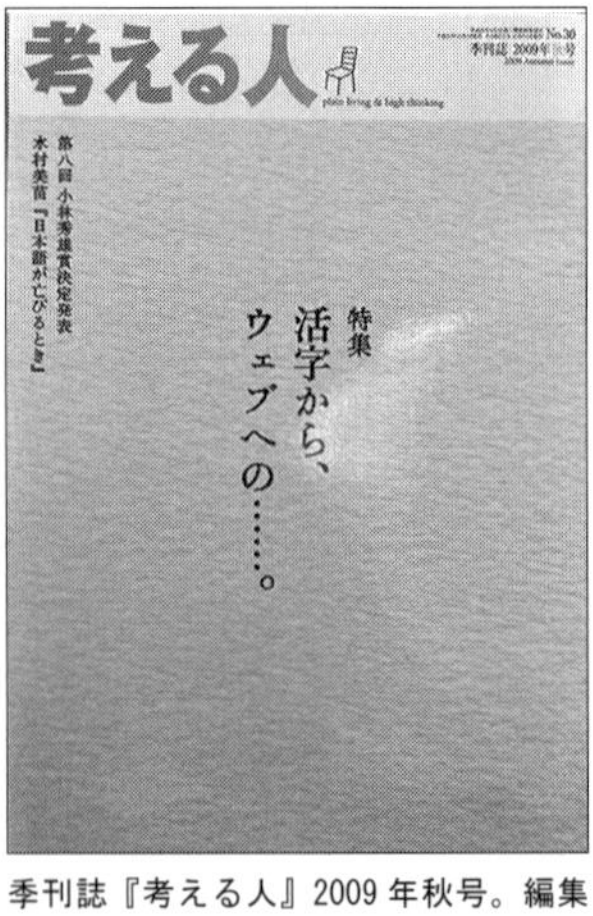

季刊誌『考える人』2009年秋号。編集発行人は松家仁之、紙媒体と電子書籍の将来の可能性について論じた特集。

このころのわたしは、社内では石川次郎のコバンザメ（懐刀？ 右腕？）みたいに思われていて、石川の代わりに赤字雑誌の尻拭いを担当した〝咬ませ犬〟みたいないい方をする人もいた。

自分でいうのもなんだが、ここからがわたしのしたたかなところで、石川といっしょに会社に辞表を出して、彼のあとをついていったら、それはそれでカッコいいだろうなとは思ったが、そんなことしたら、一生、石川からジャマにされても、金魚のフンのように付きまとうことになるかもしれないと思った。それは嫌だった。オレはオレで、石川とはちがう生き方をしなければ、と考えた。時間をかけて会社を辞める準備をしようと思った。

プロ野球にたとえていうと、石川次郎は社外でも知名度が高く、完全な二百勝投手だが、わたしのほうはまだ百四十勝くらいしかしていない、そろそろ盛りを終えようとしている元エースのピッチャーみたいなものだと思った。そしてある日突然、〝フォア・ザ・チーム〟なんてバカらしい、ここから先は自分が好きなように球を投げてやろうと思い始めた野球選手みたいなことを考えはじめた。

会社を辞めようと考えたときにまず考えたのは、もちろん、退社後もつづけて本を作って暮らしていくつもりでいたのだが、印税だけでなんか絶対にゆったりとは暮らしていけないだろうと思った。そんなことはそれまで、自分が使っていたヒラコの社員編集者とフリーランスの作家やライターたちの収入を比べればすぐわかることだった。

それで、マガジンハウスを辞めたあとも、自分がやりたいようにやっていけるような仕事の土台をマガジンハウスの社員編集者でいるあいだに作らねばと考えたのである。それで、石川のあとを追って会社を辞めるというような衝動的な短慮はやめて、何年かかけて自分がこの会社を辞めても出版人としてやっていけるような、マガジンハウスだけに依拠していない地歩を固めておかなければと思った。

雑誌『ガリバー』の編集長を退任したとき、わたしはこのとき、ちょうど四十五歳だったのだが、十年くらいかけて自分の足もとを地固めして、会社を辞める準備をしようと思った。

それで、まず単行本の編集技術を習得するべく、書籍出版局に異動して、そこで仕事することにした。雑誌は仲間を募らなければ作れないが、書籍だったら著者と編集者、ふたりで作れる。著者が編集者もやってしまえば、ひとりだけで思ったような本が好きに作れると考えた。

そして、書籍出版局で仕事を始めてすぐのことだが、わたしの最初の幸運は、担当を割り振られた元シャインズの片割れの杉村太郎と、新卒で就職を希望する大学生たちが読む就職のガイドブックを創刊したのだった。これが『絶対内定』のシリーズである。

『絶対内定』は毎年刊行のイヤリー・ブックだった。一年に一度、改訂版をつくって何万部かを売り上げるというローテーションを作り上げて、自分の給料を確保し、あとは好きなようにしていてもちゃんと採算が取れているという体制を確立した。確か何年かかけて、『自己分析編』とか『面接編』とか『履歴書の書き方編』とかシリーズ本にして、合計で十万部くらいの規模の商売にした記憶がある。一冊千八百円だったから売り上げもそれなりだった。

そうこうしているうちに、当時の書籍出版の担当役員だった某氏に「もうじきウチの会社も創立五十周年だから、なんか記念になるような本を考えてくれ」といわれた。それで思いついたのが一九六〇年代後半の、全共闘や三島由紀夫が大暴れしていたころ、木滑さんが編集長をやっていたころの『平凡パンチ』を取りあげたノンフィクションだった。

そして、半年くらいかけて取材して書きあげたのが、マガジンハウス編の『平凡パンチの時代』だった。この本は基本的に〝キナメリ・パンチ〟に肩入れして、その足跡を辿った本だったのだが、これが社内でいろいろあって、重役たち（役員たち）のあいだで、出版するかしないか、どうするかでもめたらしい。

本を書けといった担当役員の某氏がわたしに「創立五十周年記念で、なんであのころの『パ

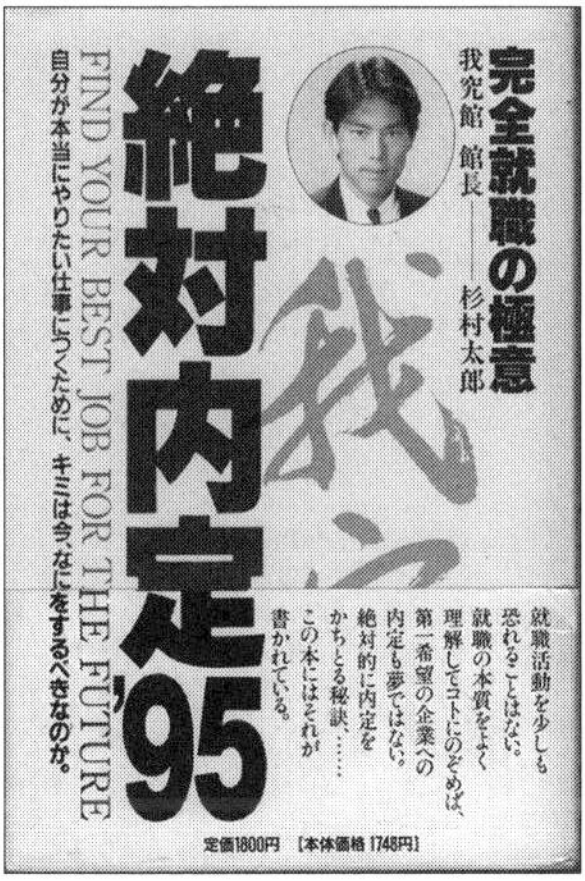

新卒大学生のための就職ガイドブック『絶対内定』。シリーズ化し 10 万部規模の出版物にした。シオザワの編集作品。

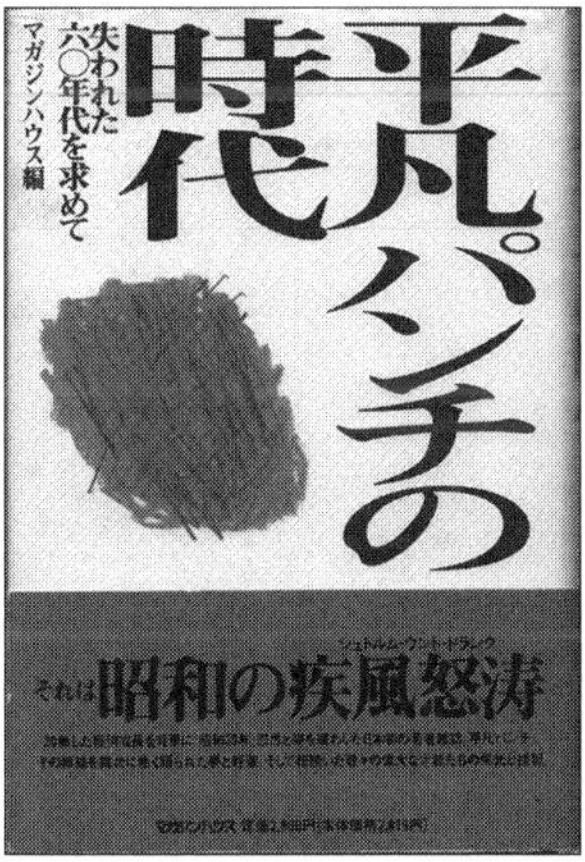

マガジンハウス編とあるがこれも自著。社命で創立五十周年記念の本として書いたものだが、この本がきっかけで本格的に作家活動をすることになった。

ンチ』の本を作っちゃいけないんだよ」とこぼしたことを覚えている。それを「面白い本じゃないか。社内の記念刊行物にするより、書店で売ってみようよ」といってくれたのが甘糟さんだった。甘糟さんがOKなら、キナさんがらみでも誰も文句をいわないのである。

そんな経緯があって、わたしが書いた『平凡パンチの時代』がマガジンハウス編のクレジットで発売された。これが一九九六年の十二月のことだった。

このとき、週刊誌の『平凡パンチ』は休刊(廃刊)してからまだ六年くらいしか経っていなくて、みんな、この雑誌のことを忘れずにいたのだろう。発売後、本はたちまち話題になって、いろんなマスコミ(新聞や週刊誌やテレビ)が話題として取り上げてくれ、増刷がかかり、一万部くらい売れた。このあと、新入社員たちに「この本を読め」というような、社員教育の教材になったという話も聞いている。

この本をめぐって、いろんな批評があり、マスコミが取り上げてくれたのだが、そのなかに「こういう本はマガジンハウス編なんていう曖昧な表記ではなく、きちんと書いた人の名前で出すべきだ」ということをNHKや朝日新聞がいってくれて、当時、書籍の担当役員だった、のちに社長を務める赤木洋一から「これから、シオザワ君が書く本は君の名前で本にします」といわれた。

この時点から、出版社の社員でいながら、その出版社から本を出すという、明治時代、朝日新聞に雇われて連載小説を書いていた夏目漱石みたいな身分になっていった。このことは、多分、役員会で決まったことだったのだろうが、もしかしたら、この「これからお前が書く本は全部、お前の名前で出す」という決定を下したのは、キナさんと甘糟さんだったのかもしれない。
しかし、この決定は社内の同僚の社員や先輩の兵隊仕事にうんざりしているような編集者たちの反発を買った。みんな、力があるないにかかわらず、自分の名前で本を出したいに決まっているのである。

書籍編集部に編集者として在籍している人間が、そこから自分の名前で本を出すようになり、社内での存在のしかたが特殊になりすぎて、周りにいる同僚の編集者たちからかなり反感を持たれるようになってしまった。新聞社などでは論説委員が自社から本を上梓するというのはよくあることだが、出版社ではそういうことはあまりない。そんなことで、わたしの社内での位置付けは〝石川次郎の代役の噛ませ犬〟から〝作家気取りで好き勝手やってるヤツ〟に急変していった。よその出版社から「シオザワさん、うちで本を書かないか」と誘われたこともあり、社内外で作家のような扱いを受けるようになって、急に会社の居心地が悪くなった。

このころから会社を辞めて、独立して仕事をするということを本格的に視野に入れた。もちろん、作家になりたかったのだが、作家になるといっても、どこかの出版社に頭を下げて、そこの編集者に自分が書いた本を作ってもらうというような考え方はできなかった。それでは、一年かけて作った定価三千円の五百ページくらいある本が初版の発行部数三千部だとしたら、印税は90万円しかもらえない。90万円ではとても暮らしていけない。増刷がかかれば、幾らか収入は増えるが、ベストセラーでも出さない限り、もらえる金額は要するに、執筆の苦労に釣り合わない金額でしかないのである。だから専業の作家は基本的に、ベストセラーを連発している人以外、貧乏なのである。わたしにはベストセラーを書く自信なんか、いまもない。

そういうこともこういうこともわかっていたから、少なくとも編集プロダクションとして機能しなければダメだろうと思っていた。出版社が印税ではなく対応してくれる出版社を探そうと思った。編集プロダクションに対して売上に応じて利益を配分してくれる、つまり発行・発売の機能分担（提携）を許容してくれる、そういう出版社がベストチョイスだった。

マガジンハウスからの退社を決心したのは、二〇〇一年のことである。わたしはこのとき、五十二歳で、もうじき五十三歳になるところだった。その前年に機会があって石川次郎としばらくぶりにいっしょに仕事した。石川はこのころ、テレビ番組（テレビ朝日の深夜のバラエティ・ニュース・ショー「トゥナイト」）のMCをやっていて威勢がよかった。そのとき、石川からこういわれたのである。

シオザワ、お前、幾つになったの？　五十二歳？　オレが会社を辞めたのは五十三歳のときだったんだよ。オレももうじき六十歳だけど、いま、忙しくてしょうがないよ。お前も早いうちに会社を辞めたほうがいいぞ、定年まで会社にいたりすると、そのあと、誰もお前といっしょに仕事しようとか思ってもらえないぞ。六十過ぎて忙しく仕事していたかったら、早いうちに会社を辞めて、フリーになったほうがいいよ。いまやめれば、みんなが相談に乗ってくれるよ。

これは親切なアドバイスだったのかもしれない。あのとき、確かにそうかもしれないと思った記憶がある。簡単にいうと、そういうアドバイスがあって、このときはもう会社を辞めて、新しい仕事のフィールドに出るという考えに取り憑《つ》かれ熱くなっていった。

そして、あれほど心配してくれたキナさんにもなんの相談もせずに会社に辞表を出した。

退社後、わたしは自分の作る本の発売を引き受けてくれる出版社を探した。

そこで、可能性がありそうな出版社として選んだのが、幻冬舎、ＫＡＤＯＫＡＷＡ（当時は角川書店）、主婦の友社、河出書房新社の四社だった。いろいろ調べて、電話で聞いたり、訪ねていって話をしたりして選んだのが河出書房新社だった。この会社は戦後すぐに創刊して、戦後の日本文学の骨組みを作る一助となった文芸雑誌『近代文学』の発売元を二十年以上にわたって受け持ちつづけた出版社で、独特の根性があるというか、新しい、時代的に意味があると思える出版には、あまり無理な条件なしに賛同してくれるところだった。

そのほかのところは、六百万円の供託金が必要とか、発行部数一万五千部以上の出版物とかでなければ受け付けないとか、いろんな条件がついていて、それはわたしの意に染まなかった。それで、イヤもオウもなく、提携仕事の相手先に河出書房新社を選んだのである。

出版社として自立して、直接、取次と交渉するということも考えたが、そのためには、わたしのほかに誰か、販売の部分を受け持つ人間が必要で、新規出版社として一月に一冊くらいのローテーションで新しい本を出すなどのことが条件として存在した。これは、石川次郎と組めば不可能ではなかったかもしれないが、わたしはとにかく、できるだけ一人で戦いたかった。あとで説明するが、石川とわたしとはいくつかの点で、決定的に違うのである。ひとつだけ、相違点を書くと、石川は人使いの名人だったが、わたしは一匹狼みたいなところがあり、人と協調して仕事するのが苦手だった。

キナさんは「お前がやっていることはオレの理想だヨ」といったが、考えてみると、これは昔、平凡企画センターにいたキナさんたちが平凡出版に自分たちが作った本を売るのを断られて、読売新聞社を頼って、そこを発売元にして、編集プロダクションとして『メイドイン・USA・カタログ』を作った状況とかなり似ていた。

調子に乗って自慢話を書くのだが、わたしの本作りは、キナさんじゃないけれど、本当に町工場のマニファクチャリング、手工業労働なのである。確かにキナさんのいうとおり、自分ひとりが基本で、自分の好きなテーマで、この人と思う人間を選んで、本を作ってきた。

木滑さんはわたしが会社を辞めたあとの仕事ぶりについて、こういうこともいっている。

これも褒《ほ》め言葉なのだが、臆せずに書く。

塩澤　清水達夫さんがいった「生涯一編集者」っていう言葉があるでしょ。清水さんはそもそも文学青年というか、作家だったところがあって、で、作家っていう側面が（自分のなかに）なければ、生涯一編集者みたいな発想は出てこないと思うんですよ。作家はもうやめた、みたいなことがないと（生涯一編集者なんていうのは）出てこない言葉だと思うんですよ。だから、たどり着いたんじゃなくて、自分の作家の道を切り捨てたところから出てきた言葉じゃないですか。

木滑　なるほど、あれはそういう意味か。オレは［生涯一編集者］なんてありえないと思っているんだよ。編集者なんて、ある年齢で終わりだって思っているからさ。

塩澤　オレもね、自分にそういう、作家と編集者みたいな葛藤があるんですよ。

木滑　生涯一編集者なんていうんじゃないだろうな。

塩澤　いや、そうじゃなくて、オレは結局、編集者としてはダメというか、マガジンハウスで編集者やっていたころも、オレの編集は二流だと思っていたんですよ。

木滑　そんなことないよ。

塩澤　例えば、ハマやん（浜崎廣）とかジロさん（石川次郎）とか、自分では文章を書かない編集者の凄さっていうんですか、ダメな原稿をどこがどうダメかを説明して、書いた本人に書き直させる編集力というのかな、まあ、そういう場合も、ある程度、力のあるヤツしか使わないんだけどね。オレにはそういう気力はないんだよね。「あとはやりますから」っていって、受け取って、ダメだと思うところを全部、書き直しちゃう。
木滑　それはだけど、何回書き直させても、やっぱり素質がないヤツが書いたら、同じものしかできてこないけどね。しかし、すごいね、シオザワは。紙のこと、印刷のことから製本、配本まで全部、頭のなかにありながら、それで、モノを書いているんだからすごいよ。
塩澤　宣伝とかは全然わかんないんだけどね。
木滑　それはだけど、この会社にいたときから、そういう勉強をしていたんでしょ。
塩澤　そうですね。二年間だけだったけど販売部にいかせてもらって、書店や取次の勉強をしたり、会社にないしょで夜間のデザイン学校にいったり、会社にお金出してもらって恵比寿のコンピュータの学校にいったりしたからね。昔のマガジンハウスってそういうことが許されるような会社で、仕事のスケジュールとか、自分で好きなように調整できたし。

いつの間にか、話がマガジンハウスを辞めて、作家活動を始めたわたしのことになってしまう。
さらに木滑さんはこういう。

木滑　まあ、そうだったね。人間てね、生き生きしていられる時間て、すごく短いんだよ。だけど、シオザワなんてさ、会社のなかでやるはずのことをあんまりやってないからね。だから、すごい得しているよ。会社のなかで嫌なことをあんまりやっていないから、新鮮で、花火が炸裂《さくれつ》する状態でずっといられるんだよ。
塩澤　いや、キナさんを見ていたら、きっと、本気で責任を持たされて仕事したら、会社って大変だろうなという想像はつきますよ。ただオレたちが本を作るときにこだわる「面白さ」ってなんなのかな、と考えたときに、面白さがそのヘンにころがっているわけじゃないからね。自分にとっての面白さみたいなものでね。それを選ぶしかないと思うんですよ。だけど、例えば、講談社とか小学館にいくと、五十歳過ぎたいい年齢の編集者が、面白いと思ってやっているのかどうかわかんないけど、『少女フレンド』みたいな雑誌の編集を平気でやっているでしょう。オレにはそれがわかんないんだよね。仕事とわり切っているんだろうけど。
木滑　そりゃね、シオザワなんて、結局、上手《うま》い生き方をしているんだよ。なんかを犠牲にしているのかも知れないけど、自分がやりたいようにやっているからね。

確かに、わたしは会社のなかでイヤな仕事というのをあまりやってこなかった。
年齢がいってキャリアを積み、役職者になってからは、やりたくないと思ったら、それをはっきりいってきたし、若いころは、いろいろとやらされたが、その仕事の面白さを見つけて仕事してきた。この話は別段で後述するが、芸能記者時代、わたしくらいいろんなことをやらされた社員編集者はいない。

木滑さんは生涯一編集者なんてありえないといっているが、誤解をされないように解説すると、彼は、編集者というのは何か、違うものになるための途中でやる仕事だといっているのである。それは、作家だったり、プロデューサーだったり、イベント屋さんだったり、なにかひとつのことにめちゃくちゃ詳しくなって、そのジャンルの専門家になっていったり、木滑さんのように会社経営者になっていったり、編集者というのはそういうなにかになるための［渡り廊下のようなな］仕事だというのがキナさんがいっていることの意味である。

こうやって、木滑さんとふたりでしたやり取りの記録を読み返してみると、要するにわたしはそういうつもりで生きていたのではなかったが、［要領］のいい男だったかも知れないという気がしてくる。それでも、自分なりに、自分が考え出した編集（本の作り方）を忠実に実行してきただけなのだが……。

会社をやめたあとのわたしの本の作り方というのは、自慢できることなのかどうか、自信はないが、こういうことである。本作りの重要ポイントのひとつはいかにしてローコストで一冊の本を作り上げるかである。そのためにはまず、いろいろと調べて一番安い印刷会社を見つける。値段は安いけれどもしっかりした本を作ってくれる印刷会社である。校正もできるだけ安くやってくれる人を見つける。自分でパソコンを使い分ける技術を習得し、装丁や版面作りは編集ソフトを駆使して、できるだけ自分でやる。それで、自分で書いた本だから誰かに印税をあげる必要もなく、したがって、その出費もない。それで、損益分岐点がマガジンハウスの本作りからは信じられないくらいに低くなる。

そうやって作った本を河出書房新社にわたす。河出はもちろん、その本の売り上げから幾らかの手数料を取るのだが、これも販売の担当者としてひとりの人間を常駐の社員として雇う人件費に比べれば、はるかに安くて済む。河出書房新社は老舗の出版社だけのことはあり、その配本のネットワークはかなりしっかりしていて、これまでわたしが作った本はほとんど、店の平場で平積みにして売ってもらっている。そのおかげで、わたしはほとんどの本で利益が出せている。

これはわたしが持っている力というより、河出書房新社のわたしの作る本に対する信頼と河出書房自体が持っている強い販売力のなせる技だと思っている。

尾籠《びろう》な話を書くが、マガジンハウスをやめるころ、わたしは会社から年収でいうとかなりの金額の給料をもらっていた。それで定年退職まで八年間あったのだから、定年まで会社にいて、黙って会社のいうことを聞いて働いていれば、それだけで相当の収入があったことになる。それを放り出して、辞めてしまったのだから、まあ、冒険野郎といってもいいかもしれない。

わたしが女房に「この会社のなかにオレがやりたいことはもうない」といったら、彼女は「あなたの好きにしたらいい」といってくれた。可愛い女房に無限の感謝をしている。

会社を辞めてから二十一年経つ。その間、いろいろあったのだが、その二十一年のあいだに河出書房新社と組んだ本作りと編集プロダクションとして河出以外と仕事した分も含めると、かなりの金額を稼《かせ》いでいるから、自分ではまあ、よくやったんじゃないかと思う。

河出書房新社について、自分がラッキーだったことを一つだけあげると、わたしが初めて河出書房新社に自分の作った本をあずけたいという相談にいったときに会ってくれたのは、そのとき、営業部長（販売の部長）だった人で、その人といろいろな話をして「わかりました。できるだけのことをして差し上げます」といってくれたのだが、その人がしばらくして社長になったのである。それがいまも社長のオノデラさん。

そんなわけで、社長と気心が知れていて、ときどき顔を合わせると、「シオザワさん、がんばっていますね」といってくれる。担当の編集者（オガワさん）も二十年以上の付き合いで、わたしがピッチャーとキャッチャー（作家と編集者）を同時にやっている野球選手だとしたら、この人がわたしのアンパイアみたいなもので、投げた球がボールだったら「その企画はやめたほうがいいですよ」と厳しいことをいい、ストライクだったら「面白いです。それ、本にしましょう」といってくれる。わたしは、キナさんのいうことは聞かなかったが、この人のいうことだけはちゃんと守ろうと思って仕事している。

河出書房新社はいろんな形でわたしの本作りを応援してくれている。この場は、そういうことを書くような場面ではないかも知れないが、河出には本当に感謝している。

実はこれも木滑さんから聞いた話なのだが、わたしの作る本を河出書房にかわってマガジンハウスが取り扱ったらどうかという話をキナさんが社内調整しようとしたのだという。そうしたら、誰が反対したのかまでは不明だが、強く反発する勢力があり、うまくいかなかったのだという。

わたしもそうだし、石川次郎も椎根和もそうなのだが、社外に出て自由に仕事をしている人間に対して、マガジンハウスの社内の人間たちは無原則に（と、わたしは書くのだが）否定する傾向があった。その心理というのがよくわからないが、悔しいのだろうか。協力してくれるのはせいぜい、わたしが自分で取材したタレントなどの写真を借りるときぐらい（それも有料で）のことである。椎根などは資料室に立ち入り禁止になっている。

そして、やがて資料室は社外の人間は使用禁止になり、そのうち、資料室自体が廃止になった。これらのこと、あれこれの仕打ちをどうかと思うが、社内の事情もよくわからないし、あまり強くいって、キナさんを追い詰めるようなことになるのも困ると思って、わたしは（多分、石川も椎根も）あまりそのこと（退職者に冷淡なあしらいをすること）に触れずにいた。

キナさんの小冊子のなかにこんな一文がある。

あのな、運のいい人とつきあわなくちゃだめですよ。
運のいい人とつきあってれば、運がこちらについてくるんだからね。
人生ってのは、どうもそういうものなんだよなあ。（2）

これは『銀座百点』という雑誌からの抜粋。また、こういう文章もある。

オタク。オタク。オタクじゃないと駄目だと思うんだよね。（中略）それが情熱みたいになってさ、やっぱり、ブレがなくなってくる。いい感じになってくる雑誌が出てくるんじゃないかなあ。（3）

思えば、オタクという言葉も死語になりかけている。いまやオタクが当たり前の時代である。そして、小冊子の最終ページには次のような感慨が記せられている。

できることなら、

『銀座百点』2005 年 12 月号。四六判変形、横開きの不思議な形の雑誌である。目次に木滑さんの名前はないが、66 ページの嵐山光三郎の「ギンザ散歩」というエッセイの結語にこのセリフがある。
木滑さんはいろんな意味で強運の人だった。

雑誌『ポパイ』の創刊時代のスタッフ、木滑、石川をはじめ、寺崎央、岩瀬充徳、安田富男などの編集者、新谷雅弘のようなレイアウトを担当した人も含めた、雑誌作りの証言集。2002 年太田出版刊。

「ああ面白い人生だった」と、
最後に言えたらうれしいですよね。

だって本当に面白いですから、生きるってことは。（4）

これは　わたしはもう、雑誌を作ることはないだろうが、雑誌を作るのはどの雑誌も面白かった。

自分が真の意味で、運のいい人間かどうかは自分ではわからないが、大学受験の合格運と新卒就職の会社選び運、女運（女房運）と出版運にはそこそこに恵まれたとは思っている。


以上、自慢話、その一でした。

【註】
（1）『考える人』2009年秋号　P・55
（2）『銀座百店』2005年12月号　銀座百点会刊　P・72
（3）『証言構成「ポパイ」の時代─ある雑誌の奇妙な航海』　P・491
（4）『週刊東洋経済』2011年4月16日号　東洋経済新報社刊）　P・110

木滑さんとの出会い　その一

木滑さんといっしょに仕事をすることになった事情を最初から説明することにしよう。

その前にちょっと、書いておかなければならないことがある。

わたしは若いころ、というか子供のときから会社を辞めた五十二歳くらいまで、毎日といっていいくらい詳細な、日記というかその日あったことや考えたことを文章に書き留めるノートを記録していた。そういうノートが大判の大学ノートで百冊くらいあった。このノートはいまでも保存している。わたしの人生の証拠書類である。そのなかに、けっこう、会社での仕事のこと、社内でどんなことがあったかを几帳面《きちょうめん》に、かなり詳しく書いている。そのノートをもとに、木滑さんと出会うことになった経緯を辿ろう。

まず、話を一九八〇年を過ぎた、つまり、山口百恵が結婚し、キャンディーズが解散し、ピンク・レディーも解散する、そしてプロ野球では王貞治が現役選手を引退し、ニューヨークではジョン・レノンが凶弾に倒れた、その時代から始めなければならない。

わたしはこのころはまだ『週刊平凡』の編集記者である。毎週、あれこれと特集記事を書き散らしていたのだが、はっきり覚えている記憶は、山口百恵がめでたく結婚したあと、『週刊平凡』の実売部数がドンドン落ちていったことである。これは『平凡パンチ』のほうも同じだった。

一九七〇年代に芸能界で活躍した（大衆文化のヒロインだった）女の子たち、山口百恵を筆頭にピンク・レディーの二人やキャンディーズの三人も姿を消して、松田聖子とか中森明菜とかがデビューしたばかりである。女の子たちがメンバーチェンジしたせいだけではないだろうが、世ではインベーダー・ゲームが大流行して、田中康夫が、記号の世界の訪れを描いた『なんとなく、クリスタル』を雑誌の『文藝』（河出書房新社発行）に発表し、雰囲気として、世の中がものすごい勢いで変化している感じがあった。

　わが平凡出版にもこの変化の激浪が押し寄せ、はっきりした数字までは記憶していないが、平凡出版の二大週刊誌『週刊平凡』と『平凡パンチ』は発行部数百万部の時代は終わっていたが、そのころは安定的に六、七十万部発行していて、そこそこに実売も悪くなかったのだが、それが販売率がどんどん悪くなっていって、実売が三十万部とか二十万部台とかに下落してしまうのである。そこで『週刊平凡』の編集長が交代し、新任の編集長（コダイラさん）がやってきた。七十年代に『平凡パンチ』を百五十万部売った人である。この人が新機軸をいろいろとやったのだが、全然うまくいかない。

『週刊平凡』1980年正月発売の新年特大号。表紙は『ヤングマン』を大ヒットさせた西城秀樹と三浦友和との結婚が話題だった山口百恵。このころはまだまだ60万部くらい売れていた。

それで、雑駁《ざっぱく》な話なのだが、ある日、コダイラさんに呼ばれて、「キミも知っていると思うけど、

『週刊平凡』があんまり売れなくなっちゃったんですよ。雑誌を作り変えたいんだけど、シオザワ君はどうしたらいいと思いますか。なにか、いい考えはないかなあ」といわれた。いきなりそんなことをいわれても困りますという話で、「まあ、いまのままじゃちょっと……」と曖昧《あいまい》な返事をしたら、「こうしたらどうだろうっていう考えをまとめて、レポートにしてアゼムラさん（畔村文彦＝当時の副編集長？）に出してくれないかなあ」というのである。それで、わたしはこの話がそんなに大ごとになるとは思わずに、自分の考えをまとめて、企画書にして、アゼムラさんに提出した。これが、はっきりとした日にちまでは覚えていないが、八十三年の三月ごろの話だと思う。ここから、「ノート」を頼りに筆を進める。

この話の本格的な幕開けは、四月五日なのである。ノートにこういう記録がある。

四月五日。春闘第三回団交、席上、社長から『週刊平凡』の大改造、同じく『平凡パンチ』の改造、社名の変更（平凡出版→マガジンハウス）などの説明を受ける。新社名はマガジンハウス。思いきったことをするものだ。『週刊〜』も『〜パンチ』も大幅に変化させるとのこと。それに従い、これまで担当重役だった下村勝彦氏、伊勢田謙三氏はいずれも更迭。粛清の嵐が吹き荒れた。

会社はこのあと、将来を木滑さんと甘糟さんに託すことになるという。とにかく驚いた。

わが幻の「『週刊平凡』改造レポート」はついに間に合わなかった。

四月十一日　春闘の団交で『週刊平凡』の路線変更についての説明が重役からあった。動揺している。すべての企画を打ち切り、六月に合併号を出して七月から新体制に入るという。編集部員の入れかえも五月中におこなわれる。これまでの努力はすべて水泡に帰したのである。残念だ。

いま思い出してみると、『週刊平凡』も『平凡パンチ』もリニューアルすることになるきっかけは、わたしの書いたレポートが発端《ほったん》だった。具体的に、どんなことを書いたか、ディテールは忘れてしまっているが、枕の惹句《じゃっく》に「このままではダメだ」とか「時代に合わせて作り替えなきゃダメだ」とか、相当に過激なことを書いた記憶がある。

わたしのレポートが［事変］のきっかけになったのはあとからわかったことである。

その前に、社名変更について、きちんと説明しておくと、こういうことだ。

大衆文化の変質という視点から見れば、平凡出版の二大週刊誌の売上の激減（部数を減らさずにいると、返本率が四十パーセントを超える状態がつづいた）とつながっているのかも知れないが、かつては平凡出版に遜色のない年間売り上げを記録していた平凡社が、看板商品だった百科事典が全く売れなくなってしまったらしい。それで、商売の規模をドンドン縮小していっていた。あげくは日本テレビの隣にあった自社ビルを売却して累積赤字を解消することになるのだが、その最中に、平凡社の社長がなにかの集まりで、無念の思いをこめて、「ウチと似たような名前の出版社がくだらないモノを出していて、こっちは大変な迷惑だ」というようなことをいったのである。これは、「平凡」という雑誌のタイトルを岩堀喜之助に与えた下中彌三郎の後継、息子の下中邦彦による発言だった。

木滑の思い出話によれば、平凡社の社長のこの発言を伝え聞いたときの清水達夫の怒りは激怒といってよく、大変なものだったという。(1)

木滑さんによれば、「マガジンハウス」という商号は、彼がロンドン取材に出かけ、街中で見かけた書店でショップカードをもらって、清水さんへのロンドン土産に持ち帰ったものだったという。「ロンドンにこんな名前の本屋さんがあるんですよ」というと、清水さんは強く反応して「ステキな名前だね」といい、そのカードを引き出しにしまい込んだという。

社名変更は「平凡」という雑誌名を平凡社からもらってきた岩堀喜之助さんが亡くなられてもう二年が経過していて、かたわら、自分が社長になってから創刊した『アンアン』を筆頭にした横文字タイトルマガジンがどれも隆盛を極めて、順風満帆の経営状況から、古い、あまり魅力的な感じのしない「平凡」という商号を捨てる決心をしたのだろう。清水さんは「マガジンハウス」の商号をふところに温めていた。そして、社名の変更に合わせて、「平凡」の名前にちなんだ二つの週刊誌の、これはその時点での販売状態も勘案《かんあん》して、もう作り替えなければダメだと判断したのだと思う。

わたしの考えでは、平凡社の凋落《ちょうらく》は、平凡出版や雑誌の「平凡」のせいではなく、時代の大衆文化の状況を読み誤って、古びた教養主義にしがみつきながら本作りをしていたせいである。その証拠に、十年前に平凡社と並んで語られていた文藝春秋や新潮社は時代の変化に対応して、大衆の受け入れやすい出版物を作り、昔と変わらぬ、旺盛な出版活動をつづけていたではないか。要するに、教養が邪魔して、時代に対応した本が作れなかったのである。

ゴールデンウィークの直前に、例のごとく、春闘が終わり、連休明けに、会社は組織変革に向けて、本格的に動き始める。ノートからの引用のつづきである。


五月十日。今日、会社は人事異動の大まかな枠組みを決めるらしい。いまは十日の朝である。今夕から個別に異動の打診（肩たたき）がおこなわれるらしい。『週刊平凡』では、十四名が異動の対象者になっているという噂が流れている。俺も該当者のなかに入っているのではないか。

五月十四日。土曜日である。十日の朝の予感はあたり、その日の午後、オレは小平さん（『週刊平凡』編集長）から異動の内示を受けた。小平さんはオレに「塩澤クン、ボクといっしょに『平凡パンチ』に異動して欲しいんだよ。キミが『週刊平凡』のために書いた企画書を読ませてもらったけれど、あれを『パンチ』でやって欲しいんだよ」という。小平さんは編集長代理の身分で『平凡パンチ』にもどるのだという。『平凡パンチ』もいまや『週刊平凡』と同じ状況で、発行部数63万部で返本率40パーセントという悲惨な状況なのだという。『改造・パンチ』の編集長になるのは『ポパイ』、『ブルータス』を作った木滑良久だった。小平さんは「いままでと全然ちがうことをやってみないか」といったのである。『平凡パンチ』の編集に関わることは、実はオレが心の奥底でずっと望みつづけていたことだった。オレはほとんど文句もいわずに、「はい、わかりました」と答えた。

このころのわたしの自意識としては、自分は芸能雑誌を作っているんだとは思っていたが、自分のことを芸能記者だなどとは思っていなかった。ときどき、芸能レポーターの梨元さんなんかから、自宅に電話がかかってきて、「今日の記者会見、行きます?」なんて聞かれたから、彼はわたしのことを芸能記者だと思っていたし、多分、周りのみんなもそう思っていたと思う。

自分の作るものが、分類すると芸能雑誌の範疇《はんちゅう》に属する雑誌であることはわかっていたが、特集記事を作っていても、特ダネを取らなければという意識はほとんどなかったし、きちんとしたノンフィクションとかドキュメンタリーの体裁を成している記事が書けるとうれしかった。

木滑さんはわたしに「お前、何年、芸能記者やってたんだ?」と訊《き》いた。わたしが「十三年間です」と答えると、「よく、ガマンしたなあ。オレは芸能なんか大キライだ」といった。

わたしが会社から『平凡パンチ』への異動の業務命令を受け取ったのは六月二日だった。

異動発令の前日、六月一日に新しい『パンチ』のための編集会議が開かれ、呼び出されて、わたしも参加した。ここで初めて、木滑さんから新しい『パンチ』の具体的な改造計画の説明を受けた。ノートのなかの六月一日の記録はちょっと長いが、そのまま転載する。

六月一日。今日、夕方から第一回の編集会議が開かれた。その席上、木滑氏からあった説明は、もうヌードや安易なセックスの記事はやらない、とにかくいまの時代を切り口鋭く切り取った一頁、二頁のコラムをぎっしり詰め込みたい、ということだった。それも情報としては第三報であるという。完全にひねりの効いた企画でなければいけないということだった。まだよく飲み込めないでいるのだが、イラストを使った表紙を見た限りではなかなか雰囲気のある体裁だった。この雑誌を作ることに自分が参加できるのはうれしい。木滑さんという人は日本の出版界でもおそらくはNO・1の編集プロデューサーなのだが、いっていることを聞いていると、確かに説得力があった。こういうふうにきちっと説明してくれれば、あとからついていって戦う気になれる。「大丈夫、売れるから心配しなくていい。なんでかっていうと、いままでになかった本だから」と、はっきり断言する。それを聞いているうちにほんとに大丈夫なような気がしてくる。

オレは『平凡パンチ』の改造を（木滑サンの）この説明があるまで、ある一定の読者の生活を想定して、そこからどう広げていくかというようなことを中心に考えていた。日常生活はどうなのか、その人の夢や憧れの部分を雑誌が企画としてどう肉付けしていくのか、というようなことだった。ところが、話を聞いているうちに、要するに、そういう発想ではないのだな、これは原稿の持つメッセージの鮮やかさをみせる雑誌なのだな、と了解できたのである。そして、なんだそれなら、あの幻の『週刊平凡』じゃないか、オレが五月からやろうと提案した［芸能風俗話題誌］じゃないかと思い当たった。

そこで思い出したのが、オレが『週刊平凡』のために書いた幻の企画書だった。木滑サンはともかく、小平さんは多分、オレが畔村さんに出した企画書を見て『パンチ』の改造のためにオレを『パンチ』に連れていこうと思ったのかもしれないな、と思った。

昔、『週刊平凡』でいっしょに仕事をして、二年前に『アンアン』に異動し、今度また『パンチ』でいっしょに仕事することになった柴田寿という編集者がいる。その人とミーティングで同席して「今度のパンチは塩澤さんのパンチなんだってね」と言われた。

それがどういう意味か、わからないのだが、そうであってくれればうれしい。

とにかく、今日は木滑さんの決意表明をきちんと書いておかなければならない。

やっと本気で戦闘態勢に入るシチュエイションができた。

ノートからの引用を中断する。このときの編集会議ではなかったかも知れないが、木滑さんはみんなを集めて、編集作業に取り組む心構えとして、こんなことをアドバイスした。

1・切れ味のいい原稿を作ろう。
2・面白がって作ろう。
3・微に入り細を穿《うが》ち、丁寧にきめ細かく。
4・持ってまわった言い方や利口ぶった言い方はやめよう。
5・新しい協力者、クリエイターを探そう。
6・連載傾向の発想で企画を立てよう。
7・デザインは単純化しよう。
8・野暮なものが粋になる、その流れを汲んで本を作ろう。

そして、作品をどう仕上げるか、技術的な留意点を次のように列挙した。

1・大人の目でとらえてどうか。
2・タイトルの演出はどうか。
3・従来のパンチの文章はダメ。オチャラケの文章はだめ。
4・ケレン味なくやる。
5・一種の通俗性を持っている。

こういうようなことである。なるほど、とは思ったが、具体的にどうすればいいのかまでの説明はなく、わたしにもどうすればいいのか、わからなかった。いま思えば、これはキナさんがみんなに出した［謎解き］みたいなもので、《どうすればいいのか、みんなで必死に考えろ》という禅問答の公案《こうあん》のようなものだった。しかし、これらの箇条はこのときだけのことではなく、木滑さんの編集思想の技術的な部分を説明していた要項だと思う。

再び、六月一日のノートからの引用に戻ろう。

木滑サンはいった。「いまの『パンチ』は家に持って帰れない。どんな仕事なのか、なにをやっているのかPTAでいえない。まずそのヘンを直していかなくちゃいけない。知性がなくちゃいけない。程度の高いものを作ってもみんな(読者が)ついてきてくれるはずだ」。オレもそう思う。というか、ついてきてくれる人に向かって本を作るべきだ。それならオレにもやれるだろう。

これが六月一日の記録と木滑さんの決意表明である。

この六月一日のノートにはいまだからつけられる注釈や説明がいくつかある。

まず、柴田寿がいった「今度の『パンチ』はシオザワさんのパンチ」という言葉だが、わたしはこのことを人から聞いたのはこのときが初めてで、それがどういう意味なのかわからなかった。この日よりちょっと前のことだったが、廊下でミノちゃん（三浦実＝当時は社長室長。元の上司、『週刊平凡』のキャップだった人）とすれ違ったとき、「異動するんだろ、がんばれよ。なにが起こるか、いまにわかるよ」と謎のようなことをいわれていたのである。いま思えば、なにも知らないのはわたしだけで、多分、周りのみんなはある程度、そういうことを知っていたのだろう。

考えてみると、それは木滑さんが編集長、小平さんが編集長代理、活版の副編集長に大島一洋、グラビアの副編に辻幣（社員カメラマンだが、高い技術を持つ、著名な人だった）という体制を作って、改造した雑誌を軌道に乗せ、木滑、小平の二人は編集部から手を引いて、シオザワを編集長に持ち上げ（抜擢起用し）て、新生した『パンチ』を自由にやらせる、という構想だったのである。わたしはそのことに全く気が付かずにいた。

多分、周りの人たちは木滑さんたちがそういうつもりで（シオザワを編集長に据えるつもりで）やっていることをわたしが知っていると思っていたかもしれないが、わたしは全然そんな具合に話が進んでいることを知らなかったし、編集長は一度やってみたいと思ってはいたが、こういう状況で『パンチ』の編集長をやるなんて、そのときのわたしの想像力の埒外《らちがい》の問題だった。

木滑さんも小平さんも「シオザワ、がんばれョ」とはいったが、そういう類《たぐい》の将来的なヴィジョンのことは一言もいわなかったし、わたしも自分が『パンチ』の編集長になるなどということはホントに一度も考えたことはなかった。ただ、改造前から編集部にいる、わたしより年齢のいった古い『パンチ』を作っていた、キャリアもわたしより長い編集者たちはわたしに対する敵愾心《てきがいしん》と嫉妬で、わたしの作るものを見ていた。

ここで名前はあげないが、そういう（自分が認められて出世したくてしょうがない）人間たち（木滑さんにいわせれば、どうにもならない、新しいことを考えられない、使いモノにならないヤツら）が何人もいたのである。そういう人間たちは、『パンチ』の改造を、〈そんなことする必要ないじゃないか〉とか〈アグネス・ラムとかピンク・レディーみたいな、新しい人気者のグラビア・アイドルが出てくればなんとかなるよ〉と考えていて、木滑さんのいう「時代を写すコラム・マガジン」という新しいスタイルの週刊誌を理解しようとはしなかった。

わたしが『週刊平凡』改造のために提案した「芸能風俗話題誌」は、そのときの芸能界のヒッ

上は変身第二号のサンペイ・パンチの表紙、ダサくてかっこいい路線を狙ったが、読者にはなかなか理解できなかったかもしれない。一方、これまでの『パンチ』の表紙は漫画週刊誌と同じような水着の女の子。これでは有力スポンサーの広告は入らない。難しい問題だ。

ト曲とか話題の映画俳優とか、人気芸人とか、テレビの話題の番組とか、とにかく面白そうなニュースを短い記事にして、それをぎっしり詰め込んで編集する、という発想のものだった。

木滑さんはわたしが書いた企画書を読んで、それを、芸能に限らない、（いまの風俗産業の風俗ではない）［風俗全分野話題誌］という体裁のコラム雑誌を発想したのではないかと思う。

それだったら、ひと昔前に、木滑サンが編集長をやって大成功した『パンチ』と編集姿勢的には同じである。実はそのころ、『パンチ』と並行して出版されていた『ポパイ』では、コラム特集と称して、ポパイ的なコラムをギチギチに詰め込んだ号が売れ行きもよく、たびたび話題になっていた。木滑さん自身も短い、切り口の鮮やかなコラムが大好きだった。しかし、結論を先に書くと、木滑さんが考えた『サトウサンペイ・パンチ』はいろいろあって、結局、失敗に終わる。

上は雑誌『POPEYE』のコラム特集第一弾。1977年9月25日号。一冊のなかに300以上の小話がぎっちり詰め込まれていた。実売部数で15万部近く売れた。下の雑誌はコラム特集の第二弾。1978年1月10日発売。
この編集体裁は取材も煩雑だが、デザインのほうがもっと大変だったのではないか。コラムを集めた形で、吉祥寺特集とか面白雑貨特集とか、いろいろなくくりの特集が組まれていて、読む側を飽きさせない。編集感覚の俊敏さが誌面からビシビシ伝わってくる。

ことの運びの詳細については、話が長くなってしまうからここでは書かない。(1)
このとき、作り変えたときの『パンチ』の編集部を木滑さんがどう考えていたか、こんなインタビューがある。これは『宝島』のこの年(一九八四年)の二月号に掲載された記事、八十三年の十一月ごろ、改造に着手して半年後くらいに受けた取材だと思う。このなかで、キナさんはマガジンハウスの社員の現状を痛烈に批判している。一問一答を紹介しよう。

―― 変わる前頃の『パンチ』はつまんない雑誌になっていましたね。

木滑 そうですね、『パンチ』は業界に競争相手がいなかった時代に、わりに自由な面白い雑誌づくりができたんだけど、競争が激しくなるとやっぱり部数を増やしていかなければならなくなった。そうすると、内容がどんどん拡散してきて、トラック・ドライバーから学生まで全部フォローするための公約数は、もうSEX、これをやるっきゃないってね。ものスゴイ単純なつくり方で攻めまくった。ところが、もっと刺激の絶対値が上がった裏ビデオなんて出てくると、影が薄くなってしまうわけですよ。こうなれば体質を直さなくちゃならない。

―― 状況分析というのはどこの出版社でも同じに見ているとは思いますけれども、でも、それまで20年以上やってきたスタイルをゼロにする。『週刊平凡』と『平凡パンチ』がそれをやっちゃったというのはスゴイ。

木滑　そうとう乱暴だけど、うまい方法でね。（略）春闘の大衆団交の席上でね。社長が突然、わりとヒステリックになって発表したんです。新しくしようって、社員は寝耳に水ですよ。社長の意思のなかにずっとあって、それがフォローのないまま出てきちゃった（笑）。

――怖い話ですね（笑）。

木滑　だから、創刊以上の恐怖でした。実際に作業してみると、やはり創刊より改造の方が難しい。ピッチを変えるのではなく急角度で変えるのはよけい難しいから、実際問題としてゼロにしてみたんです。それで、今の『HEIBON』と『平凡パンチ』になったんですけど、むろん、ある程度のもくろみはあったんですけど、そのへんがちょっとうまくいかなくて、大反省しているんです。（2）

歴史のある雑誌の改造は本当に難しい。他社でもだいたい失敗している。

木滑さんは雑誌の名前をそのまま残して、中身をごっそり変えようとしたが、それは無理だったのである。あのころの『改造パンチ』の販売成績の実数がどのくらいだったか、はっきり覚えていないが、改造第一号の発売五日目の都内書店の販売率調査の数字は、わたしのノートにある記録では63パーセントとなっている。まあ、部数調整の必要な成績だったが、この時点では雑誌が蘇生する可能性はあった。考えてみると、この雑誌の発想はアメリカの『ニューヨーカー』にも似ていた。しかし、この雑誌は〝オシャレ〟すぎて、都会で売れても（キナさんの考える雑誌はいつもそうで、都市生活者が読者層の中心を形成していた）地方（田舎）ではあまり受けなかった。発売ごとに部数を調整したが、販売率は変わらず、実売の減少に歯止めがかからなかった。

いまだから思い当たるのだが、フルの改造が無理だった原因の一つは、雑誌の名前が変わっていないのと同じくらいに、編集者たちの気持ちも変わっていなかったことにある。

『パンチ』の編集者は『ポパイ』の編集者ではなかった。編集部に新参したのは確か、わたしのほか数名で、旧来の『パンチ』を作っていた編集者たちが相当数、残っていた。そして、そういう人間たちは、内心では〈セックスで本を売ってなにがいけないんだ。金が儲かればいいじゃないか〉と考えていて、彼らには洒落たコラムなどどうでもよかったのである。社長がそういう（ヘーゲル的な意味での）即自的な雑誌の作り方を毛嫌いして、なんとかしなければと考えていることを知らず、キナさんの編集方針に対して、大いに、そして密《ひそ》かに不満を持っていたのだった。

そういう編集者たちを木滑さんはどう見ていたのだろうか。

本心を吐露《とろ》したこんな記事がある。

——木滑さんは、実によく状況を知っているし、むろんプロなんですから当たり前でしょうけれど、どんなふうなことをやれば雑誌が新しくなるか、なんとなく方向ぐらいはつかんでいる。では、なぜ面白くならないかという疑問が出てきますよね。

木滑　これは自分の現場体験ですよ。作るヤツが馬鹿なんじゃないかと。これは自分も含めてだけど、過激な発言なんだけど〝面白がる精神〟というのかなぁ、そういうものがなくなっちゃったんです。細胞が死んじゃっているんだ。

――面白がる、というのはひとつの才能というか能力ですからね。

木滑　そうですよ。なんでこんなになっちゃったのかと、もう哀しくなるくらいなんです。ウチの会社も４００人もいて、動脈硬化というかアウシュビッツというか、組織になっちゃっている。こういう状況では面白い雑誌なんて作れっこない。この間も30人くらい集まった会議で、みんなキラキラ個性を出してみろっていったんだけどね、バカみたいで嫌になっちゃうんですよ。

――幼稚園のホームルームですね、それは。

木滑　ええ、だから会議なんて百万遍やったって、週刊誌のどこが悪くてなんて総括したところで、なんの足しになるのかって、暗い顔して難しい話をしたら雑誌が売れるなら、みんなで暗くなりましょうよ。とにかく、自由に発想することがなさすぎるんだ。みんなバカになっちゃっている。なにか、もう、組合問題になりそうですね（笑）。雑誌が売れないのは他人のせいじゃあない。ぼくが悪いんだ。ぼくは考えて、動いてみるよ、と。これがない。だって、ほら、みんな自分が馬鹿だと思っていないんだもの。思っていたらたいしたものだと、尊敬しちゃうけどね。歯を食いしばって努力しなっていってんじゃあないんだ。ちょっと素直に考えて、気がつくようになってくれといっているだけなんだけど、もうダメかなあ。

――ダメでしょう（笑）。

木滑　ぼくも、そう思う。ダメだ。要するに人格は変わんないらしいから。そういうことは追求しません。でも、編集者っていうのはもっとたいしたもんじゃないのか。プライドがあっていいのじゃないか。会社として人間の採り方からして間違っているのじゃないか、って思うんですよ。一般企業と同じことやってんだもの。（略）

――こういうメジャーな雑誌をやっていける人材って、もったいないと思うな。もっともっといろんなことができるんじゃないかって思いますけど。

木滑　全くその通り。本当は、優れているんです、素材としては。磨けば光るかも知れない。でも、それが鈍磨しちゃっている。先が見え過ぎちゃうのかな。ぼくにいわせると、乱暴だけど、就職↓結婚↓女房↓ガキ↓住宅ローン、はい、それで終わり。可能性がブツブツなんですよ。切れちゃって、原町田とか相模大野とかさ、あっちの遠い方に家持って、ヒイヒイいって通い出したら、ちょっと使いものにならないのね（笑）。話が通じなくなっちゃうし、感覚的にもうダメね。（2）

これが、このころ、木滑さんが自分の考えていたことを正直に吐露したインタビューである。昭和五十年代の言辞にしても、アウシュビッツはさすがにちょっといい過ぎかもしれないが、このときのキナさんの絶望的な心象風景だったのだろう。原町田とか相模大野とかいうのも一つの喩《たと》えで、具体的な地名というより、雑誌の編集者だったら東京を中心に繰りひろげられているアートや文学、あるいは音楽活動やファッションに関心を持って、そういう文化現象をちゃんと受け取っていないとダメだ、ということをこういう強烈な言い方で表現したのだろう。

このときの状況にかなり腹をたてていたのである。しかし、木滑さんというのは元々はこういう強烈な人だった。社長になってから、さすがに公の場での毒舌は影を潜《ひそ》めた。

この過激な独白は小冊子では、25ページのこの科白、

今はどこもそう。過去の成功体験をもとにして
小手先で雑誌を作っている。
みんな慌てすぎなんですよね。
やりたいことをやっているというより、
何かに急かされているみたい。（3）

以下のふたつの言葉は辛辣な言い方ではないが、この『宝島』で語られた編集者たちへの〝退廃批判〟に通底している。

時代が変わるとき、古い観念からはなにも生まれない。柔軟な思考で、大胆な仮説に挑戦しよう。(4)

この会社には勉強のできる人はたくさんいるようだが、全般的にヒラメキのようなものが不足している。直感を鋭く磨こう。(4)

このふたつはそれぞれ、小冊子の27頁、31頁の発言。

自分が本当に面白いと思ったことを取材して、記事にする。その面白さで読者に人生や生活を考えさせる、それが木滑さんの雑誌編集の本質だった。そのことを最も過激に語ったのがこの記事だった。インタビューのなかで木滑さんがいっていた通り、あのときもタイトルも新しくして、全く新しい雑誌としてスタートすれば、あんな顚末《てんまつ》になることはなかっただろう。

前に一度、電通の雑誌局で長く雑誌媒体に関わった某氏を取材したことがあるのだが、その人はこの『パンチ』の改造のときのことをはっきり覚えていて、こういって懐かしんだ。

ボクはあのとき、大学四年生だったんです。もちろん、前の、アイドルを表紙にした『パンチ』も知っていたけど、作りかえて、ホントに面白い雑誌になったと思った。毎号、必ず買って持ち歩いて、好きなコラムを見つけて、何度も繰りかえして読んだ。何冊か作って、すぐに元にもどっちゃったけど、あの体裁でずっとやっていたら、いずれ必ず売れるようになったと思う。だって、面白い記事が多かったから。いま思うと、古い雑誌を改造してあれをやるんじゃなくて、新雑誌として創刊させたらよかったんじゃないですか。（5）

あらためていま、そんなことをいっても手遅れだが、ついに幻に終わったあの雑誌のことを考えると、ついつい心が乱れる。後年、リクルートが『R25』という、大都市圏の若いサラリーマン向けの、新商品の情報、広告がぎっしり入った、短いコラムを集めたフリーペーパーを創刊して大ヒットし、一世を風靡《ふうび》した。もしかしたら、あの雑誌がわたしが書いた企画書をもとに木滑サンが考えた新生の『平凡パンチ』のたどり着くべき形だったのではないか、そんなことを思う。

【註】
（1）この話の顚末については、わたしの著書のひとつである『編集の砦』の第六章、第七章を参考にしていただきたい。本のこの二章を読めば、だいたいのことはわかる。
（2）『宝島』1984年2月号P・94〜
（3）『編集会議』2004年5月号　P・9
（4）社内報『ろまん』第42号
（5）『編集の砦』P・448

木滑さんとの出会い　その二

　またしても自分のことを冒頭で書かねばならないのだが、一九八三年の七月から翌年の五月にかけての十カ月間はわたしの人生のなかで、一番の悲しみに満ちた時期だった。

『平凡パンチ』の改造で必死になっていた七月の終わりに、父から電話があり、母にステージ4の胃がんが見つかって、余命はおそらく十カ月、と宣告されたというのだった。

　この話はいまでもあらためて書くのが苦しい。それまで、［不幸］と呼べるほどの特別の不幸を経験していなかったわたしの、最初の、いまでもそのことが最大の悲しみだったといえる、そういう試練だった。わたしにできることはほとんどなくて、ひと月に一度、日本医科大で丸山ワクチンをもらい、それを両親の住んでいた福島県の郡山市の病院に届ける旅を繰りかえした。

　これは本当に辛い作業だった。

　連続して［死］にまつわる話なのだが、この年（一九八三年）の八月十三日のことである。この日のことをわたしは自著の『編集の砦』にこういうふうに書いている。


　八月に入って、十三日にまだ学生の身分で芥川賞の候補になった島田雅彦の自宅を訪ねてインタビュー取材をしている。そのころの彼は川崎市高津区の丘陵の斜面に建つ小さな建売住宅に住んでいた。まだ二十一歳の若者である。毎日つけていたわたしの「ノート」には、「小説の『死霊』に出てくる屋根裏部屋の思索者みたいな、観念の世界で必死に生きているような少年だった」と書いている。島田にはできれば、このあと、原稿書きを頼もうと思った記憶がある。しかし、すぐに『パンチ』自体がそういう文芸教養的なところから撤退しはじめてしまい、結局、彼といっしょに仕事することはなかった。

そして、わたしが島田にインタビューしていた同じ日（八月十三日）に、総務関係の担当重役だった常務の神谷章炳が亡くなっている。神谷さんは社のナンバー3で、実力者だった牧葉金之助が亡くなったあと、総務と経理の責任者になって、団交などでの組合との交渉を一手に引き受けていた人だった。いつも缶のピースを持ち歩いていて、美味しそうにタバコを吸うヘビースモーカーだったのだが、肺がんになって死んでいった。

神谷さんの葬式は太宰治、森鷗外の墓がある三鷹の禅林寺で、十六日に通夜が、十七日に告別式がおこなわれ、わたしは通夜に焼香した。このとき、通夜の席で木滑良久と初めて、ふたりだけで話をしている。この夜、台風が来ていた。この夜のことは「ノート」に記録

編集の砦
平凡出版とマガジンハウスの一万二〇〇〇日
塩澤幸登
木滑良久はこういっている。
「自分が面白いと思ったことをやるんだよ。自分が面白いと思うことが読者にもぜったい面白いんだっていう確信がなくてはいけないんだよ。
編集とは
少年時代の
体験と記憶の
追求である
河出書房新社　定価 本体3000円（税別）

自著。『編集の砦～平凡出版とマガジンハウスの1万2000日』　2014年刊、河出書房新社発売。編集現場の個人的な思い出話を中心に書いた。

がある。（1）


夜、台風が来ているという。天候は非常に不順である。すごい雨足の雨が降ったり止んだりしている。今夜は神谷さんのお通夜であった。入稿を済ませ、夜八時過ぎに三鷹の禅林寺を訪ねた。花がいっぱい飾られた葬儀の祭壇で、神谷さんがちょっとしかつめらしい顔をして、目線をカメラに向けた写真のなかでいつもの苦っぽい笑顔でいた。焼香はもうほとんどおわったあとで、葬儀屋が通路の片付けをはじめたところだった。焼香すると、不覚なことだが、涙が流れそうになった。おそらく［死］に敏感になっているのである。

それから通夜の宴席に入る。不思議なことに大広間になった通夜の席は、いくつかの集団に分かれて、みんな、てんでんバラバラに座っていた。例えば、永野、和賀、遠藤博迪サンなどの若手の、もと総務部員で神谷さんに手塩にかけられて育てられたグループ、それから斉藤茂、下村勝彦、岩永康さんなどの古くから神谷さんを知り（今度の人事異動で）退社したり、編集長から退任したりしたグループ、そして、木滑さんと甘糟さんは若い、今年入社した編集希望の新入社員たちに囲まれて、二人でなにかを話していた。おれはとにかく最初、和賀と永野のいるグループに加わったのだが、すぐに木滑サンに呼ばれて、甘糟さんを紹介された。甘糟さんとはこれが初めての同席だった。

この席で木滑良久はおれにこういった。

「石川次郎がね、おたくのことを見て、［あいついいね、『ブルータス』に欲しいな。『ブルータス』の創刊メンバーまちがえたんじゃないの」っていっていたよ。芸能、何年やっていたの？十三年？よく我慢したなぁ、ホントにウチは適材適所じゃない。そう思わない？」

この席でおれは彼に母親がガンで死にそうだということを打ち明けた。キナさんは人間の生き死には運命だからな、しょうがないよといって、慰めてくれた。

この出会いには後日談がある。わたしはあの日、木滑さんがいった「次郎がいっしょに仕事したいっていっていたよ」というセリフはわたしに空気を入れるための、キナさん一流の、一種のヨイショではなかったかのではないかと訝《いぶか》った。ある日、石川次郎にインタビューしている最中に、この話を思い出して、「ジロさん、オレ、昔、キナさんからこんなこといわれたことがあるんですよ」と、その時のことを記録したノートを見せて聞いたことがある。石川はわたしの書いたノートを見ながら「確かにお前のことは、キナさんとの話でそういうようなことをいった記憶があるよ。それもあるけど、キナさんから『パンチ』をやってくれっていわれたときに、アイツ、『パンチ』にいるんでしょって、聞いた記憶がある。シオザワがあのとき、なにやっていたか知らないけど、なんとなく雰囲気でわかっていて気になっていたんだよ」というようなことをいっていた。こんなふうに、わたしは社内の自然な流れのなかで木滑さんの雑誌作りの一員として〝キナメリ人脈〟に組み込まれていいったのだった。

そしてその通夜の晩から十日後、八月二十三日に組織改革と人事異動の発表があり、わたしは『パンチ』編集部の特集キャップの内示を受けた。


組織改革というのは、それまで組合との協定があり、役職者は社員の三分の一と決まっていたのだが、従前の役職者が高齢化して編集能力を低下させ、若手の社員たちが力をつけてきて実力が逆転して、組織の管理機能がうまくいかなくなるという［危機症状］が編集組織を中心にいろいろなところに出ていた。会社はそれが新しいものを作る障害になって、雑誌もマンネリ化するという陥穽《かんせい》に落ち込んでいると分析していた。

会社はそういうダメになってしまった社員を予備役に編入し、力をつけた若手に活躍の場を与えるために、役職制度を二重構造にして、［機能職］（実務担当）と［待遇職］（予備役役職者）に分け、編集部を再編成しようとしたのである。待遇職に追いやられる役職者の不平を宥《なだ》めるために、それぞれの役職手当は機能職も待遇職も同じにした。要するに、能力は給料に関係がないのである。この組織改革に合わせて、人事異動があり、わたしは機能職の係長に昇格し、何人かの部下を持つことになった。ノートのつづき。

編集部は組織的には特集デスクが三班、キャップが三人つくられた。

『ブルータス』から異動してきたタケチ（武智京太郎）、内部昇格のトサ（土佐豊）、そしてわたし。わたしをキャップに抜擢昇格させたことを目立たなくした昇格だった。

人事的にはキャップ三人を競わせようという戦略である。わたしはこういうふうに、同僚と出世競争をさせられるのが大嫌いだった。

会社はしかし別の考え方で、シオザワに本当に新しいものを作る力があるのなら、それをいまからやってみせろ、という役職者昇格だったのだろう。

しかし、会社がわたしを同僚の編集者と能力を競わせる気なら、最初から降りる、それがわたしのプライドだった。そのへんの独善で凝り固まった編集者と出世競争なんかしたくなかった。それでも副編集長になり、編集長になるためには部下を使いこなして見せなければならず、いずれ、なにか雑誌の編集長になりたいとは思っていたが、人と管理能力の競争をさせられるのも気に食わなかったし、部下なんかホントは持ちたくなかったが、現実に雑誌は作りつづけなければならなかったし、部下になった編集者たち（わたしのデスクには若手の社員編集者たちが集められた）はわたしの指示を理解して、よく働いてくれた。

すべては会社の方針でやむを得ないことだった。それに、部下がいることは、死病の肉親を抱えている身にとっては、指示だけ出してあとは部下に任せる、というような仕事の仕方もできた。それで気が楽になるというわけではなかったし、取材もせず文章も書かないで、編集の指示だけ出すという状態がわたしにとっていいか悪いかも単純には判断できなかったが、仕事の忙しさで苦しむことは避けられた。

けれども、こうして、新しく出来上がった新・編集部は順調な機能からはほど遠かった。編集部内でのトラブルが続出した。わたしが覚えている内輪揉めでは、もうずいぶん昔のことだから実名で書くのだが、キャップのトサがOKした原稿に副編のオーシマがNGを出して書き直しを指示すると、トサは「オレがいいっていっているんだから、このままでいいじゃないか」と真正面から対立したことがあった。トサは始終オーシマともめていて、編集部には一触即発的な空気が漂った。トサは現状に相当の不満を持っていて、公然と木滑さんを「こんな雑誌にしやがって」と批判する始末だった。

また、会議の席上で、これもわたしといっしょにキャップになったタケベ（武部一之。この人は確か定例デスクのキャップになった人だったと思う）という人物が編集会議の席上で「読み方もわからないような難しい言葉を使って小見出しをつけている。こんな難しいことを書いたって読者にゃわからない。もっとみんなにわかりやすい雑誌を作るべきだ」と、木滑さんの編集方針を公然と批判した。そして、キナさんに「それは傍観しているからなにをやっているかわからないんだよ。積極的に参加して理解してもらいたいんだよ。いまパンチに書いてあることが面白いと思ってもらえる人たちを読者にして数を増やしていくんだよ」と切り返される始末だった。

編集部のなかには、どうして雑誌を作り変えなきゃならないのか、あのままの『パンチ』

でいいじゃないか、エロとかグロとかいったって、それが人間の本質じゃないか、どうしてそれがダメなんだと、改造前の、木滑さんが「家に持ち帰って、女房子どもに見せられない」という『パンチ』を肯定する人たちが何人もいたのである。しかし、それではどうすれば部数を回復できるか、という問題になると、誰もなにもいえなかった。

編集部の状態は木滑さんが理想にしている、編集者みんなのエネルギーをひとつにして、読者の生活を変えてしまうような雑誌を作るという理想からはほど遠く、ボロボロだった。

わたしについていうと、たぶん会社はこの人事異動でわたしを出世街道に乗せた、と考えていたのだろう。あとは結果を出し実績を積んで、部下にいい仕事をさせて見せればよかった。

このとき、女性雑誌の編集部では、淀川美代子が『アンアン』（『オリーブ』に異動してだったかもしれない）のキャップに昇格したことを覚えている。

こういう状態のなかで、十月だったと思うが、わたしは会社からの業務命令でヨーロッパへの出張を命じられた。スポーツメーカーのミズノが、ギリシアのロードス島で10キロマラソンのイベントを行い、それにパリ旅行を絡ませたツアーを募集した。応募した人たちと歌手の西城秀樹と、そのころ、『アンアン』の表紙にたびたび登場していたモデルの甲田益也子を連れて、マガジンハウスを代表してツアーに参加して『アンアン』と『週刊平凡』の取材をしてこい、向こうでなにか、『パンチ』の企画を思いついたら、それもやってきてかまわない、という話だった。

この話は編集長代理のコダイラ氏がいってきたことで、わたしは最初、母親のことがあるので、「外国取材は勘弁して」と断ったのだが、「お前しかいないんだよ」といわれ、しぶしぶ了承し、母の容態を気にかけながら、ヨーロッパに十日間ほどのスケジュールで取材旅行に出かけた。

これは何十年も前のことだが、いまだに、会社が瀕死の病人を抱えているのを知りながら、なぜそういう人間をマガジンハウスの代表として海外取材にいかせたのか、それがわからない。多分、編集部というか、会社のなかでわたしを特別待遇するという木滑さんの意向を汲んだ編集局総体の意思表示だったのではないか。そして、無事に帰国したあと、しばらくして、木滑サンに呼び出された。このとき、キナさんはこういったのである。

シオザワ、悪いけどオレは、『パンチ』からいなくなるよ。実は、椎根（椎根和）が『週刊平凡』で大苦戦しているんだよ。それでちょっと、手伝いにいってやりたいんだ。お前はちょっとガマンして待ってろ。もうちょっとしたら、オレのようなヒョロヒョロダマじゃない、ものすごい豪速球を投げるヤツを『パンチ』に連れてきてやるよ。

豪速球を投げる、スゴイヤツ？

これは確かに、『週刊平凡』の改造が不調で、椎根がキナさんに助けを求めているということがあったのだろうが、もう一つは、『パンチ』の自分的な発想による作り変えをあきらめて、改革を手放した、ということもあったのだろう。前出した『宝島』のインタビューでも、コラム・マガジンになった『パンチ』について、こういうふうに発言している。

実際につまらない雑誌です。まだ全然面白くない。ボクがそう思っているんです。だから売れないわけです。支持してくれる優しい人たちは意外にも多くいましたね。でも、面白い雑誌になっていない。（2）


これはまず、この問題に対しての自分の考えの甘さを責めて、こういっていたのだろう。

木滑さんは、この時点でコラムマガジンという体裁をあきらめたのだろう。

そして、次の新しい考え方をして作る『パンチ』を自分がまた、リーダーシップをとって進めるわけにはいかないと考えたのだろう。おそらくこれは、十月から十一月にかけての決断で、わたしがヨーロッパに出張しているあいだに決まったことだった。

このときの状況を思い出すと、たぶん木滑さんはわたしを中心にした『平凡パンチ』の改造をあきらめて、『週刊平凡』の改造に専念して、『パンチ』のことはみんな（編集長代理の小平さんや副編集長の大島さん）に「あとは任せるから、みんなでなんとかしてよ」というようなことをいって、いなくなったのではないか。

そういう経緯で編集部は、身分は編集長代理だが、実質、小平さんが編集内容を塩梅《あんばい》することになった。「なった」と書くより、小平さんも格別、新しい方針を示すわけではなく、改造前の『パンチ』にもどったと書いた方がいいかもしれない。そして、それで往年の売れ行きがもどるのであれば、そのまま小平さんが編集長に復帰する、という筋書きだったのかもしれない。

そうするとわたしは完全な邪魔者である。

このとき、あとから聞いたエピソードがある。それは元総務部で、社内の機密に異常に精通していた地獄耳の（わたしの部下の）ナガノ（永野啓吾）から聞いた話なのだが、十二月十五日の役員会で、『パンチ』から手を引いて『週刊平凡』の編集長に専念しようとした木滑さんを更迭しようとする動き、つまり、［クーデター］があり、それが未遂に終わったというのだ。

わたしが記録した当時の［ノート］にはこういう記述がある。

この話はおそらく事実だと思う。ノートに書いて、記録しておかなければならない。

社内に流されている噂によれば、窪田専務と甘糟氏が組んで、木滑さん追い落としのクーデター劇があったのだという。その背景には、先日の組織改革で失脚した伊勢田さん復権の目論見《もくろみ》があり、週刊平凡と平凡パンチの編集の主導権争いがあったのだという。

会社のなかには幾つかの人脈がいまもうねるように存在している。そのなかで、昨年春（八十三年の春闘席上で）の社長の大構想（社名変更と二大週刊誌のリニューアル）が発表された。それまで、編集局は三頭体制が引かれていた。木滑が『ポパイ』と『ブルータス』、伊勢田さんが月刊『平凡』、『週刊平凡』、『平凡パンチ』の三誌、甘糟が『アンアン』、『クロワッサン』、『ダカーポ』という分担である。それが、伊勢田さんに平凡三誌の部数凋落の責任を取らせ、編集局長から更迭し、そのリニュアルを木滑さんが担当するという話になったのだった。このリニューアルが成功すれば、次期社長は木滑という道が自然と開けるはずで、清水社長もそういうふうに考えて、この形にしたのだった。

ここまでのことをちょっと解説する。

このとき、木滑さんはそれまでオリーブの責任者をやっていた（確か編集長ではなかったと思う）椎根和を『週刊平凡』の編集長にしたのである。この『改造・週刊平凡』は雑誌のタイトルを［HEIBON］と横文字に改題したもので、確かセレブリティ・マガジンと銘打ったインタビュー雑誌だった。しかしこれは、田舎者が最新流行のファッションを身にまとって書店の店頭に現れた（いっては悪いが、椎根そのものの）ような体裁の雑誌で、ぜんぜんうまくいかなかった。この失敗がキナさんの責任だとして、追求されたのである。（2）

このとき、わたしのところに届いた噂話では、甘糟さんが一枚噛んだことになっていたのだが、甘糟さんというのはかなり冷静というか、利口な人で、清水さんと木滑さん、木滑さんと自分の関係をよくわかっていたはずである。清水さんのあとを襲《おそ》って社長になりたくてしょうがない窪田専務の肩を［素朴に］持つものなのかどうか。たぶん、その説も一利ある、とうなずいただけのことではないか。ただ、伊勢田さんにはそれなりのヴィジョンがあったのではないかと思う。もし、この［クーデター］が成功していたら、木滑さんの社長という話はなかったかもしれない。

ノートの抜粋をつづけよう。

株主総会を兼ねた十二月十五日の役員会の時期は週刊誌部門の改造の半年後の答えが、ギリギリで出たところだった。『改造・週刊平凡』はもうヨレヨレで勝ち目がなく、パンチの方は動き始めた。まだはっきりした数字は出ていないが、今週号の『パンチ』、モデル店の調査では販売率75パーセントだという。(3)
伊勢田さんが編集から締め出されたことに対する巻き返しは相当に強烈なものがあったに違いない。役員会で、窪田専務がその問題をどんな形で持ち出したのかもわからない。けれども、木滑サンはその前日から翌日の役員会でその話が出るということを事前に察知していて、この会議をトンズラして姿を見せなかったらしい。そして、永野の説によれば、このことを木滑サンにひそかに事前に伝えたのは社長室長のミノちゃん(三浦実)だったのではないか、というのだ。ミノちゃんからすれば、専務や甘糟さんよりキナさんの方がまだいい、個人的にキナさんを好きだ、ということがあったのだろう。この話は、窪田専務の「『週刊平凡』は木滑くんじゃ無理じゃないか。木滑くんより伊勢田くんの方がいいんじゃないか」という専務の説明に「なぜ木滑くんじゃダメなのかね」という社長の反論で一切は幕を閉じたのだという。

わたしは役員会というものに出席したことがないから、どうなっているかよくわからないが、この話から推測すると、会議の進行役は専務で、専務が懸案についての自分の考えを説明し、誰もそれに異論がなければそれで決定となる、という形で進行していたのではないか。窪田さんの腹案では『週刊平凡』の編集長は木滑さんではなく伊勢田さんにやらせる、という目論見だったのを、社長がたたきつぶした。

おそらくだが、ミノちゃんがキナさんに「こういう話があるよ」とタレコミするくらいだから、確証があるわけではないが、同じ話を清水さん（社長）にも「次の役員会でこういう話が出るみたいですよ」と報告していたのではないか。

清水社長としては、伊勢田さんの復権は絶対にあり得ないことだったのだろう。

伊勢田さんというのは昭和二十年代に入社した人で、社歴は木滑さんや甘糟さんより古かった。一九七〇年以降に木滑さん（正確にはヤスダさん［安田富雄］）のあとを受けて『平凡パンチ』の編集長になって、キナさんが作った『パンチ』の形を大幅に崩して、ポルノ女優のヌードグラビアとかセクシャルな活版記事で、発行部数を再び百万部に押し上げた編集者だった。

売れればなんでもいい、というような考え方をする、代表的な編集者だったのだと思う。わたしが覚えているエピソードでは、これは野坂昭如さん本人に聞いたことなのだが、ある夜、銀座のバーに呼ばれて、伊勢田さんから直接「野坂さん、天皇陛下のことと創価学会のことは書かないでください」といわれたという。野坂さんはこれにコチンときて、『パンチ』から降りてしまう。これは直木賞までとった流行作家にそんなことをいったら、怒るに決まっている。

こういう微妙なことはなにかやりようがあるはずだ。編集感覚になにかが足りないのである。傲慢というか、自信家というか、人と相対するときの間合いが間違っている、そういう印象がある。

清水さんはいつもは無口なひとだった。あまり感情を剥き出しにしなかったが、そういうことにはものすごく敏感だった。この話に登場する人たちすべてが鬼籍に入っている。

遥かに遠い昔の出来事だが、過去は記録されなければ歴史にならないといったのはE・H・カーだったと思う。これらの一連の挿話も膨大な過去の堆積のなかの小さな砂粒のような事件だが、木滑さんとマガジンハウスにとっては運命の分かれ道のような出来事だった。これも歴史である。わたしが記録しておかなければ、そんなことが起こったことも忘れられてしまうだろう。

木滑さんは前出の『宝島』のインタビューで、「このあと、『パンチ』はどうなるんですか」と聞かれて、こう答えている。

もう一回ね、やり直してみたいと思っているんです。新雑誌だったらそこそこ成功のラインかも知れなかったけど、やっぱり『平凡』『パンチ』というタイトルを引きずっていくのだったら、もう少し変えようはあったなって反省しています。いま慌《あわ》ててピシャピシャ変えても節操がないから、じっくり構えてやろうと思っているんですよ。（2）

そして、木滑さんがいなくなったあとの『パンチ』は一種の無政府状態で、編集方針は《お前たちの好き勝手やれ！》というような話で、わたしは読み物ではギリシア出張のときに一日がかりで尋ねたオイディプス王の悲劇が語り継がれるテーベの街のレポート、新潟の風土と田中角栄の関係性を考察したレポートなどを書いた記憶がある。

ビジュアルのページでは、当時、新宿の歌舞伎町などでノーパン喫茶というのが大流行していたのだが、そこのウェイトレスたちは全裸に下半身だけエプロンで隠すという衝撃的なカッコをしていた。これに目をつけて１００人くらいにオッパイだけの写真を撮らせてもらって『オッパイがイッパイ』というタイトルのページを作った。彼女たちは顔出しはＮＧだったが、オッパイの撮影はＯＫだった。これは、風俗レポートとしては相当に過激なページで、このページを見て、社長が怒り狂ったという話を聞いているが、その怒りはわたしのところまでは降りてこなかった。そして、年が明けて、ノートに一月十八日の日付で、こんな記録がある。

今日、木滑さんとトイレですれ違ったときにポツリと、「最初よく見えたんだけど、このごろ全然ダメなんだよね」といわれた。いったいなんのことかわからないのだが、もしかして、これはオレのことをそういったのではないかと思ってみたりしている。

このころの木滑さんはあまり政治的な配慮などはなく、いっしょに仕事が出来そうな人間とコイツはダメだなと考えた人間をシビアに峻別《しゅんべつ》していた。そして、わたしに対しては、いつもこういう［意味深］というか［意味不明］なことをいう人だった。《オレがいったことの意味を自分で考えろ！》というような意味だったのではないか。

一月十八日のノートはつづいて、次のように書いている。

もし、これがオレのことを言っているのだとしたら、オレはどうしたらいいのだろう。自分で自分について見えている状況と、他人が自分のことを見た情況とは往々にして、大幅に食いちがっている。もし木滑さんがオレのことを「ダメだ」といっているのだとしたら、一体、オレはどこが全然ダメに見えるようになってしまったのだろう。

結局、この問題のヒントは〝面白がる精神〟にあると思うのだが、オレは面白がる精神を喪失してしまったのだろうか。自分ではわからなくなってしまった。ただ、オレは自分なりに面白がっているつもりなのだが。

死にそうな母親を抱えていて、現実を面白がれというのも、思えば、相当に無理な相談なのだが。実は、このときではないが、この二年後の正月、どこかのホテルで新年のパーティーがあったのだが、そこで木滑さんと同席してこんなふうにいわれた。一九八六年の一月十八日である。これはかなり具体的なもののいいだった。これもノートに記録があった。

新年パーティーあり。目からウロコが落ちるように、いろいろとわかり始めてきた。木滑さんにいろんなことをいわれた。お前は大事なところで引いちゃうからいけないんだといわれた。もし、会社に入ってから、ずっと俺についていれば、大編集者になれたはずだとか、新堀や伊勢田の人の使い方が良くなかったんだともいわれた。ストライクゾーンの話をして怒られた。ストライクゾーンの話というのは、「ボクはキャッチャーの言う通りに投げるピッチャーなんです。だから、零点に抑えるのも、ボコボコに打たれるのもキャッチャー次第なんです」というようなことである。だが、これは〈いわれた通りに働くだけです〉という意味なのだ。木滑さんはそれを無責任だと考えて、それがオレが編集者として一番ダメな部分だといったのだ。

〈お前は〉いいものを持っているんだけど、悪いクセがあって〈そのクセが〉とれない。下の者が上の者にこうしましょうよっていって、そうしちゃう方が面白いものが作れるんだ。

俺が清水社長といっしょに仕事してきたときもずっとそうだったんだから、といわれた。それから『改造・パンチ』の話になった。やはり、木滑さんはオレを中心に据えた戦略を考えたのだという。文字の部分をオレに受け持たせて、それじゃ写真を誰に考えさせるか、ということを考えたときに、絶望したのだという。『パンチ』はやっぱりダメだと思ったのだという。俺についてきてくれたのはお前だけだったともいわれた。

なにしろもう四十年も前のうろ覚えの記憶なのだが、このときは、パーティーのあと、キナさんと石川次郎と三人で六本木のスナック(確か、華道家の栗崎昇さんがやっていた『西の木』だったと思う)にいって、三人で飲んだのだと思う。このころのわたしは『ターザン』創刊のために石川次郎といっしょに『パンチ』から新雑誌準備室に異動していた。

その夜のキナさんはかなり饒舌だった。話はマガジンハウスをどうしようと考えているか、ということに及び、木滑さんはそこでも、かなり過激なことをいっている。

木滑さんは「いま考えているのは、フジテレビが『小川宏ショー』とか『銭形平次』とか『スター千一夜』の放送を打ち切ったようにマガジンハウスも月刊『平凡』や『週刊平凡』を切り捨てたらカッコいいなということだよ。『パンチ』はまだちょっと利用価値があるかな、と思うけどね」といった。「お前は重すぎる。真面目すぎるんだよ」とも言われた。

キナさんからはシビアなことをいろいろ言われたが、オレが紛れもなく、幸運な、恵まれた場所にいることだけは確かだと思う（キナさんからは、よくお前、『週刊平凡』なんかにいたなあ、と繰りかえしいわれた）。悪いクセがあるというけど、ぼくは自分が置かれた環境で、自分の形を崩さないようにするには、そういう考え方をして仕事しているより他になかったんです、他にどういう方法があったんですか、と切り返した。

木滑さんは「やっぱり新しいことを始めるときは、自分がやりたいことをやるためには、オレの好きなスタッフを集めるより仕方ないということだったんだよね。そういうことやると、また、まわりから恣意的《しいてき》だって批判されるんだよ」といって、しみじみしていた。

「オレは一度でいいから、お前が自由に飛び跳ねているところを見たいんだよ」ともいって

雑誌『BRUTUS』創刊1980年7月号と『TARZAN』創刊1986年4月発売号。『BRUTUS』創刊号は発行部数23万部に対し実売は16万部、モデル店の調査販売率71パーセントと創刊号にしてはまずまずだった。『TARZAN』の創刊号は確かもうちょっと数字が悪かったと思う。

いた。そばでこの話を聞いていた石川次郎がニコニコ笑いながら「オレはシオザワが『パンチ』で自由に飛び跳ねているところを見ているからね」といった。

思えば、すでにこのとき、芸能雑誌二誌の廃刊を考えていたのだろう。

話を八十三年の年末に戻すのだが、その五カ月後、五月の初めにわたしは母親に死なれた。忌引きの休暇を一週間とらせてもらい、出社したのが五月二十日。

同じ日に人事異動が発表になり、石川次郎が『平凡パンチ』の編集長になった。木滑さんがいった［豪速球を投げるヤツ］というのは石川次郎のことだった。

【註】

（1）『編集の砦』２０１４年刊　河出書房新社　塩澤幸登著　P・４４３

（2）『宝島』１９８４年２月号Ｐ・94～

（3）年明けに『週刊平凡』の編集長に復帰した木滑さんは［猫の好きな人のための週刊誌］というユニークな切り口で雑誌を作り替えようとするが、何かの記事で動物愛護団体からクレームをつけられ、編集方針を転換せざるを得なくなる。そのあとを甘糟さん、吉森規子（『クロワッサン』編集長）が編集長を担当するがうまくいかず、最後は、元々、『週刊平凡』の副編集長でわたしの上司だった遠藤顕一が編集長に就任するが、これも不調に終わり、一九八九年五月、石原裕次郎が死に、美空ひばりの死に前後して廃刊になっている。

（3）この75パーセントは発行部数の調整があっての75パーセントだったと思う。このとき発行部数が何部だったか、はっきりした記憶がないが、新雑誌として創刊したのであれば、20万部くらいでも、読者層が新しく、返本率が25パーセントだったら十分に広告の出稿も望めるし、やりようがあったと思うが、一冊の予算を固定費（社員の給料やフリーの原稿料などのこと）も含めて、おそらく三千万円くらいで作っていて、それに変動費（印刷・製本代のこと）がかかるのだから、とても採算点には辿り着けない状況だった。

『マガジンハウスを創った男　岩堀喜之助』2008年刊　新井恵美子著と清水達夫が書いた1985年刊『二人で一人の物語　マガジンハウスの雑誌づくり』。マガジンハウス（平凡出版）創業者ふたりの記録本。いずれも出版ニュース社から出版されました。最重要資料です。

一九八三年から八十五年にかけて

一九八三年は特別な一年だった。

わたしが母の死病を知ったのもこの年（亡くなったのは翌年の五月である）だったし、木滑さんといっしょに仕事することになったのも、役職者になり、『平凡パンチ』編集部の特集キャップになったのもこの年のことだった。

個人的なことからはなれるが、平凡出版がマガジンハウスと社名変更したのもこの年だ。

この年、もうひとつ、忘れられない経験がある。フランスの哲学者J・ボードリヤールが書いた『象徴交換と死』という本の日本語訳がこの前年（一九八二年）の十月に筑摩書房から出版されて、わたしはこの本を八十三年二月に買って読んだ。

J・ボードリヤールはなじみのない人もいるかもしれないが、現代の資本主義社会は［生産］が経済を規定するのではなく、［消費］が経済、つまり社会の基本を動かす第一要因になっているとして、社会の（資本の）生産と消費の逆転現象を、おそらく初めて指摘した人だった。

わたしはこの本のあと、やつぎばやに彼の著作『シミュラークルとシミュレーション』（法政大学出版）、『消費社会の神話と構造』（紀伊國屋書店）を読んで、自分が立脚している場所がどんなところで、どんなことをやっているのか、はっきりわかったような気がした。ボードリヤールの本に何が書いてあったか、ちょろっと引用して、ハイわかりましたというような、簡単に理解できるような本ではないのだが、それでもどんなことが書いてあるか、一部を引用すると、こういうことを書いている。

（註＝かつてそう考えられていたような）諸君が自分の生活から乱暴に引き離されて機械の手にひきわたされるようなことは、もうないはずだ。諸君は、幼児体験、癖、人間関係、無意識的衝動、仕事嫌いなどと折りあいをつけることができるし、諸君にはそれらすべてとともに、一つの地位を見つけてもらえるだろう。人格化された仕事か、それがない場合には、諸君の個人的な方程式に応じて計算された失業手当か、いずれかが与えられるだろう。いずれにしても諸君はもう見捨てられることはない。本質的なことはこうだ——各人は網の目全体の末端、微細な末端であるが、やはり網の目の項（テルム）であるということだ。とりわけ、それぞれがはっきりしない呼び声ではなく、言語の項であって、しかも言語の構造的網目の末端にある項なのである。仕事の選択、各人なりの仕事のユー

ジャン・ボードリヤールの『象徴交換と死』1982年筑摩書房刊。翻訳を担当したのは今村仁司と塚原史。

トピアが意味していることは、ゲームは進行中で、受け入れ構造は全面的だ、ということである。労働力は売られるのでも、残酷な仕方で買われるのでもない。労働力は、自らデザインし、市場調査を行い、あきないする。生産は消費の記号システムと一体になる。分析の第一段階は、消費の領域を生産諸力の拡大とみなすことであった。今やその反対のことをやる必要がある。生産・労働・生産諸力の全領域は、一般化された公理系、記号のコード化された交換、生活の一番的デザインの領域とみなされる「消費」の領域のなかで上下運動をするものだと考えなくてはならない。消費の領域に入り込むのは知、知識、態度、だけではない。性、身体、想像力も同じことで、それに無意識や革命だってそうなのだ。（1）

ボードリヤールは［消費］を［生活のためのデザイン］と規定していたのだった。

これらの文章を読んで、わたしは自分たちが作っている雑誌は、モノの文化を追求することで得られる［幸福］の実現と体感を表現して、怒涛のような消費の大波を雑誌という水路を使って安穏《あんのん》に合目的の場に導くためのメディアなのだと思った。

編集者は大衆に豊かな生活を実現させる、そのための水先案内人なのだと了解できた。

わたしはそういう波浪に揉まれる海原の真っ只中にいるのだと思った。

そして、そういう立場にいる人間の責任を自覚した。

その最中に初めて、木滑さんと出会ったのである。

自分は一体どういうところにいるのだろう。入社して以来、わたしはそのことをずっと考えつづけていたが、よくわからなかった。木滑さんは「芸能なんてオレは大嫌いだよ」といったが、わたしは好きというのとはちょっと違っていたが、芸能が面白くて仕方なかった。

月刊の『平凡』をやっているときはオチャラケで書く文章が活字になって読者（子供の）が面白がるのが楽しかったし、可愛い女の子のアイドルと知り合いになって、その子たちから「シオザワさんてステキですね」とかいわれるのがうれしかった。

『週刊平凡』に移ってからは、タレントの商品価値ということを考え始めて、タレントたち（有名芸能人）のスキャンダルは人間そのものに商品価値が乗り移ったことで起こる悲劇なのだと、マルクス経済学みたいなことを考えるようになり、取材活動が自分の考えを深めるフィールド・ワークのような気がして、彼らを取材しインタビューして、心理を探るのが面白かった。だから、そのころの自分を人は芸能記者だったというかもしれないが、自分では芸能そのものにのめり込んでいるという意識はなかった。特ダネをとらなければなどと考えたことは一度もなかった。自分も含めてだが、人間て面白いなといつも考えた。

自分の編集している雑誌が、古い、歴史のあるものだということはわかっていたが、まさか、その雑誌が正統であるという自覚はなかった。

そして、翌年（八十四年）の春先だったと思うが、『アンアン』に吉本隆明がコムデギャルソンの服をまとって登場し、出版界だけの話ではなくて、論壇でも大騒ぎになった。

吉本隆明はまずファッションを人間にとって楽しいものとして肯定し、『アンアン』が依って立っていた［消費文化］を生活の重要な要素だと考えた。社会が豊かになり、一人ひとりの人間がその豊かさを自分の力に応じて受け取ることのできるようになった情況（資本のなせるわざ）を頭から否定することはできない。

たとえこの社会に立ちこめている幸福が幻想であれ、その幻想を自分が幸福だと実感しているのであれば、それは［それなりの現実］であり、それを大衆が肯定するのならば、自分もそれを肯定しなければならないと考えたのだろう。（2）

これを文学者としての［堕落《だらく》］ではないかと論難《ろんなん》したのが『幻想としての政治』や『死霊』の著者である埴谷雄高だった。埴谷は「資本主義のぼったくり商品を着てうれしがっている」と批判したのである。文芸評論家の加藤典洋は『敗戦後論』という著作のなかで、吉本隆明のこの話を次のように論じている。

一九八〇年代に入ると、この時まで戦後文学の批判の中にあって例外的にその蚊帳の外にあった埴谷雄高と、第三次の論争で奥野（奥野健男＝文芸評論家）を擁護する形で『政治と文学』なんてものはない」を書き、自分は新左翼的立場から戦後文学批判を行なってきた吉本隆明の間で、世に「コム・デ・ギャルソン」論争と呼ばれる、第四次の「政治と文学」論争が起こる（一九八五年）。おりしも一九八二年には埴谷雄高から奥野健男を含んで大江健三郎まで、広範な文学者を巻き込む文学者反核署名の運動が日本を席巻していた。ここに時代に追い抜かれた文学者の反動的な身ぶりを見た吉本隆明が、これを批判し、これを受ける形で、三年後、この吉本の主張に左翼性の拡散を見た埴谷が、その吉本に反論を寄せるのである。（３）

いまから思えば、あのころは文学が政治を変えることができるかもしれないという《幻想》を《現実》として論じることのできた幸せな時代だったのかもしれない。いま、ここではこの論争のなかにこれ以上深入りすることはしない。加藤典洋は「埴谷は吉本のこの主張に左翼性の拡散を見た」＝《日和《ひよ》って迎合したという意味》と書いているが、このことでマガジンハウスが永年にわたりかかわってきた大衆文化が戦後の日本文化の首座に座った、ここから、この国の文化が大衆一人一人のものになった、とわたしは考えている。それはこういうことである。

高度経済成長によって国民総体が豊かになり、一人ひとりの人間が生きていくための基準が激変した。それまで、人生にとって一番大切なのは、社会的成功や立身出世と考えてきた人生観はそっくりひっくり返されて、重要なのは夫婦、家族での幸福な生活なのだという考え方が、マガジンハウスが先頭に立って作り出した雑誌（ライフスタイルマガジンと呼ばれる雑誌）によって現実になっていったのだった。

豊かな生活をどう作ればいいのか、そのことを涵養《かんよう》し、こんな暮らし方がある、こんな生き方があると、大衆に教授したのが、芸能雑誌や漫画やテレビドラマ（つまり、これらが大衆文化）だったのだ。その代表がマガジンハウスが矢継ぎ早に創刊した横文字タイトルの新雑誌だったのである。

これを肯定し、受容しなければ、社会は前に進むことができなかった。

そして、マガジンハウス（平凡出版）が出版界でどんな地位を占めるのかをさらに明確な形ではっきりさせたのは、吉本と埴谷の間で論争が繰り広げられた翌年、八十五年に刊行された『朝日ジャーナル』の別冊だった。それは臨時増刊号で［雑誌の世界１２００冊を読む］とタイトルした大特集本だった。その雑誌の巻頭に編集長である筑紫哲也と作家・井上ひさしがおこなった対談のページがあった。このなかで、二人はこんな会話を交わしていた。

筑紫　わたしは編集者というものを長年（自分でも）やったり見たりしてきたし、ある時期には自分が雑文を書く側に回ったりもする、ピッチャーとキャッチャーの両方の役割をやってきたわけで、そこで見てますと、あるべき編集者というか、優れた編集者というのは確かにいるんですね。たとえば、戦後の雑誌は大ざっぱないい方をすれば平凡出版、今のマガジンハウスが作ってきたと思うんですよ。で、集英社とかのメジャーがそれをフォローして、ブラッシュアップすることによって雑誌が広がっていった。だから、いわゆるマスマガジンのスタイルはマガジンハウスがずいぶん作ってきた。

具体的には、清水達夫さんという社長さんがいちばん偉いと思うんですが、戦後の歴史を考える場合、その下でやってこられた甘糟章さんと木滑良久さんのお二人は欠かせない人物ですね。そういう人たちを含めて、これは面白いと思う。あるいは業界の中で評価のある編集者や編集長は、絶えず世の中について仮説を組み立てながら雑誌をつくっている。その仮説が当たったときに雑誌は売れるんですね。ただ、その仮説は多分に独断に基づいている。だから、その仮説が違っちゃう場合もあるわけで、当たらないと、「この仮説は違うんだな」ということで積み木を崩して、別の積み木でまた建物を建ててみる。雑誌はこの繰り返しじゃないかという気がする。（略）

ただ、その仮説を最初に組み立て積み木を積んで見せる人は実に少数でして、一人がうまく積んだことを後の人が真似る。ほとんどの場合、真似をすることによって雑誌ができていく。だからいま、これだけ雑誌が栄えているように見えても、それぞれの雑誌が、みな違う味を出しているかというと、意外に均一なんじゃないか。

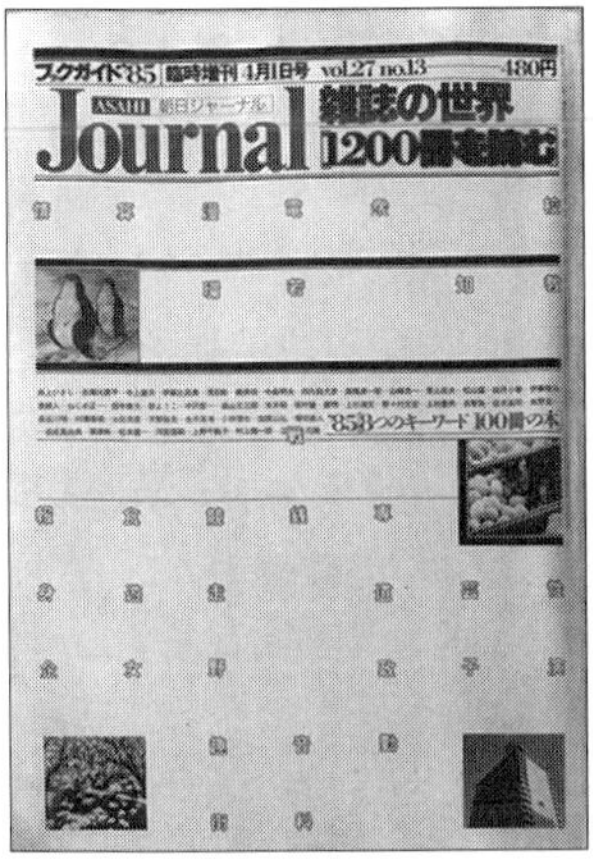

『朝日ジャーナル』1985年4月1日号臨時増刊「雑誌の世界1200冊を読む」。巻頭の対談は同誌の編集長の筑紫哲也と作家・井上ひさし。1980年代という雑誌全盛期の記念すべき特集号である。

井上　そうですね。狭い幅の中での多様性というのが現在の雑誌の特徴でしょう。いま平凡出版のお二人の名前を出されたけれど、僕はその仮説は編集者の趣味でできているような気がする。これはものを書くときも結局は同じですし、芝居をやるときも同じなんですけど、自分だったらどういう物語を読みたいかとか、どういう芝居を見たいかというものをしっかり持っている人ですね。自分を絶えずたたいて、自分の趣味を磨いている人が、そこでちょっとある質的な転換が起こりますけど、自分の趣味のために作った雑誌は、やっぱり読者を集めるという気がするんです。いまの甘糟さんと木滑さんのほかに、例えば、(雑誌の『ヒッチコックマガジン』を作った)小林信彦さんですね。いまは作家だけれども。(略)優れた編集者というのは自分の趣味を持っていて、それをこつこつ磨いている。その表現が雑誌の編集になる。そう単純に考えることにしているんです。まあ、趣味っていうのは幅の狭い言葉ですけれど、世界観でもなんでもいいんです。いまはそれをこつこつと磨いている人が意外と少ないんで、だから、あっちこっちの当たった雑誌をつなぎ合わせた、核のない、どっかで見たことのあるようなものばっかりを足したような雑誌が増えている。やはり、雑誌は編集者自身の表現であるというあたりがポイントじゃないか。(4)

これはもう四十年以上前の会話で、もちろん筑紫哲也も井上ひさしも故人になって久しいが、思えば紛《まぎ》れもなく、この時代の、雑誌がいまと違う力を持っていた時代の認識である。

それが、気がついたら、わたしは雑誌の世界の真ん中にいたのだ。この覚醒《かくせい》は大きかった。それは驚きだった。他人が教えてくれたことだから余計にびっくりだった。

実は、この時代のマガジンハウスの立ち位置を文化として論じた評論がある。書いたのは加藤典洋。名前は似ているが、ヌードが得意のカメラマンの加納典明ではない。先年（二〇一九年）亡くなられたが、早稲田大学の名誉教授で、『敗戦後論』などの有名な著作を持つ文芸評論家である。この人の書いた『日本風景論』という本のなかに「大・新・高」というタイトルのついた評論がある。この評論は講談社の文芸雑誌『群像』に一九八九年三月号に掲載されたものだ。書かれたのは昭和が終わって、平成が始まったころである。

この論文が、わたしが知っている限りで、戦後の教養主義的な文化思潮のなかで平凡出版＝マガジンハウスを論じたもっとも衝撃的な評論である。

この論文はかなり長く、全文転載というわけにもいかないので、マガジンハウス＝平凡出版に関連した主要な部分を抜粋して、並記引用したいと思う。

木滑さんの編集思想が、当代随一のインテリにどう受け止められていたかがよくわかる。

一九八三年、平凡出版が「マガジンハウス」と社名変更する。ぼくはその時、やはり、というように感じた。ぼくがその時、なぜそう感じたかといえば、この社名変更が、「平凡」といわば、「BRUTUS」の横並び、共存に、平凡出版が耐えることができなかったことを証しているものと思われたからである。「平凡」は「ミス・ディオール」同様、戦後すぐに発刊された平凡出版の看板雑誌である。「平凡」が平凡出版において看板雑誌としての位置を占めているのは、「ミス・ディオール」がディオールの香水において原点としての位置を占めているのと、ほぼ相似た意味を持つ。この出版社をおこした岩堀喜之助と清水達夫は、大政翼賛会の同僚で、「戦争が終わったら、寝ころんで読める大衆雑誌」、「社長の御宣託がのって、編集部の誰それが何をしたといったことなどの載らない雑誌」、そうした雑誌を作りたいと思った。「当時、慰問袋に入ってくる雑誌を兵士が読んでいるのを見て、つくづくそうした大衆雑誌に嫌気がさしていた」からだという（鈴木均「イメージ言語を駆使する平凡出版四人衆―岩堀喜之助・清水達夫・甘糟章・木滑良久―」、「創」一九八一年十二月号）。「平凡」にも「ミス・ディオール」同様戦後の時代の空気が染み込んでいる。そうだとすれば、ディオールの香水の場合のように、今、書店の店先に一九四五年創刊の「平凡」と一九八〇年創刊の「BRUTUS」が並んでいても、不思議はない。ディオールの香水売り場で実現しているのはそうした風景である。しかし、それは難しい。そう誰もが感じる。しかし、なぜ「ぼく達」は、そう「感じる」のか。（5）

……………………

平凡出版、いまのマガジンハウスは、なかなか興味深い出版社だとぼくは思っている。創業者岩堀が死去したため、現在この出版社を動かしているのは清水のほか、甘糟章、木滑良久の二人だが、彼らの手がけてきた雑誌、一九六四年の「平凡パンチ」、一九七〇年の「an・an」、一九七六年の「POPEYE」、一九八〇年の「BRUTUS」は、ことごとくその時々の時代の空気をとらえ、同時代の雑誌に新機軸を開いてきた。その傾向は、いまも変わらない。七七年の「クロワッサン」、八一年の「ダ・カーポ」、八二年の「Olive」「ELLE-JAPON」、八三年の「鳩よ！」、八六年の「Tarzan」、そして八八年に創刊された「Hanako」にいたるまで、彼らがそれらの雑誌を発刊したとき、それらはすべて、「これまでにない」新しいスタイルの雑誌だったのである

ふつう、このような出版方針を堅持するという場合、つまり、新しい読者層を開拓し、しかも出版社としての経営基盤を確保してゆく場合、出版社はある種の妥協を余儀なくされ

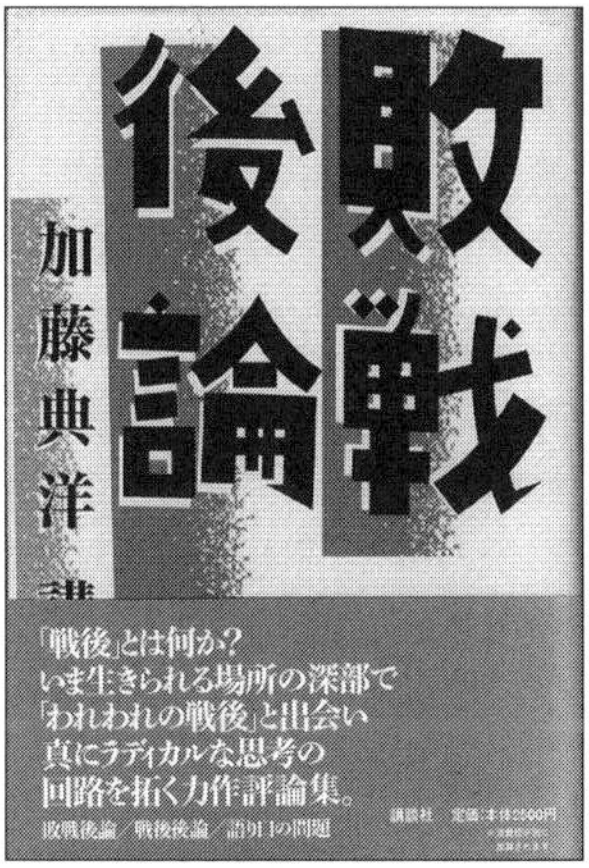

加藤典洋著『敗戦後論』1997年講談社刊。戦後の総括を目指した評論集。左右両翼で大論争を巻き起こした問題作。

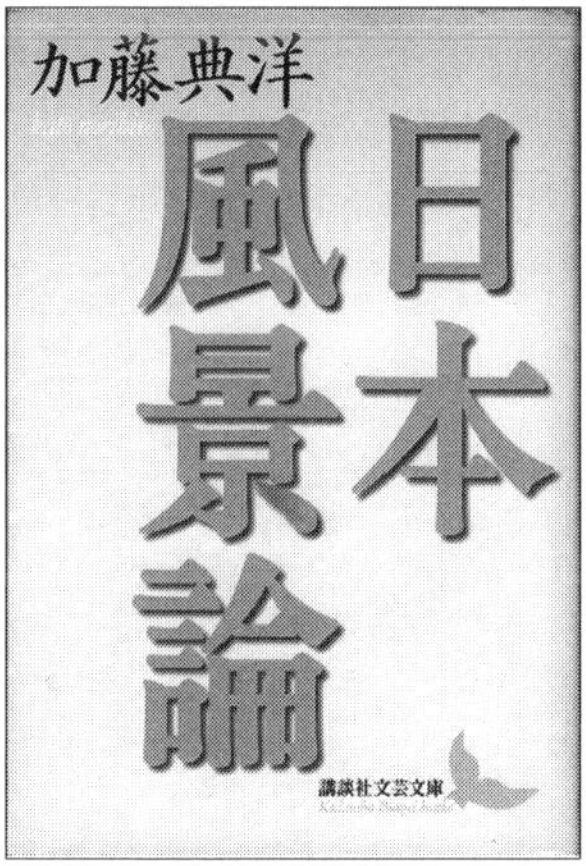

こちらも加藤典洋の著作。『日本風景論』2000年刊 講談社文芸文庫 平成と昭和の繋ぎ目に書いた評論を集めた作品集。

るだろうということは誰にでもわかる。新しい読者層の開拓にはリスクがともなう。大勢の社員を抱える企業体として、いつもこうしたリスクに身を晒し続けるわけにはいかない。いったん新しい読者層を掘り起こすのに成功すれば、次には、その読者層を確保すること、さらにその拡大が目指されなければならない。こうして、当初は進取の気概に富むどのような出版社も、いつかは防衛の姿勢をあわせもつ「手堅い」体質を持たなくてはならなくなるはずである。

しかし、平凡出版にこの防衛の姿勢は見当たらない。彼らは、新しい雑誌を創刊し新しい読者層を開拓する。すると当然「二匹目のどじょう」を狙う後続の企画が他の出版社から現れるが、彼らは、そこで自分の開拓した読者層の確保、また防衛と拡大に腐心する代わりに、つねにさらに新しい雑誌を構想するという特異な姿勢を示しつづけてきたのである。一九四五年に創刊された「平凡」は、当初低迷するが、一九五〇年に「歌と映画の娯楽雑誌」という路線を確立すると、民放ラジオの開局、テレビの放送開始と相まって、以後、百万部雑誌となる。「平凡」には「明星」、「週刊平凡」には「週刊明星」、「平凡パンチ」には「プレイボーイ」、「an・an」には「non-no」、「クロワッサン」には「オレンジページ」、「POPEYE」には「Hot-Dog PRESS」がというように、彼らの開拓した読者層はつねに後続の雑誌の創刊を促（うながう）したが、彼らは、とりわけ高度成長の始まった時期に創刊された「平凡パンチ」以降、競合誌との読者争奪戦に向かうより、新雑誌の創刊による新しい読者層の開拓に向かう姿勢を、頑なに守り続けてきているのである。(6)

……………………

平凡出版が興味深いのは、彼らが日本にあって例外的に、そのほんらい「無節操を旨とするもの」に、「節操」を持って殉じている存在と見えるからである。(7)

彼らは、時代感覚の先端部分につねによりそう無節操な「新しがりや」だが、経営体としてのリスクに賭けてその「主義」——実は「好尚」、「趣味」——を、守ろうとする。こうしたあり方を戦後の四十四年にわたって持続させた組織を、実をいえば、ぼく達はほかにもっていないのである。

ところで、その彼らの、彼らからする理由とはどのようなものか。彼らはなぜむざむざと、「二匹目のどじょう」を狙って現れる後続誌が彼らの掘り起こした読者層を横取りしていくのを、いわば「それならそれで構わない」とでもいうようにして見ているのか。「平凡」にたいしては「明星」、「平凡パンチ」にたいしては「プレイボーイ」、「an・an」にたいしては「non-no」、これらの対抗誌が、平凡出版の開拓した市場に遅れて参入しながら彼らより「半歩遅れ」、「ちょっと安心できる」誌面作りをこころがけることでより広範な読者を獲得してきたことはよく知られている。しかし、平凡出版は、その自ら開拓した領域で、いわゆる「読者獲得競争」に負けることをさほど気にも留めない。その彼らなりの理由とは、どのようなものなのだろう。

木滑良久は言っている。

「私の手のひらに乗る読者は、いいところ四十万ですね。それ以上、乗せるには自分の考えを曲げなきゃならない。『ポパイ』は六十万になっていますが、この線で伸ばしていくには、劇画とヌードを入れることですが、それは今までやってこられた方がたにお任せしたい。それよりも、もっと読者が欲しければ、新しいメディアをつくって、そこへ四十万のせればいい」

「こういう企画をたてれば読者がついてくるだろうと考えるプランはダメですね。そうではなくて、自分が面白いと思うプランでなけりゃダメですよ」

甘糟章も言う。

「よく読者層は中卒のいくつから職業人のいくつまでなどという人がいますが、あれは当てになりません。うちではマーケット・リサーチなどをやって、その数字に頼るようなことは全くしませんからね」（前出、鈴木均「イメージ言語を駆使する平凡出版の四人衆」）

彼らは「自分が面白いと思う」雑誌を作る。彼らは「自分の感覚を信用」している。その感覚とは、一言でいえば、日本の、あるいは世界の最先端で生じていることに反応し、これを「面白い」と思う感覚である。彼らの理由とは、自分たちの雑誌がその領域でつねにもっとも「洗練」され、「最先端部分」に位置することを、「読者の拡大」よりも優先したいということにほかならない。ここに表明されているのは、いってみれば、あのぼく達の「天下の大勢」主義、その現代的な表象としての「時代の流れ」、「時代の気分」至上主義の、「最も純化されたかたち」というべきなのである。

彼らは大出版社たることをめざすのではない。また、あるポリシーによって読者に働きかけようとするのでもない。しかし、彼らは無原則だというのでもない。出版社として、彼らは自分の原則を崩さず、そのためにしばしば経営危機を伝えられてきたほどなのである。それではその彼らの「原則」とは何か。

つねに時代の感覚、風俗の最先端に位置すること、つねに「新しい」こと、つまり、つねに「天下の大勢」の先頭を切り続けること。これは、無原則であることというのに等しい。しかし彼らにとって、それが出版業を続けていく上でどうしても譲れない、「原則」なのである。

このような彼らのあり方が、日本が高度成長期にさしかかり、徐々に速度を速める新幹線車両のような様相を呈しはじめていよいよ顕在化したのは、おそらく偶然ではない。彼らは、つねに「二四目のどじょう」を狙う後続誌に背後を脅かされてきた。しかし読者層に地殻変動の生じなかった一九六〇年代前半まで、ここにいう彼らの特質はきわだったものではない。彼らのこうしたあり方が目立ちはじめるのは、東京オリンピックの年に、「Magazine for men」をうたった「平凡パンチ」が創刊され、ついで七〇年に入って「an-an」、「POPEYE」が現れて以降、つまり、あの「四十万人を手のひらに乗せる」新雑誌がやつぎばやに創刊され始めてからなのである。

このことはおそらく、次のようなことを語っている。

時代は、動きはじめると先端部分を作る。人の住む場所、たとえば住まいには玄関と勝手口しかないが、それが動きはじめ、新幹線車両のようなものになると、それは動きやすいところと動きにくいところ、先端部分と後続部分を作り出す。

「歌と映画の娯楽雑誌」は、住まいの勝手口に位置していた。しかしそこが、車掌席、先端部分となる。平凡出版が「平凡」、「週刊平凡」の延長線上に「平凡パンチ」を構想した時期は、おそらくこの「勝手口」の「車掌席」化、先端部分化に重なっている。しかしこの変動社会は、いったん先端部分に位置することに存在理由を見つけた平凡出版のような出版社にとっては、一つのジレンマとして現れざるを得ない。そこでは、現状を維持することがそのまま「遅れる」「取り残される」ことを意味するからだ。

自分の開拓した読者層の周辺に不断に新しい読者集団が生まれ、彼らはその雑誌で育ちながら、その雑誌を物足りないと感じはじめる。もちろん「より遅れた」読者たちが「追いついてくる」から、現状を維持していれば購読者はふえる。しかし、そこに留まっていれば雑誌は、「遅れた」ものとならざるをえない……。

先に引いた木滑のことばは、彼らがある時点で明瞭に「現状維持」ならぬ、「走り続けること」を選んだことを語っている。そしてとくに七〇年代後半に入ってからの「創刊ラッシュ」は、

この選択が、日本という変動社会の中で彼らにどのような「走行」を強いたか、その動態の一端を伝えているのである。(8)

……………前出の木滑は言っている。

「雑誌作りのポイントを強いてあげれば、まず作る側の自分が本当に面白いと思うものをとりあげることだね。自分が面白くないものを流行だからといってとりあげても他人は面白いと感じないと思うんです。(…)若者向けの雑誌だからといって、一番駄目なのは、作る側が若者に迎合することです。(…)だから、編集者として僕は遊ぶ余裕を作る。世の中を面白がって生きることを心がけているつもりです」(『潮』一九八二年四月号)

新しさを追いかけるのではもう遅い。またそれは貧しい。自分が「新しい」のでなくては、そしてその「新しい」自分が「面白い」と思うことをやるのでなくては、そうでなくては、それは「売れない」し、また自分として編集者稼業をやる意味もない。木滑はそのままの言葉で言っているのではないが、彼の言っているのは、ほぼそのようなことである。彼らは新しさとか古さとかの価値観で動くのではない。そのこと自体が「古い」、また「貧しい」。読者もまたそう思っている。読者は編集者の姑息さ加減、そこにひそむ「貧しさ」

に敏感に反応する。「我々」はいまそうした場所にいる。単に新しいことを追いかける、売れることを考えるなどということは「今までやってこられた方がたにおまかせしたい」。しかし本当を言えば、そのような雑誌についてくる読者は、彼ら自身、そうした雑誌同様「遅れている」。自分たちは、もはやそのような読者を相手にしているのではない……。(9)

…………………

彼ら(平凡出版=マガジンハウス)が日本にあって稀有なほど純化された時勢主義のかたちを体現しているとして、そのことが興味深いのは、無論それだけの理由によるのではない。彼らはこの国の政権党のように、このほんらい「無節操を旨とするもの」を企業体としての自己防衛本能のために無節操に「使い分け」たりしない。彼らはいわば「無節操」に徹する。するとどうなるか。

この国の社会と文化が「ご時勢」を隠れた神にしていることにはかずかずの指摘がある。そしてほんとうのことをいえば、それは指摘されるまでもなく、ぼく達の薄々「感じている」ことである。しかしこの神を手放さずにいれば、ぼく達はどこにいくのか、どのような問題にぶつかるのか。平凡出版は、こうした今までぶつかったことのない問いのまえに、ぼくたちを立たせるのである。(10)

この評論が書かれてから、四十年の歳月が経過しているが、わたしにいわせれば、マガジンハウスはいまも時勢の最先端を走りつづけようとする出版社として、運命づけられている。

加藤典洋のこの論はこのあとも延々とつづきマガジンハウスの出版活動のもつ社会性、社会的意義がさらに、深掘りされる文章がつづいているのだが、引用が長くなってしまった。

ここまでにしておこう。

先日までマガジンハウスの社長だった片桐隆雄（いまは相談役）もある雑誌のインタビューの一問一答のなかで、こんなことをしゃべっている。

片桐　今のマガジンハウスの編集長たちはそこを非常に喜んでくれていますね。紙で生きていくためにデジタルもやると。するとみんなそれはそうだ！ということで意気が上がると言いますかね。ただ、それは険しい道で、流通の問題とかいろんな問題がそこに立ち塞がりますんで、それを乗り越えていかなければならないんです。

――大部数の雑誌があったら大変だったと思うんですけど、幸い、マガジンハウスの場合は、大部数の雑誌がないから紙だけで生きていけるということがあると思いますね。これが妙に売れる雑誌があると大変だと思うんですね。

片桐　影響の度合いが大きすぎますよね。

――その代わり、内容はあまり大衆的なものより、ちょっと大衆から離れたもののほうがいいですね。どっかそういうものがないと、いずれは雑誌自体がなくなっちゃうと思うんですよ。そして残るべくして残る雑誌だけが残るんですよ。

片桐　本当にそう思いますね。(11)

マガジンハウスの雑誌はどれも大部数ではないし、大衆受けする付録もついていない。しかし、どの雑誌も都市生活の先端部分を刺激的に編集する、という手法で雑誌が作られていて、読者層もピュアである。どの雑誌もメッセージ性が高く、ブランド性も強い。それが他の出版社から出版されている雑誌との大きな違いだろう。

雑誌自体のブランド性が高いということは、広告の入れ物としての雑誌のキャパシティが高いということでもある。電通の某氏はこんなことをいっていた。

「講談社や小学館、集英社の広告出稿を削ってもマガジンハウスへの出広だけはやめない。ブランドのスポンサーたちはみんな最後はマガジンハウスの雑誌を選ぶ」

この戦略はまぎれもなく木滑さんの編集思想を受け継いだものである。

【註】

(1)『象徴交換と死』1982年刊　筑摩書房　J・ボードリヤール著　P・33

(2)吉本隆明の著作『カール・マルクス』(『吉本隆明全著作集12』勁草書房刊)P・154に次のような言葉がある。

「市井の片隅に生まれ、そだち、生活し、老いて死ぬといった生涯を繰り返した無数の人物は、一千年に一度しかこの世にあらわれない人物の価値と全く同じである」

吉本隆明には基本的に、大衆の生活に対する賛同、大衆文化に対する肯定があった。
（3）『敗戦後論』１９９７年刊　講談社　加藤典洋著　Ｐ・１１５
（4）『朝日ジャーナル』臨時増刊
（5）『日本風景論』２０００年刊　講談社文芸文庫　加藤典明著　Ｐ・２１７
（6）『日本風景論』Ｐ・２１８
（7）「無節操を旨とするもの」とは、時流、流行、少し意味を広げて、個人の趣味というような意味だと思う。この文章の前段に「ぼく達の『時代の流れ』至上主義は、しばしば時代迎合主義、また日和見主義と呼ばれ、その無節操ぶりを非難される。しかしぼく達は、その『時代迎合主義』の遵守においてもまた、おそらく無節操なのである」という文章がある。
（8）『日本風景論』Ｐ・２２３
（9）『日本風景論』Ｐ・２４３
（10）『日本風景論』Ｐ・２２７
（11）『出版人・広告人』２０２０年1月号　株式会社出版人刊　Ｐ・21
［《マガジンハウス　片桐隆雄代表取締役社長》雑誌と書籍、つまり紙で生きていく覚悟をするということ］。インタビュー、構成は高崎俊夫。

『HEIBON PUNCH』改造計画。

一九八四年の五月八日に母に死なれた。

葬式を終えたあと、忌引きを終わらせ、五月二十日に出社した。

ここから翌年、八十五年にかけてのことをどうしても書いておかなければならない。

わたしが出社したちょうどその日、人事異動の発表があり、石川次郎が『平凡パンチ』の新しい編集長になった。

木滑さんがわたしにいった「豪速球を投げるヤツ」というのは石川次郎のことだった。木滑さんと『ポパイ』、『ブルータス』をいっしょに創刊した〝右腕〟というか現場担当である。石川次郎と廊下ですれ違ったら、「シオザワ、よろしく頼むよ」といわれた。

石川は木滑さんの考えた『パンチ』の〝コラム・マガジン〟路線を大きく修正した。この変更の特徴を整理して書くと、次のようなことである。

1・雑誌のサイズを変更。A4の変形で、『ブルータス』とほぼ同じサイズ。

2・表紙のロゴを変更。『平凡パンチ』を横文字の『HEIBON PUNCH』とした。

3・コラム・マガジンの考え方を変更し、テーマによって長いページ数もありえる、そのときの話題を取り上げるドキュメンタリー・マガジンとする。
4・人気のある女性タレントのヌード・グラビアを復活させる。

この四つが最大の変更ポイントだった。改造前の『旧・パンチ』と比較すると、雑誌のサイズがひとまわり大きくなったこととタイトルを横文字にしたことで、外見はかなりというか、それなりに変わって、多少、おしゃれで洗練された感じになった。

編集方針を女性のヌード・グラビアありのドキュメンタリー・マガジンにしたのはいいのだが、問題はそれを支えるヌード・グラビアを受けもつ女性タレント（有名な！）と長尺（長いページ数）に耐えられるドキュメンタリーを作ることができるかどうかが問題だった。

わたしはまず石川に「お前だけが頼りだ」と空気を入れられて、誰かヌードになってくれるタレントはいないかと相談された。それで知り合いで心当たりの芸能プロダクションのマネジャーたちに片っぱしから相談したのだが、ほとんどの人に断られた。そのなかで、夏木マリさんだけが、バストトップ露出なしのヌードなら全裸もOK、その代わりギャラは〇〇万円という話になった。

『平凡パンチ』1984年7月16日号。タイトルを『 HEIBON PUNCH』。サイズをA4変形にかえヌードのグラビアも復活、ドキュメンタリー雑誌だった。

石川に相談すると、彼女のヌードでいこうという。わたしは、普通の肖像写真のようなヌードを撮影してもしょうがないから、彼女の身体をできるだけモノっぽく撮ってみようと考えて、カメラマンにそのころ仲良くしていた、広角レンズ使いの名手である安井進を起用した。

それともう一つ、それまで演歌歌手をやっていた三浦弘子さん（三浦友和のお姉さん）が六本木のスナックで石川次郎と知り合いになり、口説かれて「あたし、脱ぎます」という話になって、石川から「シオザワ、これもお前が担当してくれ」といわれた。こちらは女性のヌード写真を撮らせたら当代一流といわれたカメラマンの稲越功一氏を起用した。結局、イメージ・チェンジ第一号のヌード・グラビアをわたしが二つとも担当することになった。

石川がこのとき、そうとうわたしを頼りにしていたことがわかる。

デヴィ夫人のセミヌード・パフォーマンス。これも編集担当はわたし。撮影は稲越功一氏。ふたりでインドネシアまで出かけていって写真を撮らせてもらった。いい女でした。

このあと、新生の『ＰＵＮＣＨ』でわたしはいろいろなページを作ったが、ヌードというか女性タレントのパフォーマンス・グラビアは小柳ルミ子さんとかデヴィ夫人とか五月みどりさんとか、いろんな〝美女たち〟のページを作った。もちろん、それなりのギャラを払ってやってもらったことだが、彼女たちは必ずしもお金で動くわけではないということもこのときに知った。

ヌード撮影というのは、たとえは悪いが、セックスと同じようなところがあり、担当の編集者やカメラマンが気に入らなければ、カメラの前に立ってパフォーマンスなどしない。そのことも知った。裸になってくれないかというのは、半分口説いているようなもので、確かに面白かったが、自分たちの雑誌のためとはいえ、人にいえない仕事をしているという感覚はついて回った。

これも余談というか、自慢話になるかもしれないが、昔の平凡出版には、「三つのダーティ・ワーク＝嫌われ仕事」というのがあった。それはこの三つである。

Ａ・月刊『平凡』の芸能タレントのお付き記者
Ｂ・『週刊平凡』の芸能タレントのスキャンダル担当記者
Ｃ・『平凡パンチ（ＰＵＮＣＨ）』のヌード担当記者

そして、実はこの三つを完璧にやった（やらされた）のは平凡出版＝マガジンハウスの社員多しといえども、わたしひとりなのである。だからどうしたという話でもないのだが、いまから考えてみると、それらもすべて経験、フィールド・ワークで後々の自分の、ジャーナリストと書くのもおこがましいが、作家生活の一助にはなってはいると思う。

さて、そうしてスタートした『石川パンチ』だが、改造はそこそこ注目を浴び、まずまずのスタートを切ったのだが、なかなかのことで、好調は長つづきせず、売れたり売れなかったりした。

わたしは雑誌の売れ具合に一喜一憂せず、自分ができることをするしかないと考えて、それなりに一生懸命にやっていたつもりだったが、編集長になった石川は、自分の雑誌改造が思ったほどうまくいかず、こっそり悩んでいたのではないかと思う。

そういうときに、韓国を取材して一冊丸ごと作ってしまうという話が持ち上がった。

この話を石川が「シオザワ、お前に任せるから好きにやってみろ」といったのである。これが八十五年の正月合併号、八十四年の年末から正月の初めにかけて、二週間売りする特大号だった。

わたしは石川次郎から「お前、これやってくれないか」といわれたときに、なんとなく、ついに勝負のときが来たのかもしれない、と思った。

これは大バクチになるな、と思った。

ハンパなことをしてもしょうがないので、全知全能、これまで培《つちか》ってきた知識や技術やなにやらかにやらを総動員して徹底的にやってみようと思った。

予算のことも気にするのはやめよう、大事なことは本を売ることだけだ。負けたらそれまでの、どこかで一度はやらなければならないだろうと思っていた乾坤一擲《けんこんいってき》の大博打である。ここまでいくとマーケティングや理屈は用事がない。

HEIBON PUNCH 韓国特集。1985 年正月合併号。日韓両国で大騒ぎになった。

自分自身からどうやってこの取材をやり遂げるエネルギーを絞り出すか、いっしょにいくスタッフにどう熱中取材をさせるか、問題はそのことだった。それで、覚悟を決めた。

このときの韓国取材のことをフリーのライターだった森永博志は自分のブログのなかで、こんなふうに書いている。

　1960年代には一世を風ビしていた『平凡パンチ』も、1985年にはどん底になっていました。誌名も『Heibon PUNCH』と洋語になったのは、そのころ同じマガジンハウス刊行のメンズマガジン『POPEYE』『BRUTUS』が人気を博していたので、洋風にすればという発想です。編集長は石川次郎さん。

1960年代に『平凡パンチ』のエディターとなり、以降『POPEYE』『BRUTUS』を創刊してきた名物編集長です。1984年に、どん底だった『平凡パンチ』を復興すべく、編集長に就任。その前は華の『BRUTUS』の編集長だったので、メイン・ストリームでいくつもスポットライトを浴びていた。それが『Heibon PUNCH』じゃ完全に裏街道です。かつて一世を風ビした分、余計哀切極まる。『BRUTUS』で働いていたフリーエディターは誰も異動する次郎さんに随行しませんでした。

しかし自分は次郎さんに大変恩義があったので『Heibon PUNCH』で働くことにしました。もう全然、トレンドじゃない。今は「戦前である」と想定し「戦前風俗画報」という連載をスタートし、アメリカン・タトゥー、ロリコン、他取りあげる頁をつくったり、フーゾク取材をやったり、やってもやっても部数は伸びず、落ちていく一方です。もうやけくそ気味で編集をしていると、ある日「韓国で一冊つくろう」と当時だと、余りにも突拍子もない企画が生まれてきました。そのころ韓国は、まだ戒厳令下です。取材もむずかしければ、日本のメンズマガジンに紹介するようなネタなんてあるはずもない。

「ここまで部数落ちたら、並みのことやったって復活しない。誰もやらないことやらなきゃ起死回生しないよ」と次郎さんは煽る。本人は行かないんですから。で、結果、ソウルに取材チームが行って、一冊丸ごと韓国特集を制作した。行ってみたら、面白かったネ。米軍基地の町・イーテオ(イテオンのこと)にものすごくファンキーなナイト・ライフがあった。市中のホテルにはすでにグローバルなDJクラブもあった。東洋一と誇るタワーも建設中だった。見るものすべておどろきの連続。それまでどの日本のメディアもそんなソウルを紹介していない。まだ遅れてはいるけど、「国際的だな」と印象をうけた。しかし、撮影中に、KCIAにつかまって、あわや刑務所送りという危機はあった。実際、夜は戒厳令下だった。相当な緊迫感はあった。まだ日韓の政府も激しく摩擦していた。

そして、1985年の正月に、その韓国特集が発売されました。発売と同時に、NHKの9時のニュースで取りあげられるくらいのスキャンダルとなった。

そのころ映画監督・大島渚がバカヤローと韓国を罵倒し、それに対し韓国の文化人が一斉に反発し、騒動に発展していた。その期の『Heibon PUNCH』韓国特集！　カバーは韓国人の若い女の子が明らかに挑発している写真。これが「韓国をなめとるんか！」と韓国のインテリの怒りを買ってしまった。

そんなつもりは毛頭ない！『平凡パンチ』はサブ・カルチャーを取材する若者雑誌だったが、創刊時からヌード写真はもうひとつの売りだったのである。女の子を美しいと思うのは世界共通だ。立派な文化だ。だけど、１９８５年当時は文化意識のギャップは激しく、国際騒動に発展しそうだった。

自分は特集の構成者として、制作者クレジットのトップに名前がおかれていたので、ＮＨＫのニュースを見た友人たちが「お前、殺されるぞ」と電話をかけてきた。結局、大事にはいたらなかったが、この号はＮＨＫのニュースの力もあって、３日でソールドアウトという大ヒットとなった。売れ方が尋常ではなく、営業の人がいうには80万部だしても完売してたねという勢いだったらしい。一発で起死回生を果たし、石川次郎は次に新しく『TARZAN』を創刊すべく『PUNCH』を去っていった。（1）


森永博志はこの特集の成功を自分の手柄のように書いているが、そういうことではない。

そもそもこの韓国特集のきっかけは編集部唯一の若い女性編集者の船山直子が夏休みに友だちとふたりで韓国に遊びにいったことだった。帰ってきて「なんか、けっこう面白かったんです」

といったのである。そのころの韓国は、旅行にいくにしてもキーセン観光ばかりが話題になって、評判が悪かった。キーセンというのは妓生、要するに韓国の国公認の売春婦である。韓国はそのころ外貨獲得のためにそういう存在を公的に認めていたのである。

また、朴正熙大統領が暗殺されてから、まだ五、六年しかたっていなくて光州の民衆蜂起も二、三年前の話、いまもまだ厳戒令が敷かれていて夜間は外出禁止、軍人出身の大統領がけっこう政治弾圧などもやっているという話で、きな臭いことこのうえなかった。

人民が独裁権力に弾圧されながら生活している、日本のマスコミはみんなそう思っていた。そのことをいうと、船山は「だけど、街の人たちは平和そうに幸せそうに暮らしていましたよ」という。そして、彼女は四、五頁でいいから韓国旅行のガイド頁を作らせて欲しいという企画を出してきたのだ。

それとは別に、わたしが月刊『平凡』の取材記者のころから親しくしていた芸能プロダクションのボンド企画というところの専務で安原相国という人がいた。この人はオレと同い年で、このころは松本伊代とか少女隊のマネージャーをやっていて、けっこう威勢が良くて、在日韓国人だということをカミングアウトしていた。

船山から韓国の取材をやれたらという企画を受けとったあと、韓国はどんな状況なのだろうと思って、その人に編集部に来てもらっていろんな話を聞いた。そのときも安原は「みんなが考えているのとぜんぜん違うんだ。ソウルはものすごく面白いんだよ」と強調する。

わたしが調子に乗って「韓国の女優とか、いい女の写真、撮れないかなあ。別にヌードじゃなくてもいいんだけど」というと、安原は「そんなのなんの問題もないよ。オレが全部口説いちゃう」という話になって、これはいけるかも知れないと思いはじめた。石川次郎は話を聞いて「シオザワ、それじゃあ、これ、一冊丸ごと韓国特集で作っちゃおうか」という話になっていった、これが舞台裏の真実である。

ひと戦さするにはまず兵糧、そして武器弾薬の話、つまり、予算の話である。

『ＰＵＮＣＨ』は通常号の編集費がたしか１３００万円だったと思う。韓国特集は正月の特大合併号、ということで増頁もして、それで予算も増えた。何頁つくれるかわからなかったが、見当は頁10万円の予算で、60頁であれば６００万、70頁であれば７００万円くらいは原稿料を含めた制作費を使うことができた。

当時は飛行機代はいまと同じような状況で成田・ソウルの往復で３万円とかそのくらいだったと思う。安原がロッテホテルに交渉して、ホテルの広告にカラー頁を１頁提供することで、滞在時のホテル代を１５０泊分無料にしてくれることになった。そして、往復の飛行機代がたいしたことないことを理由に小さな軍隊のような多人数の取材チームを作った。こんなメンバーである。

★【取材記者】
森永博志……カラー頁中心に街の面白い話、面白い人間を取材、記事にする。

生江有二……活版の読み物を中心にしてドキュメント取材を担当する。
池田一紀……グラビア、活版両方にわたって面白い雑ネタを探して、記事にする。
末次真弓……女のコ目線で、街のなかの面白い話、面白い人間を取材する。
★【カメラマン】
長濱　治……主として韓国の女優たちのパフォーマンスを撮影する。
三浦憲治……主として街写真のカラー部分、女写真の一部、人物写真。
小林　淳……モノクロのドキュメント写真を中心にして撮影を担当する。
二石友希……カラー・モノクロにかかわらず街取材を受けもち、池田に同行する。
平塚　孝……長濱治のアシスタント。長濱の撮影がないときは街取材もする。
★【イラストレーター】
中原幹生……イラストでなければ取材できないモノ、イラスト素材を担当。
★【スタイリスト】
高瀬郁子……長濱撮影の韓国女優のパフォーマンス写真のスタイリングを担当。
★【ヘア&メイク】
トップノットの大沢紀夫……韓国女優のヘア&メイクを担当する。
★【コーディネーター】
安原相国……全体の取材のコーディネーション、女優のブッキングを担当。

★【編集者】船山直子
★【統括責任編集者】シオザワ

総勢15名。命知らずの突撃隊だった。取材は一九八四（昭和五十九）年の十一月下旬から十二月中旬にかけておこなわれた。雑誌の発売は正月元旦（配本はたぶん大晦日）だった。

この雑誌はこのあと、さんざん大騒ぎになるのだが、思えばもう四十年も昔のことである。いまから思うと、わたしの編集者としての特質だったのかもしれないが、そのころの自分が面白いと思っていることとか好きなこととかは案外少なかった。

木滑さんは「好きなことを自分から主張して編集で取り上げるべきだ。お前はそこがはっきりしない」とわたしを批判したが、正直なところ、わたしの趣味は自分ではマイナーすぎると思っていた。

実は、山国（長野県）で生まれたせいかもしれないが、山は好きで、蝶の採集とか魚釣りとかワンダーフォーゲルとかは好きなのだが、ヘソ曲がりのせいか、いわゆる頂上を目指す登山はあまりやらない。スポーツはサッカーや野球はテレビでみるのは好きだが、観戦はいきたいと思わないし、ほとんど自分でやるのは嫌い。ゴルフもやらない。

趣味は哲学書や歴史書を読むこと。歌は八代亜紀の『故郷へ』や黒木憲の『霧にむせぶ夜』、箱崎晋一郎がうたった『熱海の夜』、冠二郎の『旅の終わりに』などが好きなのだが、マイナーすぎてそれも公言できない。趣味というか、好みが狭いといえばいいだろうか。

そのかわり、なにか一つのことを面白くしていく方法とか技術とかはある程度、弁《わきま》えているつもりだった。そういうことの要領というのは、発想を逆転してそのことの価値観を転倒してみせることだ。みんなにカッコ悪いと思われていることを、ホントはカッコいいんだと書くことなのだ。このことをもう少し具体的に書くと、例えば、苦しい生活のなかで人間がどういうことを夢見たり、愛し合ったりして生きようとしているか、楽しい生活のなかで、どんな悩みをひそかに悩んでいるか、そのことを取材する。そうすると、その背後に、《人間とはどんなふうに生きるものなのか》ということが自然に浮かび上がってくる。

それが《読者に感動してもらえる面白さ》の本質なのだとわたしは思っている。

例えば、韓国のような外国で取材するとき、具体的な例を挙げると、小黒一三などが作った『ブルータス』のアフリカ特集などは、アフリカに住む人たちの生活と日本のいまの生活の違いを強調する作りになっていたが、わたしはそのやり方は間違っていると思っていた。このやり方は読者を驚かせるかもしれないが、共感は呼ばない。「ヘエー」と驚いて終わりである。

これは生活や文化の違いを取材するのではなく、日本とその国の生活の共通の部分をレポートするべきなのだ。例えば、またまた格調の低いたとえを書くのだが、『平凡パンチ』的な目線でいうと、女の子が履いているパンティが日本とアフリカはそっくりだったとか、ガラは違うがデザインは同じだったとか、世界のどこに住んでいても、人間は同じだというところで編集作業をやらなければいけないのである。わたしが、『パンチ』の韓国特集でやったのはそういう手法の編集作業だった。韓国と日本は違いもあるが、似ているところもいっぱいあった。

　後年、石川は『ガリバー』の創刊作業で、特集を小黒に任せて、小黒は作家の景山民夫にアフリカのレポートを書かせたり、佐伯泰英を連れてにスペインの闘牛を取材しにいったりしているが、同じ過ちを犯している。こういう日本とかけ離れた文化の場所を旅行しているのだというレポートは読んだその場では面白いが、読者を《だからどうしたの？》というところに追い込んでしまう。旅の記事は面白いが、やり方を間違えないようにしなければならないのだ。

　いろいろな理由があって、わたしは石川から『ガリバー』の創刊も手伝ってくれないかと言われたが、それを断って、社内留学のような形で、二年間、雑誌販売部で販売の仕事をした。書店流通の勉強をさせてもらった。

　あとから考えて、この経験がいまのわたしをある程度、支えていてくれると思っているのだが、後年、思い出話のなかで、わたしは木滑さんに、「あのときの『ガリバー』も創刊からお前が付き合っていてくれたら、あんなことにはならなかったと思うよ」といわれたことがある。

　旅であれ、なんであれ、取材対象は人間なのだ。取材で差異や区別（差別）を取材することも重要だが、もっと大事なのは、人間として生きている以上、共通の暮らしの枠のなかで生活している、という認識なのだ。わたしはそのことを韓国特集のなかで編集してみせた。

　そして、韓国取材の成功でわたしは、木滑さんに『パンチ』に連れていかれて、果たさなければならない役割をきっちり果たしたことになった。石川次郎は韓国特集の完売で、自分が目指していたドキュメンタリー・マガジンの一つの典型を作ってみせることができた、と考えたのだろう。彼の気持ちはもう、新雑誌の創刊に移っていて、「シオザワ、お前はオレといっしょに新雑誌をやってくれ」といった。

『パンチ』編集部的には、あとは、わたしたちが作って完売してみせた韓国特集の『パンチ』を一つの例題にして、新しい方向性を打ち出せ、という意味だったのだろう。わたしは石川次郎と新雑誌創刊を手掛けることになった。それが『ターザン』だった。

わたしの代わりに貧乏籤を引いて編集長になったのはあとから『ブルータス』から連れてこられた武智京太郎だった。武智は、あるときわたしに、「相談がある」といい、もうじきデビューする予定だった中山美穂の写真を見せてくれて、「この子のグラビアを作って部数アップを狙おうと思っている」といったのである。本の根幹を芸能の人気に頼ろうとしていた。その話を聞いたとき、これはもうダメかもしれないと思った。

わたしたちが新雑誌に異動したあとは、わたしが作った「韓国特集」のような特集を作る能力を持った編集者もいなかったし、かわいそうだったが武智は石川次郎のような、大胆に部下に特集作りを任せる器量の大きな編集者でもなかった。

『平凡パンチ』は結局、あれこれの変遷を経て、一九八八年に休刊になるのである。

話を韓国特集に戻すが、いまから四年前、世の中が［嫌韓］とかいって大騒ぎしている最中に、毎日新聞の記者の鈴木琢磨さんがこういう記事を書いている。

　本屋で「嫌韓」雑誌をちらと見やりながら、ふと「平凡パンチ」（マガジンハウス）のことを思い出した。１９８５年、部数低迷から脱すべく週刊誌としては前代未聞、1冊丸ごと韓国の大特集を組んだのだ。表紙のキャッチコピーは《かっこいい韓国》。そう、いまどきの「韓国たたき」と正反対。伝説の大特集はいかにして生まれたのか？　しょせん週刊誌は読み捨てられていく。でも私はこの「平凡パンチ」を捨てずに持っている。なくしては古本屋で見つけて3度も買い直した。表紙に韓国の女優、李浦姫の艶っぽい写真があしらわれ、ファンキーな文章がプリントされていた。「ゼンゼン知らなかったよ韓国がこんなにステキな国だったなんて」。ページを開けば、ソウルの漢江沿いにそびえる６３ビルが夕日に輝く写真。《韓国からの誘惑》とある。88年のソウル五輪を控え躍動する隣国の姿を伝えているのだが、路地裏にまで

韓国特集の巻頭の見開きは漢江のほとり、開発途中の荒地のなかに燦然として夕陽に輝くビル。こういう写真は撮影したカメラマンの腕前を褒めるしかない。撮影者は三浦憲治。空港から市内への移動途中、三浦が「ちょっと車を止めてくれ」といって車から降りこの写真を撮った。象徴的な意味を持つ写真だ。

分けいり、かき集めた人間くさい記事にあふれている。

「アハハ、オレ、韓国に行くの初めてだったの。軍事政権下で緊張感はあるだろうくらいはわかっていたけど、なにせ情報が何もない。韓国の映画も見たことないし。五感を通して探っていっただけよ」。まず会ったのは表紙のコピーも考えた作家の森永博志さん（69歳・ちなみに「全然知らなかったよ～」のコピーを書いたのはわたし、森永ではない。「かっこいい韓国」というメインのキャッチは森永が考えた）。（森永は）荒俣宏さんの小説「帝都物語」のプロデューサーでもある。（韓国に）「行ってみたら面白かった。オレは梨泰院のナイトライフを徹底ルポした。米軍基地の街だ。へえ、アメリカ文化、ちゃんとあるじゃん。それもまるでニューヨークのハーレムみたいな。そんなの知らなかった。のめり込んだね」怖いもの知らず。取材中、ソウルの南山をタクシーで走っていたら、気になる黒っぽい建物が。同行のカメラマンがシャッターを切る。「急に扉がガーンと開いてさ。００７じゃないけど、銃を手にした兵士みたいなのが出てきたの。泣く子も黙るＫＣＩＡ（韓国中央情報部）の本部だったんだ。ＫＣＩＡの真ん前で写真を撮るまぬけなスパイなんかいるわけがないよね。なんとか解放されたけど、ホテルにあるフィルムだけは没収されちゃかなわないから、慌てて隠したね」。むろん夜は屋台で学生と飲み、たっぷり語らった。

どうして大胆な企画にゴーサインを？　編集長だったエディトリアル・ディレクターの石川次郎さん（78歳）を訪ねた。

60年代に「平凡パンチ」の編集者になり、「POPEYE」「BRUTUS」の創刊編集長でもある。「往時は100万部売れていたんだけど部数が落ちてね、誌名を洋文字にしたり判型も変えたけど、ぱっとしなくて。あるとき、デスクからうちの女性編集者が休みに韓国旅行したら楽しくて、韓国の企画がしたいって提案があった。韓国の女優の写真も撮れそうだという。で、いざスタートしてみたら、連中なかなか帰ってこない。カネが底をついたから送ってくれって。おいおいって思ったけど、面白がっているのがわかったから。僕は、やれ、思い切ってやれ。パンチらしい斬新な切り口でやってくれって言っただけ」

同席してくれた統括デスクだった塩澤幸登さん（72歳）によれば、総勢15人もの取材チームがソウルへ乗り込み1カ月近く記者とカメラマンが韓国を駆け回ったという。

「とにかく隣国の全体像を描き出そうと意気込んでいた」（塩澤さん）。ロッテホテルの一室を根城にひたすら歩き、ぶつかり、飛び込んでいく。そんなゲリラふう記事だけ

グラビア・ページはソウルの町なかで取材した話題と韓国の有名女優、ファッションモデルをごちゃ混ぜにして構成した。女優たちのグラビアは韓国の週刊誌などの表現基準を守った写真を掲載したが、彼女たちは「日本の週刊誌だから協力します」といって撮影をOKしてくれた。このことを韓国の週刊誌が大騒ぎして彼女たちをいじめた。苦い記憶。

ではない。大物がこぞって登場している。歌手ならエレジーの女王の李美子や「釜山港に帰れ」の趙容弼、ファッション界の重鎮、アンドレ・キム、世界的なビデオ・アーチストのナムジュン・パイクまで――。

年明け、韓国大特集の「平凡パンチ」が発売される。正月休み中の石川さんはスキー場で会社から電話を受けた。「あちこちの書店で売り切れいてるっていうんだ。そりゃ、とことん現場主義でつくったから。隅から隅まで自分たちが取材したことを詰め込んだ。見事だった。あの時代、日本のおやじたちのキーセン観光が世界の顰蹙をかっていたんだけど、僕らはそれにはっきりノーと唱えてもいた。40万部刷ったんだけど、あとで会社のボス（シオザワ註＝木滑さんのこと）が刷りそこなったなってもらしてた。80万部でも売れたんじゃないかって」

だが、韓国から思わぬクレームがつく。掲載された女優9人のセミヌードのグラビアが問題視されたのだ。現地のスポーツ紙、週刊誌、さらに一般紙まで批判的に報じ、韓国映画人協会が女優から事情聴取する事態になった。日本にもソウル発で伝えられ、朝日新聞（1月17日夕刊）には編集部のコメントが載った。「日韓文化交流のために差し出した手を振り払われた感じで残念だ。写真で表現する際の基準の違いも考え、韓国の週刊誌レベルに合わせた。女優たちを責めるのは筋違いだ」（註＝これはシオザワのコメント）

「まあ、大騒ぎにはなったんだけど、ある日本メディアのソウル特派員が韓国政府要人との懇談の席で、一雑誌のことは問題にしないとの言質をとってくれてね」。そう述懐するのは現地取材のコーディネーターだった安原相国さん（72歳）。在日2世で日韓の芸能界に通じ、トップ女優の兪知仁らの出演交渉も担当した。「いい雑誌ができたと自負していたけど、後日、在日裏社会の大物にホテルのバーに呼びだされてね。怒鳴られるのかと思ったら、すばらしい特集をありがとう、ありのままの祖国を私も日本人に伝えたかったんだ、と。僕、涙が出たよ」国内でも物議を醸《かも》した。

ソウルの大学で教鞭もとった評論家の四方田犬彦さんは、「『平凡パンチ』はソウルに格好の遊び場を見つけたかのようにはしゃいだ」（『われら《他者》なる韓国』）と書いた。特集で38度線ルポを執筆したノンフィクション作家の生江有二さん（72歳）の記憶はこう。「新宿ゴールデン街だったかな、生江ともあろうものが民主化を弾圧している国にノコノコ出かけていくとは、とあきれられた。帰国してからも冷ややかな目で見られた。でも僕はただ隣国の

板門店観光ツアー同乗記
国境地帯を行く
文・生江有二
緊張
イムジン河
ソウル
金浦

活版の読み物のページ。これは生江有二が書いた38度線訪問のルポルタージュ。北朝鮮との国境はいつも緊張していて、わたしたちが滞在していたときにも、北からの脱走兵がトンネルを掘って韓国に亡命し、そのニュースが流れた日の夜は町中が厳戒態勢下に置かれた。いつ崩れるかわからない平和のもとに暮らしている、そういう印象もあった。

いまが知りたかった。好奇心しかなかった。だって初めてだったんだから韓国」

作家の中上健次がこの「平凡パンチ」を擁護したともいわれている。

なにも「嫌韓」雑誌だけやり玉にあげるつもりはない。

いくら出版業界を取り巻く環境が厳しくとも、自由でおおらか、そしてやんちゃな雑誌はどこへ行ったのか？　私がカリスマ編集者、石川さんに一番、聞きたかったことだ。

「雑誌をやる人間に熱がなくなっちゃったんじゃないかな。この韓国大特集は熱量、高いよ。情報を手にすることが難しかったから面白かったんだ。いまは簡単でしょ。その情報をうまく編集すればカタチになる。そんなのばっかりじゃないの？　僕を編集者にしてくれたのは戦後、雑誌『平凡』を創刊し、初代『平凡パンチ』の編集長だった清水達夫さん。口ぐせは、ものまねはするな。見たことないものをやれ。雑誌ってそれに尽きる気がするよ」」（2）

これが、あの雑誌を作ってから、四十年後のひとつの評価である。

【註】

（1）http://www.morinaga-hiroshi.com/profile/profile19.html 20240321 閲覧

（2）『毎日新聞』２０１９年10月16日号　東京版夕刊３面

第四章　桎梏と蹉跌

KUROSAWA
黒澤 明と黒澤組、その映画的記憶、映画創造の記録
演出 録音 記録 編
塩澤幸登
Yukito Shiozawa
黒澤明はいかに
映画を作ったか
55年間、30本、つねに新しいものに挑戦しつづけた映画作り
河出書房新社　定価 本体2600円 (税別)

自著。マガジンハウス退社後、初めて書いたノンフィクション。2005年刊。河出書房新社発売。全三巻で２０００ページの作品になった。黒澤組のメンバー20人余の映画作りの記憶をまとめたものです。

会社を辞める

会社にいたころ、わたしは木滑さんから「お前の文章は硬すぎる」といわれつづけた。これには理由があった。もともと学生時代から、読む本も純文学の作品とか岩波文庫の哲学や歴史学の本とかを読みあさってきていて、廣松渉のコチコチの文章や高橋和巳の漢語の入り混じった文体が好きだったこともあり、わたしは自然にそういう硬めの文章を書くことが多く、美文というわけではないが、格調の高い、行儀のいい、颯爽《さっそう》とした文章を書きたいと願っていた。

大学を卒業して、平凡出版に入社して、月刊『平凡』の編集部に配属になった。忘れもしない、そこで最初に書いた原稿はNHKの『ステージ101』という歌番組のスタジオルポだったのだが、取材して戻ってきて、こういう文章を書いた。

NHK放送センターにはTVスタジオが二〇あります。そのなかで、101スタジオは面積が約千百平方メートル、東洋一の広さなのです。皆さんも見学に行けばわかると思いますが、本当に広くて、誰でも驚かされます。本当に広いのです。(1)

右記のようなですます調の文章を書いて、当時デスクをやっていたガンさん(岩永康)のところに持っていったら、「シオザワくん、この文章は丁寧で行儀が良くて、よく書けているんだけど、もう少し、言葉遣いは多少乱暴でもいいから、友だちとおしゃべりしているような、読んで楽しい感じのする文章に書き直してくれないかな」といわれた。

それで、ちょっと考えて書き直した文章がこれである。

NHK放送センターにはTVスタジオが二〇あるんだ。そのなかで、101スタジオは面積が約千百平方メートル、東洋一の広さ。キミも行って見りゃわかるよ。ホントに広い。ビックリすると思うよ。

入社して初めて編集に参加した記念すべき月刊『平凡』1970年7月号。表紙は森進一と吉沢京子だった。下がその時に作ったページ。若者歌番組『ステージ101』のルポ。写真の真ん中にいるのはMC、なんと若き日の関口宏さん。55年前の写真である。

これは月刊『平凡』の一九七〇年の七月号に実際に掲載された文章の話です。考えてみると、この雑誌の読者は中学生や高校生の、まだ子供で、ですます調の文章では、雑誌が感覚として身近になっていかない、ということなのだろう。

活字になる原稿で、こういう砕けた文体の文章を書くのは初めての経験だったが、文語を口語にして、語りかけるようにしゃべるとしたら、なにをいうだろうと考えたら、案外スラスラと新しい文章が出てきた。たぶん、これは自分でいうのもなんだが、才能なのだろう。

これで、要領を会得し、ガンさんに見せたら、それこそびっくりして「お前の文章は面白い。才能アルよ」とおだてられた。月刊平凡の編集部時代はこういう柔らかな、しゃべり言葉メインの、流行語やダジャレをふんだんに盛り込んだ行儀の悪い文章を書き散らした。この雑誌は、しかし、そういう雑誌だったのである。

そういう文章を書く傍《かたわ》らで、こんな文章は他の出版社では通用しないだろうという思いがあった。平凡出版ならでは、というか、娯楽雑誌ならではの文章である。そういう文章を活字にしながら、よその出版社で著者として（つまり、作家あるいは批評家として）例えば書籍を執筆するとしたら、当然のことだが、こんな軟弱な文章ではダメだという思いが始終つきまとった。

特に、評論や批評文を書くときは、自分の思いを文章にするという行為の背後にその人間なりの社会観や人生観があり、その考えをある程度、正確に表現しなければならず、論理的な判断を表現するために漢字の熟語に頼らざるを得ないことがある。

そういう文章は実は、マガジンハウスではなかなか難しい。「矛盾（ムジュン）」くらいは使ってもいいだろうが、「さてつ（蹉跌）」とか「しっこく（桎梏）」などになると、読者の何割くらいが理解できるだろうか。また、読者はそもそもそういう文章を雑誌に求めていない。「眩暈（げんうん）」とか、「掣肘（せいちゅう）」も使わないほうがいいだろう。

月刊『平凡』の編集部から『週刊平凡』に移ったときは、編集長から「特集記事のレベルが低いと始終、社長から怒られているんだ。だから、いいドキュメンタリーを書いてほしいんだよ」といわれて、ここで、それまで書いていたオチャラケた文章からは卒業することになった。

それでも、難しい漢字熟語は使わないようにしなければと気を遣って、例えば眩暈であれば「めまい」、桎梏だったら「足かせ」、蹉跌という言葉には「しくじり」とか「失敗」という言葉を使うようにした。校正の担当者は「いい原稿です」といって褒めてくれたが、それでも、わたしのなかにはやはり、フルスロットルで原稿書きしているという感じはなかった。

わたしの原稿の文体の調子は、やはり硬質だったと思うが、他にわたしのような原稿を書く人間はいなかったから、多少硬くても書き直してくれというようなことは誰からもいわれなかった。校閲の担当者に意味が鮮明に伝わり、構文がしっかりしていたせいではないかと思う。

木滑さんと仕事をすることになったころ、わたしはそういうちょっと固い文章を書いていた。それが、易《やさ》しい言い回しで複雑な事柄を説明する文章技術を習得しなければいけない、と考えはじめたのは、木滑さんと『平凡パンチ』でいっしょに仕事するようになって「お前はもっと積極的に自分で面白いと思っていることを仕事にしなくちゃダメだ」といわれてからのことだった。

前にも書いたが、わたしはこのアドバイスを趣味の問題としてではなく、編集の技術の話として受け取ったのである。わたしは人間がやることを面白いと思っていたのだ。人間をいろんなかたちで表現できるようにならなければいけないと思った。

そのころからもう、いずれ会社を辞めて、モノ書きになりたいということを考えていたから、このままでは外に出ても、よその出版社の基準で仕事できないだろうということも思った。

はっきりとどこかでマガジンハウスと決別しなければと考え始めたのは『ガリバー』の編集長を解任され、書籍出版局で単行本編集を手掛け始めてからのことだった。これは時期的には石川次郎がマガジンハウスを辞めていった前後からで、このころから会社を辞めて、編集者であれ作家であれ、フリーランスで仕事していけないものだろうかと模索しはじめた。

個人的なことを延々と書いているが、この自分なりの切磋琢磨が、退社後のわたしをいまのような本の作り手にしてくれて、木滑さんがそれなりにわたしを嫌わず、目をかけてくれた大きな原因だと思う。しかし、褒められてばかりいたわけではなく、木滑さんはわたしに「お前は考えることが重くて暗すぎる」ともいわれつづけた。

これはいまでも気持ちのなかにそういう部分があるのだが、雑誌の広告についての考え方が、他の編集者たち、特に石川次郎と大いに違っていたことと関係がある。これは自分が学生時代にマルキシズムにのめり込んで、資本家は人民の敵だと思った経験も影響している。

基本の考え方にそういう左翼志向があるから、木滑さんと仕事し始めた最初のうち、スポンサーっていったって、資本の走狗じゃないかと思っていた。

この考え方から抜け出すのもけっこう苦労した。この話は脇道にそれてしまうから詳しいことは書かないが、レヴィ＝ストロースの構造主義の著作なんかを読んで、人間の社会って別に発展してるわけじゃないんだ、経済成長とかいったって生活の本質は変わらない。人間は歴史のなかで同じことをぐるぐる回りでやっているだけなんだ、発展とか進歩とかいうけどそんなのは技術だけの話だと考えるようになってから、資本主義を悪者扱いしなくなった。

吉本隆明が『アンアン』に登場したことも、企業の広告も編集作業の邪魔にはなるが、それでお金をもらえるなら、けっこうなことだと思うようになった。

しかし、『ターザン』を創刊したころの話（一九八五年〜八九年にかけて）だが、上司（編集長）の石川次郎は根が早稲田の商学部出身だったこともあり、雑誌編集をビジネスだ、商売は金儲けが肝要だと考えていて、広告ページ大歓迎で、積極的にアドバタイジングとエディトリアルの合体を目指す編集を目指していた。彼はそれを《アドバトリアル》と呼んでいたが、わたしはどうもそこのところにずっと違和感を持ちつづけていた。わたしはたとえ大衆向けの娯楽雑誌であれ、文章を書くことをビジネスとは考えられなかった。確かに仕事ではあるが、自己表現でもあり、原稿書きは好きでやっていることだった。

それでも、アメリカの雑誌とか見ると、大量に広告ページが挟み込まれていて、どのページの広告写真も美しく、編集の流れを邪魔するようなものではなかったから、木滑さんや石川次郎がどういう流れの雑誌を作りたいと思っているかはよくわかった。よくわかったが、全面的に賛同ということでもなかった。

そのころのわたしは、生硬な話だが［純粋編集］というものがあるのだとしたら、それを実現させて、本を作りたいと思っていた。いまから思うと、これもそのときの幻想だったのだが、［純粋編集］の方法として、わたしが考えたのは「ものごとの本質のなかに真実がある」ということだった。だからそのことの［本質］を突きとめなければならない。そう考えた。当然それは、テーマを重く暗部裏面へと掘り下げる作業にならざるをえなかった。

多分、木滑さんはわたしのそういう志向（思考）を「お前は重すぎる」と考えていたのだ。スポンサーはわたしたちが作っている雑誌の編集方針に賛同して出広して来るのだから仲間なんだ、広告ページを悪者扱いするなというのである。それで、広告ページを白眼視するのは辞めて、タイアップページ（編集部が作る広告ページ）も積極的に作るようになった。

それからいろいろに考えて、文章表現の新しい方法を思いついた。手法として意識していたわけではなかったのだが、自分が使いたい言葉を自由に使って、ものごとの本質を説明するにはどうしたらいいか、しかもわかりやすくするにはどうしたらいいか、という問題である。

わたしが思いついたのは、自分の好きな言葉を自由に使いながら、文章の流れのなかにやさしい比喩や楽しい例えを挟みこみながら文章を書くことだった。

例えば、日本と韓国の大衆文化の基底の部分の共通性を説明するために、「韓国の女のコたちがはくパンティと日本の女の子がはくパンティとはガラは違うが、デザインは同じだ。フロントの縁に可愛いリボンがついたりしているのも同じ」というようなことを付け書きする。これは正確ではないかもしれないし、比喩としての品も下だが、話はかなりわかりやすくなる。文章が柔らかいのか、硬いのか、わからなくなる。しかし、文章の量は増える。欠点と言えば、それが欠点で、そんなことでわたしの本はついついページ数がかさんで、厚くなってしまう。

下世話な比喩《ひゆ》を入れると、文章の格調はかなり低くなるが、読んだ人はなんとなくわかったような気になれるだろう。考えてみると、こういうことを意識し始めたのは、まだマガジンハウスに在社していて社命で『平凡パンチの時代』を書いたころからのことで、この時期にはっきりと自分がノンフィクションを書くための文体を確立していったような気がする。

これは、なにかひとつ、具体的な方向性を持つ［言説《げんせつ》］を書いたら、それを具体的に説明するためにさまざまの事実、そのことを証明するための証拠を添え書きする。これは思えば、『週刊平凡』で特集記事を書いていたころから、やっていたことだった。この作業が、そのときにはっきりした意識があったわけではないのだが、これがわたしの書くものをノンフィクションにしていった経過である。いまなら、そのことを文章で説明できる。

最初、わたしは自分がどういうところにいるのか、わからなかったのだが、芸能記者時代は、これは芸能という文化でフィールド・ワークしているのだと気が付いた。

芸能は社会に依拠する大規模な文化＝大衆文化の重要な一部であり、大衆が欲望を流しこむ巨大な水路なのだと思うようになった。その水路の構造を作り上げているのは、発達した資本なのである。日本社会が実現したのは、労働者が同時に資本家でありえる巨大な富を蓄積、内包する疑似《ぎじ》的な社会主義社会なのである。

木滑さんはわたしが『「平凡」物語』を書いてから、わたしの書くものを「面白い、わかりやすい文章を書いている」と褒めてくれるようになった。『雑誌の王様』を書いたときは、わたしにはそういう意識はほとんどなかったのだが、朝日新聞の書評で、いとうせいこうがわたしの文章の文体を「紛《まぎ》れもなくマガジンハウスの雑誌の文章だ」と書いていたのでおどろいた。（2）

マガジンハウスを辞めたあと、わたしは同社についての昭和期のノンフィクションを次の順番で四冊書き下ろしている。

『平凡パンチの時代～希望と苦闘と挫折の物語～』　二〇〇九年刊
『「平凡」物語～めざせ！ 百万部 岩堀喜之助と清水達夫～』　二〇一〇年刊
『雑誌の王様～評伝・清水達夫と平凡出版とマガジンハウス～』　二〇一三年刊
『編集の砦～平凡出版とマガジンハウスの一万二〇〇〇日～』　二〇一四年刊

この四冊は、戦後昭和、平成の凡人社→平凡出版→マガジンハウスの歴史的事績とそのなかで、わたしがこの会社に在社したのは三十二年間だが、その間に自分がどうしてこういう仕事をしてなにを考えていたかも含めて記録した作品である。

『平凡パンチの時代』は213ページ以降に書いた通り、一九九六年に社命で書いて、著者表現が「マガジンハウス編」となっていた『平凡パンチの時代〜失われた六十年代を求めて』を再編集して、あらためて著者がわたしであることを明記した作品として作り直したものだった。

こういう「出版」をテーマにした執筆のほかに、『KUROSAWA』で「日本映画」を、『MOMOSE』ではヤクザの世界を、『UWF戦史』で「プロレス」を、『死闘』『王貞治の甲子園』で「プロ野球」を取り上げ、『南ア戦記』では「サッカー」をテーマに、『全記録 スワノセ・第四世界』では「ヒッピー」を取り上げた。いずれもノンフィクション作品だが、こういうかたち

『死闘 昭和三十七年阪神タイガース』自著。2012年刊、発売 河出書房新社 村山、小山、ふたりのエースを擁した投手王国、藤本阪神優勝の記録。

自著。『MOMOSE 伝説の用心棒・不良のカリスマ』2006年刊　河出書房新社発売。百瀬博教本人は「オレはヤクザじゃない。不良なんだ」と言っていた。

で仕事している作家はアメリカにはいるみたいだが、日本にはわたし以外いない。

要するにわたしは戦後の大衆文化を、そこでなにが起こったかを記録しておきたいのだ。わたしの本はいずれも500ページを超える作品が多く（『「平凡」物語』は750ページある）、これらの本を書き上げるためにはかなりの克明な取材や資料調べが必要で、マガジンハウスに関連して書いた著作については、木滑さんにも何度かインタビューさせてもらった。書き上げた本は何度か（というか何度も）新聞書評などで取り上げられ、この作業は木滑さんのかなり気に入ったみたいだった。

わたしの本はいずれもベスト・セラーにはほど遠く、純粋に原稿料や印税で生活する作家だったら生活が成り立たないような貧弱な売れ行きだったが、自分が《ひとり出版社》として（河出書房新社の助けで）発行人として本の出版に関わるかたちを成立させることができたことで、本の採算を成立させて利益を捻り出すことができた。

そういう経過のなかで、木滑さんはわたしを第三章の207ページ以降に書いたような《出版者》として考えてくれるようになっていった。木滑さんのなかには、わたしの退社後の仕事三昧をマガジンハウスとは別の、いつの間にか、自分がフリーランス時代に考えていたような出版の橋頭堡《きょうとうほ》を作った人間に見えたのかもしれない。

木滑さんとわたしは、わたしがマガジンハウスをやめ、フリーランスで仕事をするようになってから何度も出会い、何度もいっしょに食事をし、何度も取材をさせてもらうようになった。

実は、手元に木滑さんにインタビューした録音データがふたつある。

いずれも録音環境が可能なマガジンハウスの八階の応接室で取材したときのものだ。ふたつとも二時間くらいの録音で、これをテープ起こししたら、四百字原稿用紙で400枚くらいあった。そのなかで、木滑さんは闊達にいろんな話をしている。本書のなかで、引用の説明がない木滑さんのコメントやシオザワとキナさんの会話記録は、いずれもこのデータからの転載である。

例えば、ほかのページに登場しないコメントを紹介すると、これは二〇一〇年十二月十六日、いまから十三年前の取材である。このなかで木滑さんとわたしはこんな会話をしている。

塩澤　キナさんがオレに『インプレッション』（アメリカンエックスプレスの会員誌）やれっていって、石崎が発行人でオレが編集人であれをやったんだよね。だから、あのとき、ずっと石崎のそばでおとなしくしていたら、オレもいまごろ、会社のなかでどっかに机もらって石崎と仲良く仕事していたかもしれないね、
木滑　そうだっけ。
塩澤　あのときから石崎が社長になるって決まっていたわけじゃないだろうけど、石崎が持っている、一種の開放されたオープンな感覚っていうの、それはオレも感じたもの。コイツ、いいなと思ったものね。
木滑　やっぱり、それとね。アイツは商人の息子だから金銭感覚がちっちゃいころから、ちゃ

ん と身についているよね。

塩澤　それが一番違うよね。あのバブルの時代に、ワアワア言いながら作っていた編集者っていうの、キナさんの仕切りのなかでサ、アイツがオレにいったのは、「おれは『平凡』を経験していないから、シオザワがうらやましいよ」っていうのと、「オレは雑誌の編集長をやったことないんだよ」っていってたね。

木滑　でも、石崎はすごいよ、やっぱり。

塩澤　逆にいうと、この二つのことで、石崎は桎梏みたいなものからはずれている。

木滑　清水さんもダメでしょ、金銭感覚は。

塩澤　だって、オレだってないものね。金銭感覚なんか。

木滑　いや、お前はあるよ。いや違う、金銭感覚っていうかどうかわからないけれど。

塩澤　コスト感覚というのはありますよ。だけどさ、やりたいネタがあったらさ、元は取れないかもしれないなと思っても、お金をつぎ込んじゃうんだよね。

木滑　清水さんもそうですよ。たとえ100万、200万払っても、信じられない人が裸になったら買うよ、だから、その金を惜しんでいたら損だよって。勝負のときは思い切ったことをやったほうがいいよみたいにいわれたことあるもの。

塩澤　コスト感覚はね、（雑誌やっていたころは）オレもだって、次郎さんからいわれた予算を守れなくてさ。

木滑　守れなかった?

塩澤　(平凡パンチでやった)韓国特集とか、そのあとの(ターザンの)オーストラリア特集とかサ、(予算を守れなかったことでは)ひどいものだったしね。それなりにだけど、オレが作った外国特集っていうのは、お金はかかっているけど、みんななんか、ある程度、売れたから迷惑はかけていないところもあるけど。

木滑　売れたんだよね。

塩澤　あのころ、そういう時代だったんですよ。外国のアレっていうのはね、だから、一番なんか、オレが面白いと思う企画が受け入れられたっていうのかな。まあ、いろんな話題になった雑誌があって、マガジンハウスの雑誌が、あの時代、リーダーシップとっているみたいなことがありましたよね。それはいまはどうなんですか。雑誌が乱立しているみたいなことでさ、昔なら60万部出せていたヤツがいまは……『クウネル』なんかでもサ。

木滑　ひどいもんですよ。

塩澤　あっという間に模倣誌が作られて、マーケットが拡散していっちゃうみたいなね。

雑誌『TARZAN』1987年3月25日号　一冊丸ごとオーストラリア特集。シドニーのホテルに臨時編集部をかまえ、三週間くらい滞在してひとつの特集を作った。

そういう状況のなかで、それでも、自分が面白いと思う企画しかやらないみたいな発想でいけるかどうかということですよね。

木滑　いけないよ。でもね、なんか流行ものを追っかけているのもダメだし、無関心でもダメだし、そうかといって、旧態依然たる本の作り方やってもダメだから、やっぱりもう一区切り、ちがう考え方のヤツが登場しないとダメだね。でもね、相賀さん（相賀信宏・小学館社長）なんかはマガジンハウスなんてたいした資力はないんだから、無借金とはいいながら、すぐ潰れると思っていたのが潰れないのは、なんとなくね、うちの雑誌（小学館の雑誌）とかそういうのに比べると、ブランド力があるっていっているんだよ。でもさア、そんなのいつまでもつづくわけないじゃない、はっきりいって。

このときの木滑さんはわたしのことを〝半分よいしょ〟しながらしゃべっていたのかもしれない。しかし、嫌いな相手だったら、ここまで胸襟を開いたりしないだろう。

木滑　オレは、シオザワってサ、最後に自分のことをちゃんと書けという、だってさ、もし、出版ていう仕事をちゃんとやろうと思ったら、一人でやらないとダメなんだよ。

塩澤　そうだよね、オレは、自分のやり方を自分なりに作り出したからね、要するに。

木滑　こんな組織とかさ、ビルとか、もういらないんだよ。だから、そういうものがあるだけでもう、ダメなんだよ。

塩澤　だってさ、次にあれやろうと思うじゃない。今日、永田洋子のニュースを見ていてさ、インターネットで資料をバーっと集めたんだけど、永田洋子の本をいつ書くかはイメージしているわけじゃないんだけど、資料が揃った時点で作品のイメージができたみたいなところがあってさ、それと同じで、たとえば、『「平凡」物語』みたいのを書こうと思って羽鳥さん（羽鳥勲・凡人社創業メンバー）にやらせてくれって頼んでから、四年くらいかかっているんですよ。おれは（材料を）ねかしておかないとダメなんですよ。オレがやりたいこととかは、一定期間、自分のなかに貯めとかないと文章になっていかないんですよ。

木滑　失敗はないの？

塩澤　いや、ありますよ。あるけどさ、見込み違いで５００部しか売れなかったりとか。

木滑　でもサ。次郎なんかと組んで、余計な仕事しないほうがいいよ。シオザワを使ってなんかやるとか。次郎もけっきょく、松田典之なんかをサ、便利にいうことを聞くヤツとして使っていたからサ、シオザワも気をつけた方がいいよ。

塩澤　それはオレのほうに次郎さんと仕事したいなっていうのもあるんですよ。

木滑　そういう気持ちがあるの？

塩澤　いや、だって気持ちいいんだもの。人使いが本当に上手だよ。

木滑　うまいよね。会った瞬間にいい気持ちになるもの。

塩澤　あの催眠術っていうのは、キナさんもかなり上手っていうか、うまいんだけど、次郎さんの人たらしったらないからね。
木滑　あいつは、思いっきり頭にきていても会うとすぐスーッとね、氷解しちゃうんだ。
塩澤　だから、そういうアレは持って生まれた能力っていうかさ、あのプロデューサー能力というのは……。
木滑　だから、ちがうんだよ、編集者ってそういう能力の集積したものなんだよ。
塩澤　そうなんでしょうね。
木滑　編集者なんていうプロはいなくて、ひとりの人間の側面なんだよ。
塩澤　いや、オレ、会社辞めようかと思いながら、オレは物書きになりますよって、キナさんにいいにいったこと、あるんだよね。忘れちゃったかもしれないけど、某出版社から本を出すっていう話がちょっとあってサ、やめるちょっと前ですよ。そのときにキナさんがいったのは、「シオザワ、編集者っていうのは渡り廊下みたいなものなんだよ」っていったんですよ。「その編集者というプロセスを経てどこへいくかという、なんになるか、オレは会社の経営者になったんだよ」みたいなことをそのときはいっていたけど。
木滑　能がないから、ついグズグズ会社にいたらこうなっちゃったんだよ。
塩澤　それは逆にいうと、マガジンハウスを背負わざるを得ないところに追い込まれていったということかな。キナさんしかいないというのが清水さんの結論だったんだな、と。

オレはそれを聞いたときに、ああ編集ってそうなんだな、と。なんかになっていくためだったり、スペシャリストになったりということが自然なことなんだ、と思ったんですよ。
木滑　昔はもっと単純だったんだよ。編集者の末路というかさ、物書きになるプロセスで成功する人と、マズる人といた。オレが担当したバカはほとんどダメになったけど……。
塩澤　編集って昔はなんか片手間みたいな仕事でしたよね。それは要するに文芸系の出版社とか、頭下げて原稿を書いてもらうことだったから、それがプロの編集者の仕事で、なんかになっていくアレだったと思うのね。誰か、マガハの会社辞めたヤツのなかから、どういうヤツが出てくるのかなあって思って見ているんですよね、でも、その割には居心地のいい会社にしすぎたんじゃないかっていうのがあるわけ。要するに、みんな、飛び出していくけど、なんかになっていくヤツがあまりいないみたいなことで。フリーランスはけっこういますよ。都築響一とか、森永博志とか、いまでもがんばってやってるけど……。
木滑　森永なんかはまだやっているね、ドロドロしたことを。
塩澤　そうそう。社員はね、早期退職で、割合なんかあっさり諦めちゃってさ。オレ、だからこの前ね、このあいだ、会社を辞めたヤツなんだけどさ、退職金を余計にもらってやめた書籍のヤツに、仕事手伝ってもらおうと思って、シオザワさん、うらやましいですっていうメールが来たから、じゃ、一回会おうかっていって、会ったらさ、そのときいわれたのは「シオザワさん、ボクは六十五歳まで一銭もお金を稼がなくてもだいじょうぶなんです」っていうのよ。それ、どういう意味かというと、会社を辞めたときに割り増しでもらった退職金を年金をもらえる六十五歳までで割ると、一円もお金をかせげなくても生活していける、大丈夫だという、それで生きていけるっていう意味なんですよ。

木滑　ああ、そう。

塩澤　なんていうヤツだったかな、名前も忘れちゃったんだけど。あ、S。

木滑　S？

塩澤　書籍にいたヤツなんだけど、その話を聞いたトタンにね、オレ、まあ、そいつにちょっといったんだけど、それはオレがマガジンハウスにいたからそれをいうんだろうけど、ほかの人の前で絶対にそんなこといっちゃダメだよっていったのよ。世の中の人がいま、お前がいったようなことを聞いたら、お前に永久に仕事をくれないよって、いったんですよ。なんかこうマガジンハウスっていうのは居心地のいいところで、社員を大事にしたし、モノ作りも現場を大事にする、みたいなさ、そういうところでやっていたけど、ホントに現場の担当者がそういうことの恩恵を受けて、オレみたいに中国語の学校いったり、なんかこう、デザインの勉強したりさ、能力を身につけて、自分を高めるっていうの、そういう努力みたいのをどのくらいしているかな、みたいなことを考えると、みんな、大丈夫かなっていうね。オレはいま考えてみると、いろんなヤツがいたけど、そういうワンマンアーミーの集まりが、マガジンハウスのあの時代を作ったんだと思うから。

木滑　でもさ、シオザワって、絶対、本質的にサ。
塩澤　オレの話なんかどうでもいいのよ、オレにとってはね。
木滑　たとえば、自分の部屋にこもって原稿書いているとか、本読んでいるとか、考えるとさ、そういうのがぴったりあっているのよ。人間て、基本的に、いまさア、あの孤独社会とかいっているじゃない。人間てもともとひとりのものなんだよ。それでね、このあいだ、誰かが書いていたけど、要するに、携帯とかインターネットとかでみんな繋がっているつもりでいるけど、「もしもし、いま、何してる？」「いやなんにもやってないよ」「わかった、了解」って、そういうつながりはいらねえっていうんだよね。それがないとやだっていうんだったら、あきらめなって……。
塩澤　オレもホントにね、昔から協調性がないっていわれてサ。
木滑　でも、全然、そんなふうには見えないじゃない。そんなのウソだよ。シオザワってさ、一人っていうのが人間の基本だっていうのをちゃんとわかっているのよ。
塩澤　オレ、だからね、チームでやるスポーツっていうのもダメなの。みんなね、剣道とか柔道とか、釣りとか山登りとかサ、一人でできるスポーツしかやったことないんですよ。だからそれはね、オレの悪いところというか……。
木滑　いいところですよ。
塩澤　ゴルフもあんまり好きじゃないんだよね、ゴルフもやったことないんだよね。

木滑　あれも自己責任のスポーツだよね。
塩澤　基本的には、集団で集まってやっても個人のスポーツだと思うんだけど、とにかくね、球技がキライなんですよ。
木滑　ちょっと気持ち悪いね、剣道とかは。
塩澤　とにかくね、オレ、自分の先祖が猟師だったんじゃないかと思うんだけど、平べったいところでやるスポーツを一切、受け付けないんですよ。野球もやるのはキライ。
木滑　山あり、谷あり……。
塩澤　そう、だから、狩猟、釣り……。
木滑　ねえ、シオザワっていま、いくつなの？
塩澤　いま、六十三歳。
木滑　オレね、いま、Sの話を聞いていて思い出したんだけど、岡田真澄っていうヤツがいてね。まだ、若いころにさ、たとえば、一千万円貯金すると、あとは利子で食っていけるみたいな話をしていたことがあるんですよ、オレはね、そのとき、そんなこと、世の中が変わったらわかんないよって、まぜっ返しちゃったんだけど、でも、あいつもみみっちいことというなと思っていたら、そしたら、死んじゃったけど。
塩澤　オレ、だから良し悪しっていうかね、こういうマガジンハウスのモノ作りの環境っていうのか、プラスになって働いたヤツと、マイナスになっているヤツといて、どちらかっていうと、マイナスのやつが多くなったから、モノを作る能力が落ちていったっていったら、（いまのマガジンハウスの人たちに）可哀想なんだけど、昔、小黒がムチャクチャやっていたころのほうが、やっぱり一人ずつのポテンシャルも高かったと思うんですよ。このあいだ、新宮が引き起こしたN・Kのメール事件ていうの、知ってます？

木滑　知らない。N・Kって誰？社員？　そのメール事件というのは？

塩澤　メールじゃなかった。インターネットでさ、ホームページを作って、椎根さんの思い出とかサ、要するにHanakoを創刊したころのメチャクチャに仕事した話とか、順番に書き出したんです。あのころはメチャクチャ楽しかった、みたいなことを書いて。で、最近、校正のなんとかさんがギャラでもめてやめていったみたいなことを書いたら、新宮が文句いったらしいんだよ。あんまり会社のなかのことを書くなって。

木滑　新宮は確か役員になったんだよね。新宮とか松田典之さんとか、ああいう人って調整マンだからね。調整マンて、そんなに何人もいらないんですよ。ちょっといりゃいいんだよ。

塩澤　要するに、社員がやろうとすることにブレーキをかける役目を負わされた人たちっていうかな、それは可哀想だとは思いますよ。オレだったら、長いあいだ（会社にいて）現場の社員にブレーキをかける管理職なんてやらなかったと思いますよ。

木滑　でも、あのとき、シオザワは営業を希望していかせてもらったりさ、たとえば、あのドッカの編集長をやっていたのをパッとやめて、なんか、いろいろとあのとき、激しい動きをしていたじゃない。

塩澤　ええ、まあそうなんですけどね。

この話の最後の部分はちょっと説明が必要かもしれない。

木滑さんがいっているのは、一九八九年の五月からのこと。このとき、石川は『ターザン』の編集長で、わたしが副編集長だった。そして、人事異動の打診があり、石川次郎は新雑誌創刊の準備室に異動になった。石川はわたしにいっしょに新雑誌をやらないか（やってくれないか）、といったが、わたしはそれを断った。

もう時効だから書くのだが、『ターザン』をやっている最中、石川はわたしに「この雑誌はあとをお前に任せる」といっていたのである。そして、わたしはそのことを知らずにいて、もう雑誌はすっかり軌道に乗ったと思っていたのだか、実は雑誌の内実は赤字だった。

それでも、読者層は出来上がっていて、雑誌の形も整っていた。あとは日常的な出費を予算の範囲内にコントロールするところに来ていたのだが、前にも書いたが、予算の範囲内での雑誌作りはわたしが一番苦手とするところだった。

石川の気持ちはこのときすでに、新雑誌（『ガリバー』）にいっていていて、本音のところ、『ターザン』なんかどうでもよくなっていたのである。後任の編集長に指名されたのは、わたしと同い年で『エル・ジャポン』の編集長だった平沢豊で、東大の文学部を出た温厚な性格の人だったが、そのときまで石川の仕切りのなかで、誰のいうことも聞かずに自由に雑誌作りをしてきたわたしが、彼とうまく協調してやっていけるわけがなかった。それで、そういう会社のやり方に腹を立ててもいて、わたしは「新雑誌はやりません。ちょっと《流通》の勉強をさせてください」といって、雑誌販売部に異動したのである。

このことは、かなり、会社を驚かせたと思う。

実は、業務に異動願いを出したのは、編集者的にもそのことだけが主要な原因ではなく、もっとたくさんの理由があった。編集者として雑誌を作りながら、書店に一人の知り合いもなく、取次の販売システムがどうなっているかの知識もなにもなく、そういう知識がないことが、編集者としての自分には相当の欠陥なのではないかとずっと考えていたのである。

それとは別に家庭的な問題もあった。そのころ、わたしは練馬の大泉の広さが六十坪ほどある父親名義の土地に東急不動産で（自分名義の）注文建築の家を建てて暮らしていたのだが、父親が社長をやっていた会社が倒産した。倒産前の苦しいやりくりにわたしたちに内緒で家の土地を担保に借金をしていて、その借金を返せないまま、会社が倒産してしまったのだった。

債権者から電話がかかってきて「お父さんに貸したお金を返してくれないか」といわれた。確か金額は四千万円だったと思う。それで、女房と相談して家と土地を売って、どこかに引っ越そうという話になった。わたしはこの問題に立ち向かわなければならず、とても落ち着いて雑誌を作るような生活環境ではなくなっていた。

もうひとつは子供たちのことで、マガジンハウスの編集者として仕事していると、昼過ぎに会社にいって、夜中に深夜帰宅するという生活が入社以来、つづいていて、娘たちと落ち着いて家族揃って夕飯を食べるという生活を土日、というか土日も仕事があれば出勤したから、仕事のない日以外、家族団欒で、ということを経験したことがなかった。

娘たちふたりはもう中学三年生、一年生で、もうじき誰か好きな人ができて、父親のことなんかどうでもよくなる年齢に差しかかろうとしていた。このときは、家庭のなかでパパをやらなければ一生後悔するかもしれない、と思っていた。こういう条件がいくつも重なって、新雑誌（『ガリバー』）の創刊に参加しないと決めたのである。

このことは第三章の307ページにも書いているが、木滑さんは「あのとき、お前が『ガリバー』の創刊に参加していてくれたら、あんなことにはならなかったかもしれない」といわれたが、あのとき、販売部で出版流通の勉強をしようと思った決心は木滑さんに説得されても変わらなかったと思う。新雑誌を考えるような精神状態ではなかったのである。

二年後に、わたしは『ガリバー』の副編集長として編集者に戻るのだが、このときすでにバブルがはじけて大幅な景気後退が始まっていて、広告出稿も勢いがなくなり、石川もいろんな手を打ったが、『ガリバー』の実売は伸びず、慢性の赤字雑誌になってしまっていた。

木滑さんから「あとはお前がやってくれ」といわれてわたしは編集長を引き受けたが、内心で「これは石川次郎の雑誌づくりの後始末役だな」と思った。しかし、自分のキャリアの履歴のなかに編集長の肩書きだけはあったほうがいいと判断した。

わたしは『ガリバー』の編集長を一年ちょっと担当し、雑誌にして三十冊ほど作った。

石川時代よりかなり実売部数を引き上げたのだが、金がかかりすぎるということで、そこで休刊（廃刊）が決まった。これも思えば、理不尽な話で、後から聞いたことだが、このころの『ガリバー』の平均実売は七万部から八万部だったが、何度か十万部を超える、かなり販売成績の良いものがあった。当時、『ガリバー』のキャップだった岡本仁が作ったイタリア特集は十五万部作って書店調査では完売を記録した記憶がある。

完売というのは十五万部近く売れたという意味である。ただ、岡本はかなり野放図に予算を使っ

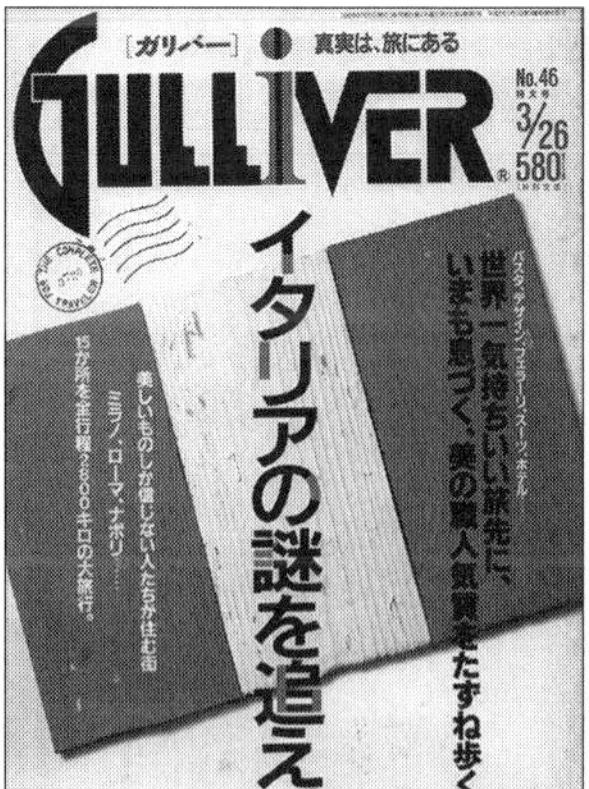

雑誌『ガリバー』。タイ特集は1991年11月28日号、特集タイトルは「元気が出るタイ」。イタリア特集は1992年3月26日号。特集タイトルは「イタリアの謎を追え」。完売した。

ていて、このイタリア特集は製作費に五千万円くらいかかっていた。これだけの編集費がかかると、完売しても雑誌は赤字なのである。この号はいかに取材スタッフがイタリアにいってふんだんにお金を使ったかを証明する記念号になってしまった。

一方、こういうこともある。『ガリバー』と同時期に『自由時間』という、こちらは甘糟さんが考えて創刊した男性用の娯楽雑誌があったのだが、この雑誌は発行部数が二万部くらいで、実売はもっと悪かった。それが、役員会で同じように赤字雑誌だった『ガリバー』は休刊して『自由時間』は存続と決めたのである。『自由時間』のほうは部数が少なかったが、予算をきちんと守って作っていた（というか赤字が『ガリバー』ほど巨大でなかった）。これは当然の判断だと思うが、会社は『ガリバー』の予算を決められた枠のなかに収めるより、予算をきちんと守っている『自由時間』の実売部数を引き上げて、黒字にするほうが現実的だと考えたのだろう。

このときの『ガリバー』の発行人は、長く『クロワッサン』の編集長を務めていた、このあと、社長になる吉森規子だったが、わたしに休刊の説明をするとき「会社にもっと体力があれば、赤字を我慢するんだけど、広告出稿も減ってきているし、しょうがないのよ」といった。

あとから、木滑さんに築地の料亭に連れていってもらって「シオザワ、ご苦労さまだったな」といってもらった。そして、わたしが編集長を担当した『ガリバー』の予算超過は編集費が二億円のオーバー、それに社員たちの給料、その他の固定費があり、これが八億円の赤字、都合合計して十億円の損益を出したといわれた。

『ガリバー』はもともと、雑誌の創刊時（まだバブルの絶頂期だった）に石川次郎は広告が定価で30ページくらいは入ると計算していて、それを採算に組み込んで予算を組み立てていた。景気が悪くなってスポンサーだった企業が出稿を取りやめたり、割り引いてあげなければ出稿してもらえなくなったりしていった。そのことも赤字が大きくなる原因のひとつだった。

そんなこんなで、『ガリバー』は休刊になり、その直後、清水達夫さん（このときは会長だった）が亡くなり、石川次郎がいろいろな事情が重なって会社を辞めていった。

そこから先のことは第三章の212ページにも書いたが、しばらくしてわたしは書籍出版局に異動した。実は書籍出版こそ、わたしが編集技術を習得しなければと考えていた単行本編集の実験をさせてもらえるフィールドだった。部下はいらない、そこだったら一人だけで戦える。このころはもう、三百円の雑誌を十万部売るのと三千円の単行本を一万部売るのとは、出版作業的には同じだということに気がついていた。三百円の雑誌は一人では作れないが、三千円の単行本だったらひとりでも作れる。そのことにも気がついていた。わたしは密かに、そういう、ひとりだけで戦える場所を求めていた。わたしはキナさんとの会話で、こんなこともいっている。

塩澤　次郎さん（石川次郎）というのは才能があるヤツだったら、その才能を生かす場を作って、その才能を伸ばそうとしてくれるところがあったから、オレは次郎さんがあの会社のなかでちゃんとしてくれるんだったら、まあ、（うしろを）くっついて回ってりゃいいや、みたいなね。そう思っていたんですよ。

それで、次郎さんが会社をやめたとき、オレもやめようかなと思ったんです。ただ、これで会社のなかで、要するに、そのなんかこう義理だてしてね、この人のためだったら働かなきゃ なっていうふうに思う人っていうのはキナさんだけになっちゃったな、みたいな思いもあったわけ、そのころの自分が木滑さんのためになにかできると思っていたわけじゃないんだけれど。

そのときには芸能雑誌をいっしょにやっていた高木さん（高木清）もいないし、斎藤さん（齋藤茂）もいないしという、キナさんたちと仕事するまで、いっしょに仕事していた人たちもみんな会社を辞めちゃっていたし。だけど、オレはオレだな、と思ったんですよ。次郎さんに頭を下げて、仕事くださいっていいにいく状況がくるようなやめ方だけは絶対にしないようにしなければなっていうことも思った。

それで十年かけて準備して会社を辞めてやれ、と決心したんです。

【註】

（1）月刊『平凡』1970年7月号　P・152

（2）朝日新聞 2013年9月1日号　書評ページ

退社前後

会社を辞めたあと、わたしは自分の足元を固める作業で忙しく、木滑さんともしばらく会っていなかったのだが、マガジンハウス関連の書籍を連続して出すようになってから、また、わたしたちは連絡を取り合うようになった。

会社を辞める前のことを少し、思い出し書きしているのだが、辞める前、ときどき呼び出されて（わたしから「キナさん、ちょっと話があるんです」と相談することもあった）、会社の近所の喫茶店でお茶しながら雑談をして、「お前、会社辞めるなよ」とか「いま、いろいろ考えてるところなんだよ」とかいわれた。

オリーブ編集部にいた三浦恵が書いた小説『音符』。この作品は河出書房新社の文藝賞を受賞したが、彼女は作家にはならなかった。

当時のマガジンハウスには、わたしのほかに、例えば、小説を書いて河出書房新社の文藝賞をもらった『オリーブ』編集部の三浦恵とか、社外でも名前が知られている社員編集者が何人かいたのだが、そういう、要するに〝タレント編集者〟を一カ所に集めたチームを作ってマネージメントする組織を作りたいんだよ、と言い出したことがあった。それが実現したら面白いなと思ったが、そんなことにはならなかった。

　このとき、木滑さんは会長になっていて、社長は吉森規子か赤木洋一だったと思うが、彼らにとっては、社員編集者は給料も才能も平等にあり、外で名前が知られているかどうかなんてことは、どうでもいいことで、むしろ社員行政の邪魔だったのである。木滑さんは編集は才能だ、才能のあるやつに自由に仕事させたい、と考えていたが、そううまくはいかなかった。

　木滑さんも社内のことは自分の自由にならないことが多々あるようだった。

　マガジンハウスの、というかそのころ社長だった赤木洋一や石崎孟たちも会社には木滑さんの名前は必要（銀行取引もキナさんの名前でなければお金を融通してくれないなどという噂まで流れた）だったが、木滑さんの編集者としての一種の［自由思想］は不必要と考えているようなふしがあった。彼らにとって重要なのは木滑さんがいちばん嫌っている［管理］だったのである。木滑さんには会社を辞められたら困るが、自由に発言されても仕事されても困るのである。

　木滑サンの［編集自由思想］は肥大した組織にはありがた迷惑みたいなものだったが、それでもみんなが大事にしてくれるから、居心地は良かったり悪かったりしたのではないか。

　木滑さんはコーヒーを飲みながら、いろんな話をしてくれた。

　いま考えてみると、木滑さんはそのころのわたしを、石川次郎の作った『ガリバー』の、ついに赤字のままで終わらざるを得なかった悲劇の雑誌の後始末をさせた可哀想な編集者と思っていたのかもしれない。実際に、わたしは『ガリバー』の編集長時代、社内で〝咬《か》ませ犬〟と陰口を叩かれていた。［咬ませ犬］というのは誰かと喧嘩をするとき、相手の実力を見定めるために、負けるのがわかっているのに犠牲になって戦うヤツのことをいう。

これは一つ、忘れられない記憶があり、このことも書いておこう。

学生時代、いっしょにストライキ（大学闘争）した仲間で、闘争に深入りしすぎて、書店にしか就職できなかった同窓の人間がいた。学生時代はコチコチの革マルだった。

わたしが『ガリバー』の編集長になってこの人の務める書店に挨拶にいったとき、「シオザワ、よかったな、すごいな」といって喜んでくれたのが、雑誌が休刊になり、書籍出版局に異動になって、これから単行本を作りますという挨拶回りで、彼の書店を訪ねたとき、「お前、咬ませ犬だったんだってな」といわれたのである。これはマガジンハウスの販売部の彼の書店の営業担当が、わたしの顚末をそういったのだろう。

ここでいう［咬ませ犬］というのは将棋の捨て駒のような意味合いだったのだろうが、多分、彼のなかには〈一人だけ闘争を日和って、うまいこと出版社に就職しやがって〉という、わたしに対する密かな敵愾心がずっとあったのだろう。それが言葉になったのだ。

そして、その敵愾心は社内にもあり、もともと、キナさんや石川次郎がわたしを重用する人事を面白くなく思っていた人たちはわたしのことを〈木滑たちの雑誌づくりの犠牲者〉というふうに思っていたのではないか。だから［咬ませ犬］だったのだ。

それがあって、木滑さんは盛んにわたしを気遣っていてくれたのではないかと思う。

異動していった書籍出版局でわたしは、単行本編集の要領を学習しながら、二年ほどのあいだに、この話は208ページにも書いたが、元シャインズの杉村太郎といっしょに新卒大学生の就職本である『絶対内定』というマニュアル本を作って、採算軌道に乗せてシリーズ化した。

わたしは一冊の本をたくさん売るのは苦手だが、一つの企画がヒットしたら、それを元に広げてシリーズ化していくのは得意なのである。第三章の212ページにも書いたが、『絶対内定』はアニュアル（年次）刊行で、『面接編』とか『履歴書編』、『情報編』、『女子大生編』とか『自己分析編』とかに細分化して、ぜんぶ合わせて十万部くらいの規模にした。（1）

毎年、改訂版を出すのだが、定価が一冊千八百円で、一人で編集しているのだから、けっこういい商売になり、これで自分の給料を確保した。

あとはグラフィック・デザインの学校にいったり、新橋の中国語学校に通ったりしながら、好き勝手に仕事した。トヨタから編集費をもらって、そのころ仲良しだった女優の岡本香織が走ったパリ・ダカールラリーの写真集とか、気楽にいろんな本を作った。そういうなかで、書籍担当の役員から「五十周年記念の社史を書いてくれないか」と頼まれ、『平凡パンチの時代』を書くのである。

このころ、社内では「新雑誌の企画を募集します」みたいな社内コンペがあり、そこに応募した企画が、三つの新雑誌になって創刊されたが、いずれも失敗に終わっている。具体的な雑誌名は書き並べないが、わたしはこれをバカみたいなことをやっているなと思いながら見ていた。

木滑さんがこのコンペをどう考えていたかはわからないが、社内の各セクションのメンバーがみんなで集まって会議をやり、新雑誌として創刊してやっていけるかどうかを審議するのである。新しいものを作り出す能力を持っていない人間たちが、そういうシステムを作って雑誌を創刊させても、うまくいくわけがないのである。

このころからマガジンハウスは迷路のようなところに踏みこみはじめたのだと思う。

わたしはこういう状況を傍観しながら、マガジンハウスがいま（このとき）持っている雑誌創刊の技術（それとシステム）では、新雑誌はよほどの才能のある編集者が創刊を担当しなければうまくいかないだろうと思っていた。実際に、九〇年代に入ってから創刊して成功した雑誌は淀川美代子が手がけたファッション雑誌『ＧＩＮＺＡ』だけである。これは淀川の雑誌づくりの能力とセンスを褒めるしかない。また、淀川の後ろにはいつも木滑さんがついていた。

あのころ、いろいろなことを考えたが、細かいことを書くのはやめておく。

よその出版社から、「本を書きませんか」というような話があるなかで、『平凡パンチの時代』が予想外の売れ行きになり、わたしは社員でありながら、自分の会社から自分が著者で本を出すという、出版社にはあまりないような形の作家になっていった。

これは、いま思えば、木滑さんがわたしにいっていた、前述の「才能のあるヤツを別扱いにしてマネージメントする」という話の個人版だったのだが、会社がそういうふうに特別扱いしてくれるようになったおかげで、わたしの社内での立場は、周囲の同年齢や先輩の編集者たちから

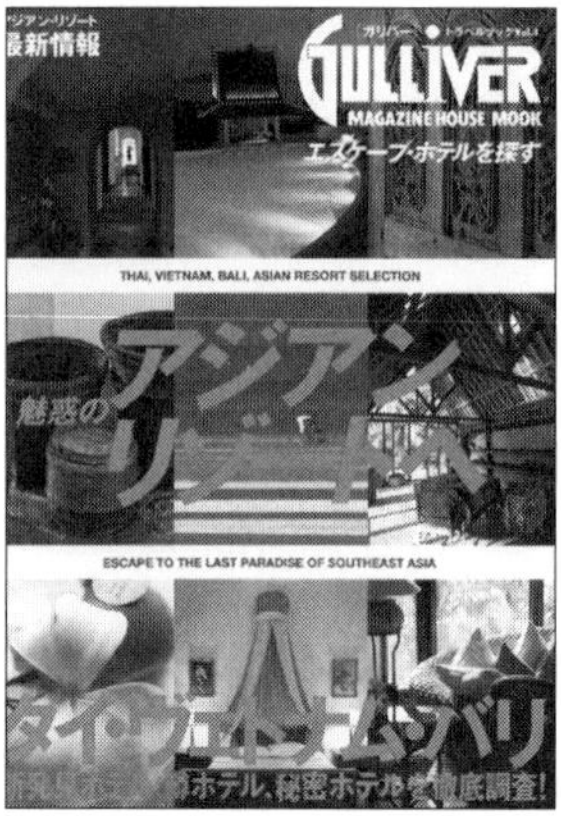

MOOKのガリバー。2000年6月発行。「アジアン・リゾート特集」はよく売れた。六本木の青山ブックセンターでは週間ベスト10に入る売り上げ、朝日新聞の出版情報ページで紹介された。

2000.05.28(日)

青山ブックセンター六本木店のベスト10

（一般書、5月15日－21日）

①ハンニバル（上）（トマス・ハリス、新潮社）
①ハンニバル（下）（トマス・ハリス、新潮社）
③COPY BIBLE （宣伝会議コピーライター養成講座編、宣伝会議）
④巨泉 人生の選択（大橋巨泉、講談社）
⑤経済ってそういうことだったのか会議 （佐藤雅彦・竹中平蔵、日本経済新聞社）
⑥BLACK JACK16（手塚治虫、秋田書店）
⑦NIKE DESIGN （祥伝社）
⑧魅惑のアジアンリゾートへ （ガリバー特別編集、マガジンハウス）
⑨日曜日は最悪だとみんなは言うけれど （村上春樹編訳、中央公論新社）
⑩田宮模型の仕事（田宮俊作、文芸春秋）

白い目で見られて、居心地がだんだん悪くなっていった。

それでも、アイツは生意気だけど本を売るのはうまい、という評価だけは存在していた。

途中いろいろあって『絶対内定』を取り上げられて、別の担当者がついた。

これはわたしが作らなくても本が売れる、と会社が判断したのだろう。その代わりに、スタッフを集めて、もう一度『ガリバー』を作ってもいいという話になった。ＭＯＯＫのガリバーである。これが会社を辞める三年くらい前のことである。

昔、『ガリバー』を作ったときのフリーランスの仲間を集めて、原稿料は一律〇十万円という定額にして、予算枠に収まるようにして雑誌を作った。アジアン・リゾートとか、ハワイとか韓国とかを取材して一冊にまとめたのだが、これは売れたり売れなかったりした。

この雑誌の体裁はＭＯＯＫだったのだが、このころはもう、いっしょに雑誌を作ってくれている仲間には悪かったが、心のなかでは、はっきりとこれがマガジンハウスでの最後の雑誌づくりになるだろうと思っていた。

このことで一つ覚えているのは、そのころ、いま社長をやっている鉄尾周一が『アンアン』の編集長をやっていて、雑誌がヨレヨレになってしまい、部数がガタ落ちしたのをなんとかしなければ、という事態に陥って、わたしが会社を辞めてしまったのをいいことに、木滑さんが鉄尾を『アンアン』の編集長から更迭して、石川次郎をアドバイス役に新しい『ガリバー』を作ろうと提案したのである。

これは表紙のロゴを変えて、福山雅治をイタリアに連れていって、あれこれを取材して一冊の本にするという仕掛けだったのだが、そんな簡単な発想で外国取材して、しかも予算枠に収まっていて売れたなんていう、黒字の雑誌が作れるわけがなかったのである。

鉄尾の『ガリバー』はさんざんの販売成績で終わった。鉄尾はおそらく、『アンアン』の編集長の代わりに『ガリバー』の編集長をやってくれ、この本がうまくいったら、定期刊行にするというような甘いことを木滑さんから吹き込まれたのではないかと思う。しかし『ガリバー』はそんな半端な編集者が作って売れるような雑誌ではなかったのである。

こうして、雑誌の『ガリバー』はここで本当に終息した。

木滑さんはわたしにはそういう政治的な部分はほとんど見せなかったが、コワモテの部分も持った人だった。マガジンハウスは小さい会社だが、どの企業にもあるような出世競争のようなものがあり、そういう出世レースで敗れた（最終的にそれは木滑さんが決めていたのだと思う）、例えば役員になった人（元は社員）を解任する（つまり会社を辞めさせる）役目も受け持っていたのではないかと思う。それは温和に見えるこの人の、出版社の最高責任者としての別の微妙な側面だったのではないか。

役員の首斬り役は誰かがやらねばならないことで、例えば、十二月まで社長だった片桐隆雄が社長になったのは二〇一八年のことだが、それまでいた専務や常務の後片付けをしなければならず、それは会長になる石崎の意向もあったのだろうが、そういう役員にゲームセットを告げるのも木滑さんの役目だったはずである。木滑さんは多分、そういう人たちから相当の恨みを買っていたのではないかと思う。これは実際に元役員のある人から「木滑のヤロー、アイツが……」という恨みの言葉を聞かされている。

わたしがもうこのへんで会社を辞めようと思った直接的なきっかけがある。第三章の216ページでも書いたが、あるとき、久しぶりであった石川から「シオザワ、お前、幾つになった？」と聞かれたのである。このころ彼はテレビ朝日で『トゥナイト2』という夜の番組のMCをやっていて、忙しくてしょうがない、という時期だった。わたしが「五十二歳です」というと、「オレが会社を辞めたのは五十三歳のときだった。お前、出版社に定年までいたらあとの仕事がなにもないぞ。そろそろ辞めたほうがいいぞ」といわれたのである。確かに、周りを見回してみると、定年後、作家になって大活躍した人などどこにもいなかった。

そういうことがあって、辞める準備をして会社を辞めたのである。

会社を辞めたあと、しばらく木滑さんとは無連絡で過ごしたが、自分の好き勝手にいろんな本を作り始めたわたしに、「シオザワ、メシ食おうよ」と連絡があり、目白の駅前にある和風洋食のレストラン［旬香亭］で待ち合わせた。

目白は木滑さんのホーム・タウンなのである。旬香亭でわたしたちはトンカツではなく、ハンバーグを食べながらだが、木滑さんはこんな話をしてくれた。


木滑　それでね。清水さんが七十歳過ぎてからのことだけど、ある日、『ハナコ』をやっていたときかな、トンカツ食いながら、わりとしみじみいったのは、ボクはもうねえ、いろんなことがわかんない、と。ボクはもう、キミに任せるよといいだしたわけ。それで、カンベンしてくださいよ。清水さん、いろんなことを思いつくじゃないですか。とかいいながら、トンカツ食った覚えがあるんだけどね。

それをね。いま、オレがシオザワにいいたいのは、このあいだ、フェイスブックの創業を映画化した話なんだけど、『ソーシャル・ネットワーク』っていう映画を見たのよ。見終わって、オレも、ああもう世の中、変わるんだなあと思ったの。

ホントにさあ、どんどん変わるわけじゃない。ボクはねえ、コレは抵抗できないとしみじみ思ったよ。映画はマーク・ザッカーバーグっていうやつが、なんとか大学のアイビー校の大学の新入生の顔のカタログを作るっていうところから始まっているんだよね、あの映画。インターネットでそういうSNSが普及すると、エジプトのデモとかさ、もう全てが同時進行で、世界が丸見えになってきているわけじゃない。

だからさア、もうぜんぜんちがう世の中なんだよね。オレはあの映画を見て、本当にそう思った。オレはね、清水さんもあのときにそう思ったんじゃないかと思うの。

たぶん、ロックとか、大橋歩の絵にしびれて、『平凡パンチ』作ってさ、それから清水さんはいろんな（新雑誌）、『アンアン』、『クロワッサン』て作ってね。清水さんの思いついたものというのはつぎつぎにモノになっていっていったんだよ。

だけど、今度の『ハナコ』になったら、もうボクにはわかんないというんだよ。

そういうふうに考えていくと、人間てね、あの、生き生きして生きていられる時間て短いんですよ。だから、もう、シオザワなんてサ、会社のなかでやることあんまりやっていないからね。だからものすごい得をしているよ。会社のなかで嫌なことをやっていないから、新鮮で花火が炸裂したまんまで、ずっといられるんだよ。


これらのインタビューは二〇一〇年と二〇一三年におこなわれたもので、このとき、木滑さんは八〇歳と八十三歳である。清水達夫さんが亡くなったのは八〇歳になったころだった。

木滑さんはこのころはもう［編集とは何か］という問題より、日常の雑務をこなすなかで、［編集者とは何か。編集者はどうあるべきか］ということを考えつづけていたのではないか。清水さんは［生涯一編集者］といったが、木滑さんは、「そんなことはあり得ない。編集者なんて一生やることじゃない」といっている。これは年齢を重ねなければ、わからないことだろう。

そして、木滑さんの話はどうしてもわたしの仕事のことにもどってしまう。

これは、なぜわたしの取材を受けて、あれこれと闊達に受け答えしているかの傍証である。

ここからは、インタビュー原稿のデータに沿って、一問一答の形式で文章にしておこう。

木滑　だから、シオザワなんか自分の思う通りにやればいいんだよ。このあいだ電話でしゃべったときに、世間は起承転結がなくなって、結論がバッと先にあって、あとはなにもないという、そういう世の中になっているから、オレはズルズル書くっていってたじゃない。オレはそれは最高だと思うよ。
塩澤　要するに、マーケティングが一つあるんだと思うんですよ。こういうヤツが読者に受け入れられやすいとかね、こういう本を書けばいいんだろうな、みたいな。オレはへそ曲がりだからそういうのが嫌なんですよ。
木滑　いや、違うの。あのね、テレビの出演者っているじゃない。対談とか座談会とか、そこで一番優秀な語り手っていうのは、結論を一番最初に大声でいうんだって。結論をバーっというと、その人が勝っちゃうんだって。最後まで、こうなって、こうなってこうなりますっていう人は目立たないっていうんだよ。
塩澤　そうだと思いますよ。
木滑　お前はちゃんと起承転結を踏んでいるよね。
塩澤　いや、そうじゃないのよ。オレは、要するに、ものをいうには、本当に理解させるためには相手に知らせる順序があるだろうと思うんですよ。オレは、本を書くのは要するに山登りだと思っているんです。
木滑　山登り?
塩澤　これはこの前もちょっといったかもしれないけれど、できるだけ険しい、登りにくい山になってやろうみたいなことを考えるよね、行《ゆ》くのも大変だし、途中でなんか、ビバークみたいのもしなきゃいけないしという、南アルプスの駒ヶ岳の向こうにある赤石岳みたいな、ものすごい登りにくいんだけど、それは登山道がちゃんとしているみんなが登る山とは違う、標高なんてあんまり関係ない、登りにくい山なんですよ。だけど、その山に登ったときの達成感というのはなにものにも代えがたい……。
オレが原稿書きでそういう山を作れるかっていう自信はないんですよ。だって、オレ、自分が分かったのは、オレって自分にぜんぜん自信のない男なんだっていうサ、最初、原稿を書くときには、「なのではないだろうか」とか、「だと思う」とか、「そういうふうに考えられる」、というようなのが必ずくっついているんですよ、語尾に。それで、それをみながら、ここのところは消そうかなとか、ここは断定してもいいかもしれないな、というような塩梅をやっていくんだよね。それで、自信があって書いているような形になっていくんだけど、実際に原稿を作るときには闇の中で手探りしていくと、だんだん見えてくるというか……。

木滑　だんだん断定的になってくるの？

塩澤　断定的っていうんじゃないけど一個ずつのチャプターが固まっていくというか。

木滑　だと思うとか、ではないかっていうのがなくなってくるの？

塩澤　それがポイントになってくるんですよ。事実の羅列のなかで自分の判断がポイントになっていく、みたいな感じがちょっとあってね。別にその……。

木滑　でもね、オレは、シオザワのアレは、登山家の話が出たからいうけど、メスナーっていうヤツがさ、酸素もなにも、近代装備はなにも使わないで、山に登っていたじゃない、アイツは。で、三浦雄一郎っていうのが、そういうものを使い放題でやっているじゃない。やっぱりメスナーって、子供の時から自分で崖に登りながら、だんだん山登りに興味を持っていって、最後、マスクも使わない、自力で死ぬまで戦うっていうやり方だったわけじゃない。それがお前のやり方なんだよ。

塩澤　おれも死ぬまで戦いますよ。

木滑　オレさ、石崎（石崎孟・当時の社長）に、お前サ、シオザワのあの本（『雑誌の王様』）、少し買って社内に配っても良いんじゃないのっていったらさ、ぜんぜん乗らないんだよね。

塩澤　おれ、アイツに（贈呈本）送んなかったからね。

木滑　あ、そうなの、ふうーん。

塩澤　そりゃだってさ、企画書で一回、出しているんだから。それで出版を断られている。

木滑　あ、そうなんだ。

塩澤　椎根和の本（新潮社で絶版になった『平凡パンチの三島由紀夫』をわたしが再出版した）のときも企画書を書籍出版局あてに出したし。マガジンハウスに関係した全部の本、企画書、出しているんだよ。やっぱりね、そういう本はここで出したらどうかっていうのを一度は聞いてあげなきゃと思っているの、いつも。で、ここで出すんだったら、ある程度、会社の意向を聞いてあげて、もっとトゲのない、社の本として形が整っているような本にしなきゃ、と思って聞いているんですよ。

椎根和が書いた『平凡パンチの三島由紀夫』、最初、新潮社から出版されたが、絶版になった。わたしが引き取り、河出書房新社から発売の本に作り替えた。

木滑　そういうの（マガジンハウスの事蹟を書いた本をよその出版社から出すこと）を怒

るんだよ、石崎って。椎根が出したあの本（『平凡パンチの三島由紀夫』）で、オレが（石崎が怒っているって）言ったらさ、エーッ、そんなことで怒るんですかって椎根が呆れていたよ。

塩澤　要するにさ、企画書をここ（マガジンハウス）に出したってさ、ここを頼りにしているわけじゃないから。悪いんだけどさ。

木滑　まず最初に……。

塩澤　一番最初に、とにかく、断られるってわかっていても、いちおう、ここに（本にする意思ありますかと）聞いてあげるのが礼儀だと思うんですよ。だから、石崎のところまでは話はいっていると思うよ。おそらくキナさんところまでは企画の話は届いてないだろうなとは思っていたけど。

木滑　それで、オレは佐藤隆信（新潮社の社長）のところにいってサ、ウチの社長がなんかヘソの位置がずれているから、とりあえず一筆書いて、あの本、石崎に送ってあげてよって、いったらすぐやってくれたんだよね。

塩澤　そのことがあったのかもしれないね、それで椎根さんは話をオレんところに持ってきたんだ。あのー、別にさ、嫌がらせをしようと思ってやっているわけじゃなくて、オレはね、そういうことは自分の仕事のなかのひとつで、やらなきゃいけないことだと思っているから。だから、彼はある時期の社長にすぎなくてサ、で、どういうふうになっているか知らないけど、また、だれか別の人がやる、ということだと思うんだけど、時代のなかでこの会社が持っている社会性とか、それから歴史とか、重要性というものは、やっぱり書くだけの価値があると思うから、オレはやっているんですよ。
木滑　それはそうと、やっぱりシオザワが考えた編集者なんて商売はあるかどうかって、オレは疑問に思っているんだけど、そういうふうになりたがっているヤツはいっぱいいるから、お前の書く本は、多分、お前のねらい通りに、ある程度、反響があると思うんだよ。いままでと違う、ハウツー本じゃないっていうにおいがすれば。
塩澤　オレはだから、自分の経験を、どのくらい書きいれた本にするかという、——あんまりそれをやるとね、いままで（椎根和が書いているような自分の編集の思い出話ばっかりの本）と同じような本になっていくなっていう気もちょっとあるわけ。
木滑　うーん、
塩澤　そうじゃなくて、もっと編集ってなんなのかなっていうところで書いた方がいいかもしれないと思ってやっているんですよ。
木滑　だから、最初のところで、日本語ができて、日本人の生活をしていたら、あの、それが全ての編集の勉強になるんだから、けっきょく、この、シオザワが書いている、生き方として考えた編集者っていうのは……。
塩澤　オレはそのことのタイトルをね、人生は編集作業である、っていうふうにしようと、人生は編集作業である、と。

木滑　そうだよね。

塩澤　オレもこのあいだの本で書いたんだけど、編集って要するに、台所仕事みたいなもんだと思うんですよ。

木滑　シオザワもね、編集者って書いて「プロデューサー」ってルビふって書いているでしょう。だから、編集者っていう商売は、職業的にあるわけじゃないんだよ。

木滑さんが一九八〇年代の編集の現場をどう考えていたか、インタビューのなかから、公式の場では絶対にそういう発言はしなかった、本音の部分をしゃべっている箇所を紹介しよう。

塩澤　あのころ、講談社が一番最初に就職試験をやっていたんですよ、。

木滑　講談社なんて、オレ、学生のころから雑誌が好きだったから、自転車に乗ってさ、音羽まで見に行ったもの。ああ、アレが講談社かってね。

塩澤　講談社、ぼく、試験に落ちましたもの。軽い気持ちで受けた講談社の試験に落ちたんで、こりゃまずいなと思ったんだよね。もうなんか、ヘルメットは被っていなかったけどさ、大学はバリケード・ストライキをやっていたんだけど、デモとかストとかやっている段階じゃないなと——。本気出さないとダメだなと思った。

木滑　K（K・K）なんかもそうなんだよね。アイツは会社入ってからも労使交渉の最前列でワアワア騒いでた。
塩澤　オレは会社入ってからそういうことの延長線で、会社のなかでみんなが組合運動で暴れているのを見ていてサ、こいつらどうしようもないなと思ったのよ。いっしょにやれないなと思った。最終的に賃上げ闘争なのに、革命だみたいなことをいって。それだったら、会社なんか就職しないでさ、ホントに学生運動でね、革命目指していたんだったら、大菩薩峠までいきゃあよかったじゃないかみたいな、それはなんか、こう、この人たち、年とったときに自分のつじつまがどうなるのかなあと思っていましたよ。
木滑　Tさん（T・K）とか、T（T・K）とか。なんかまちがっていたね。浮かれながらなんか、あのころ、まちがっていたね。I（I・H）とか。
塩澤　オレはまあわかんないけどさ、もう要するに仕事がうんとできてね、労働運動というか、そういう意識をきちっと持っていて、大衆雑誌を作るかたわらでこういうことをやらしてくれとか、こういうのも必要じゃないかというのがあったと思うんだよね。それをいわないで、賃上げのことだけで大騒ぎしてた。
労働組合の問題はけっこう難しい。一般的な社員からすれば、男女、年齢で同一賃金だったから、社員である限り、どんなふうに働いていても、安心していられる労働者の理想郷を実現した、と書くこともできるが、こんなことを考えた人もいた。これは『ポパイ』、『ブルータス』で長くフリーランスとして仕事した都築響一の『圏外編集者』からの引用である。

いまはどうなのかわからないけれど、当時のマガジンハウスは「勤続何年間」で年俸が決まっていたらしく、9時から5時までのデスクワークのひとも、週に何日も泊まりこむ忙しい編集者も、同じ給料だった。僕みたいなフリーの人間は、基本的に社員編集者の下で仕事することになるけれど、社員編集者にはものすごく仕事に熱心なひともいれば、ぜんぜん働かないひともいる。（略）
そういう「手厚い待遇」の中にいて、働いても働かなくても同じ給料がもらえるとなったら、自分は絶対サボっちゃうと思った。だって、まるで関係ない芸能誌とかから人事異動でこっちの編集部に来て、まったく仕事しない社員編集者とかたくさんいたから。あと、こういうことはあまり思い出したくないけれど、マガジンハウスにかぎらず当時の大手出版社って、どこも労働組合がすごく強かった。それで春闘だの団交だの、やたらと組合運動がある。そうすると、きのうまで一緒に仕事していた社員編集者が、いきなり赤いハチマキ巻いて、汚い手書きのビラを壁に貼っていたりする。仲良い上司と部下だったのが、突然、会議室で怒鳴り合ったりする。
夕方になると、「組合の決まりで残業禁止」とか言って、社員は編集部からいなくなっちゃう。でも雑誌は休刊にできないから、仕事は山積み。それでフリーやバイトがいつも以上に駆けずり回って、会社のそばの喫茶店とかで「待機」している社員編集者に、いちいち電話したり、それで社員の給料は上がっていくのに、こっちはまるで恩恵なし。そういう会社の働き方がほとほとイヤになった。（2）

こういう告白である。組合は退廃していた。そうとしかとしか書きようがない。

わたしは、当時の組合は功罪相なかばする存在だったと思う。高賃金や社員皆平等はよかったが、例えば、仕事のできない社員編集者を嫌がる編集部に当てがったりして、自分たちの不勉強を棚に上げて、木滑さんの考えた少数精鋭の編集部づくりに横車を押したりしていた。社員編集者以外の人間、たとえば、どんなに優れたフリーランスの編集者でも使ってはいけないとか、社員編集者が編集したモノ以外の作品は出版してはいけないとか、組合は社員平等主義の旗印のもと、基本的に、社業と社の発展を阻害するような部分もある存在だった。

そして、組合の意に反することをすると、待っているのは公然たる個人攻撃だった。

この話は書きはじめると、怒りが込み上げてきて際限がなくなるから、このくらいにしておく。

木滑さんが一九八〇年代の編集の現場をどう考えていたか、インタビューのなかから、公式の場では絶対にそういう発言はしなかった、本音の部分をしゃべっている箇所を紹介しよう。

木滑　清水さんが『鳩よ！』っていうのを考えてさ、オレんところに相談してきたのよ。それで、オレもコンセプトはすごい大好きだったから、いいんじゃないかっていったんだけどね。清水さんはね、なんでもコピーだ、要するに、詩だ、テレビ・コマーシャルのコピーも詩だっていってサ……。

塩澤　オレもあんときはいいなと思いましたよ。ただ、編集したのがI（I・Z）だ、Eさん（E・Y）だって、創刊号の出来上がりを見たトタンになんだこれは、みたいな。妙にカッコつけた息苦しい雑誌になってた。

木滑　イヤンなるでしょ。それで最後はM（M・M）だもの。

塩澤　Mさんも文学のにおいなんかしないいんじゃないかっていうサ。

木滑　M・Mって覚えてる？

塩澤　知ってますよ。Mさんは週刊平凡のときの直属の上司だもの。

木滑　アーア、こいつか。清水さん、なんでこいつなんだよっていうサ。

塩澤　だから、なんかやってくれるんじゃないかと思ったんじゃないの、わかんないけど。

木滑　でもさ、残念だったよね。すべて心のなかにあることはすべて詩だという、あの発想はすごく面白いんだよ。

塩澤　あの時点ではホントにそういうね、どうせああいうふうに現代詩（の文章感覚）を中心にして本なんか作ったら部数なんかいかないですよ。

木滑　そうなんですよ。
塩澤　だから、それだったらそういうつもりで。
木滑　かっこいいものにすればいいじゃない。表紙がちょっと良くてさ。清水さんが鳩よ！っていう字書いて、ちょっと気に入らないなと思ったけど、まあいいやって……。
塩澤　だからサ、詩っていうのかな、『ユリイカ』みたいなね、それこそ部数はポパイの60分の1しか出てなくて、1万部しか出てないんだけど、でも、文化としての存在価値はもしかしたら同じくらいあるかもしれないという、そういう雑誌を作るスタッフというのを、それがI・Zじゃ、アノー。

雑誌『鳩よ！』1983年12月 創刊号。マガジンハウス初めての文芸雑誌として創刊されたが、うまくいかなかった。いま思えばもったいないことをした。

木滑　あれ、最悪だね。I・Z。
塩澤　だから、それ（言葉の雑誌）用の人たちを特別招集すれば良かったんですよ。糸井重里とか田中康夫とか。まあ、田中康夫がどうなのか、わからないけど。
木滑　田中康夫のほうがまだいいよ。（2）
塩澤　ちゃんとした武器を持ったやつっていうの、人を撃てば血が流れる、相手の心から血を流す能力を持っているヤツらを集めなきゃダメだったと思いますよ。
木滑　田中康夫、面白いよね。村上龍なんかよりずっと面白いよね。
塩澤　あの時点ではさ、要するに人はいっぱい集まったんだけど、あの、なんというかな、やっぱり……。
木滑　だから結局ね、弁当箱まで考えてたんだけど、あと、誰もいない。誰もきちんとした盛り付けができなかったっていうことだよね。

ここでは、特定の人名についてはイニシャルで書いた。こういうことを書いてどうか、これは誹謗ではないかという向きもあるだろうが、仲間内での会話、木滑さんの本音である。

これでわかるように、木滑さんは、実はかなり過激な発言を平気でする人だった。

当時の、全盛のころのマガジンハウスにはいっしょに仕事したくて、多くの有能な人材が外から集まってきた。例えば、デザイナーの堀内誠一さんを副社長として迎えいれる、というような話もあったというのだが、大反対する人たちがいて、実現しなかった。

また、組合も広く声がけして有能な人材を仲間に迎い入れ、自分たちが作れなかった著作物を作るという考え方に与せず、賃上げや自分の意にそまない人事異動に対する拒否のような、目先の自分たちの利益と不利益のことばかり考えていた。このことも、マガジンハウスが先見性を保持しながら、なおかつ総合出版社へと脱皮していく道を閉ざしたとわたしは考えている。

雑誌『鳩よ！』はマガジンハウスが土台のしっかりした出版社へと脱皮していく可能性を秘めた文芸雑誌として発想されたが、サブカルチャー意識が強すぎたのか、トレンドを追いかけようとしすぎたのか、編集スタッフに恵まれず、文芸雑誌としてはついに不発に終わった。

【註】

（1）シャインズというのは「社員ズ」のもじりでバブル時代にそれなりに受けた二人組歌手である。杉村太郎はその片割れだった。彼はシャインズで売れなくなったあと、就職塾『我究館』を創立した。二〇〇四年に働きすぎて原発不明がんを発病、七年半にわたる闘病生活ののち、二〇一一年に死去した。『絶対内定』はわたしがマガジンハウスを退社した翌年、版元をダイヤモンド社に移し、現在も刊行がつづいている。累計で百七十万部を発行しているという。新卒就職の大学生のバイブルである。

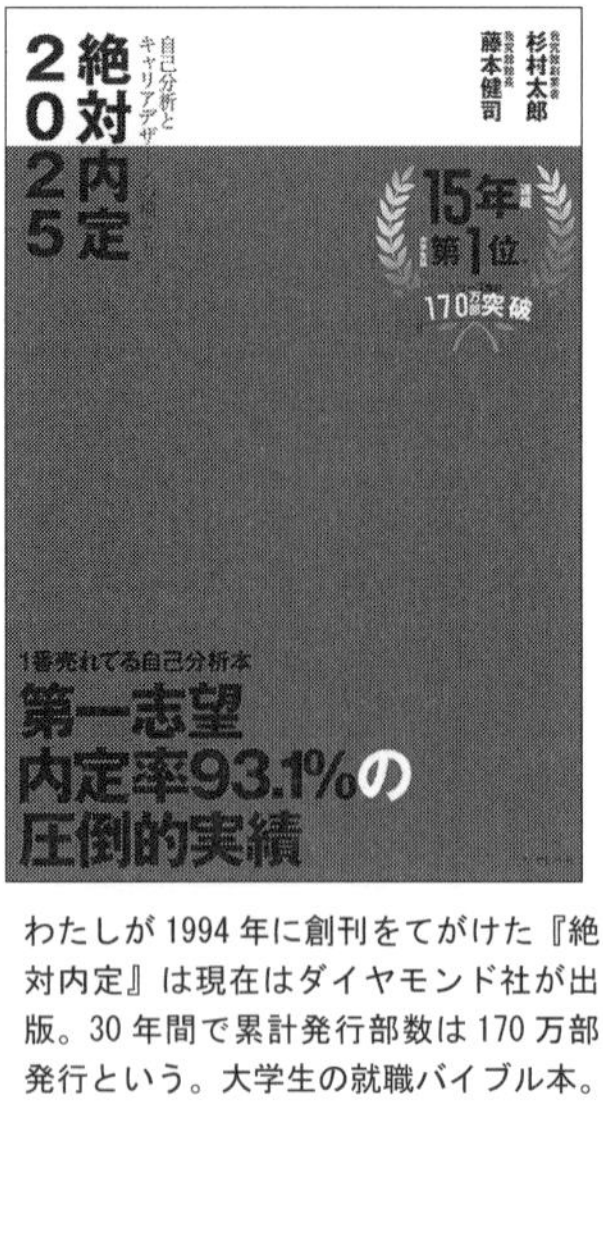

わたしが1994年に創刊をてがけた『絶対内定』は現在はダイヤモンド社が出版。30年間で累計発行部数は170万部発行という。大学生の就職バイブル本。

（2）『圏外編集者』２０１５年　朝日出版社刊　都築響一著　P・57
都築響一は一九七六年の『ポパイ』創刊時から学生アルバイトでマガジンハウスで働き始め、

のちに『ブルータス』などでも健筆をふるう、現代美術や建築やデザインを専門に担当するフリーランスのスタッフになった。この人も木滑さんの薫陶を受けたひとり。木滑さんの話のなかによく出てきた。『TOKYO STYLE』、『ROADSIDE JAPAN』などを刊行し、のちに木村伊兵衛賞を受賞している。マガジンハウスがその才能を活かしきれなかったクリエイターのひとりだ。

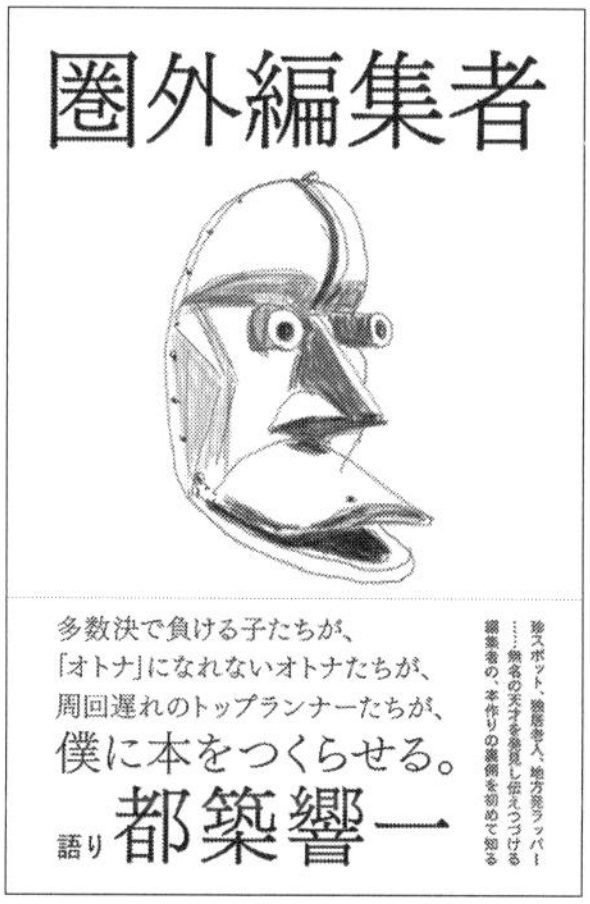

都築響一の『圏外編集者』。つまらない雑誌ができるのは編集会議のせいといっている。この人もキナさんの教え子。

小説『なんとなくクリスタル』は河出書房が主催する文藝賞の1980年度受賞作品。作家・田中康夫の誕生だった。

（3）田中康夫というのは『なんとなくクリスタル』を書いて文藝賞をもらった作家の田中康夫。のちに、長野県知事になったりして、政治の世界に足を突っ込んでいる。このころは清水達夫のところに頻繁に出入りしていたが、けっきょく、この人の才能を使い切る編集者ががいなくて、マガジンハウスのなかに居場所がなかった。

二〇一七年　木滑良久事務所設立計画

ここから先のことを書くのは気分が重いが、最後まで書かなければならない。

いつだったか、木滑さんとおしゃべりしていて、一度だけ本気で怒らせたことがある。それはキナさんが「いろいろ大変なんだよ」といったときに、わたしが「マガジンハウス、辞めちゃえばいいじゃないですか」といったからだった。

キナさんはそれを本当に怒って、「マガジンハウスはオレの一番大切なものなんだよ」といった。わたしはそれ以上、辞めた方がいいというようなことはいわなかったが、そのとき、「ボクには夢があるんですよ」「キナさんがマガジンハウスを辞めたら、目白に木滑さんの個人事務所を出して、ボクがそこで電話番をしたいんですよ」といったのである。

山手線目白駅。すぐそばに学習院大学。

これがいつごろの会話だったか、はっきりしたことは覚えていないのだが、わたしがそれをいうと、木滑さんはけっこううれしそうに「まあなあ、そうだなあ、だけどなあ」といって笑った。これも確か、目白駅前の旬香亭で食事をしながらの会話だったと思う。

この話は半分冗談のような形で始まったが、わたしのなかで〈木滑さんともう一度、いっしょに仕事したい〉という気持ちは次第に強くなっていった。

前にも説明したが、わたしは茉莉花社《まつりかしゃ》という出版物発行機能を持つ有限会社を持っている。社員はひとりもいない、わたしが社長の［一人出版社］で資金繰りに困ると女房が銀行の役目を果たしてくれてお金を融通してくれるという、能天気な商売の出版社である。

わたしはその会社を発行元に、河出書房新社を発売元にして、作家として自分の書いた本を出版し、場合によっては、編集プロダクションとしても機能して、よその出版社の注文仕事も引き受けるようにしていた。そして、自分で書いた本を中心に、一年間に二、三冊の単行本を作って、出版活動をつづけてきたのである。

木滑さんは、始終、冗談のように「出版なんて机と電話があればできる仕事」といって、わたしが辿り着いたこの出版のシステムを〈オレの理想の仕事の形〉といってくれたが、まさしく、わたしの出版社はわたしの自宅の書斎にしか存在していなかった。

わたしも一応、自分のことを起業家のひとりだとは思っていた。起業家というのは、基本姿勢として、自分の事業を拡大していきたいという本能的な欲求があり、事業拡大を狙って行動し、ほとんどの起業家がそれに失敗して、会社ごと姿を消す。二年間存続する企業は全体の5パーセントといわれるほどのシビアな数字があるのだ。

わたしの茉莉花社は創業してからすでに三十年くらいたち、本格的に出版活動を始めたのは、わたしがマガジンハウスを辞めて河出書房新社と組んで本を出しはじめてからだから二十四年くらい、その前はわたしや女房のアルバイト仕事の受け皿だった。

銀行取引機能もわざと持たずに、自分たちの財政のなかでやってきたことも、これだけ長いあいだ、会社がつづいて、しかも発展もせず、相変わらず、ひとり出版社として存続することができた、大きな原因だったろう。

日常的な経費というと、製作費（印刷代や原稿料など）のほかに自分の給料と別仕立てで借りていたマンションとコンテナの毎月の家賃だった。自分の書斎をメインの仕事場にしていたが、それとは別に家の近所に月額家賃十万円ほど払って、事務所というか仕事場というか、執筆資料としてアテにしている蔵書が一万三千冊以上あったので、そういう本を収納して置く場所も兼ねて、家のそば（日大板橋病院のそば）に小さなマンションを借りていたのだった。

マンションのなかはそれこそ本だらけで、そこで落ち着いて仕事できるわけではなく、小さな図書館の様相を呈していた。資料をもとに原稿書きをしているから、蔵書の量はやむを得ないことだった。このほかにこのマンションに入りきらない本や自分で作った本の置き場所に月払いのコンテナも借りていて、こちらは使用料が毎月、二万円くらいかかっていた。

わたしのような、発売元出版社と契約、提携して本を出している発行元出版社というのは、本の売り上げが取次から提携発売元会社経由で入金がある仕組みの商売をしているのだが、わたしのところは年間の出版点数が少ないから、ある月、二百万、三百万円の売上金が取引口座に振り込まれて、そのあと、二、三カ月まったく金が入ってこないというような、不安定な収支で商売をしていた。

毎月の自分の給料のこととか考えると、出費のなかで家賃のための用意できる予算はそういう事情から、毎月、十万円から十二万円くらいが限度額というふうに思っていた。本はバカ売れではなかったが、確実に売れていた。

これで、売れる本をもっと作れれば、商売の規模も大きくなるし、出版社としての規模が二倍、三倍になれば、一人や二人の社員であれば雇うことも可能だし、デザイナーとか校正の人とか販売の専門家とか、そういういろんな職種の人たちにフリーランスとして出来高仕事でかかわってもらえば、もっと商売繁盛するかもしれないと考えた。

そして、そのためにも、木滑さんに一枚加わってもらって、会社の看板になってもらえれば、仕事はやりやすくなるだろうと、いま思えば、欲を出して、すけべなことを考えたのである。しかし、木滑さんともう一度、いっしょに仕事することは年老いていくわたしの、遺された数少ない夢のひとつでもあったのだ。

このときから、わたしはいろいろなことを考えはじめた。

マガジンハウスをやめろといって、木滑さんに怒られたあと、また、どこかで食事しながら、「仕事場を目白に移して、キナさんが遊びに来られるようにしようと思っているんですよ」と話を持ちかけたのである。そのとき、木滑さんは「目白はいい街だよ、目白に引っ越してこいよ」といってくれた。それから、仕事場を目白に移すということを本気で考えるようになったのである。

この年の二月ごろだったと思うが、最初、興味がなかったのだが、ネットのなかをいろいろにサーフィンしていて、アメーバのブログというのを見つけた。だいぶ人より遅れた話だが、面白そうだなと思い、この先、新刊書の出版案内などを告知できれば広報の一部にもなるだろうと考えてブログをはじめた。

ブログの名前はいろんな意味を込めて、それでもってかっこいい名前がいいと思って、『沈黙図書館』と名付けた。この名称にまつわる説明は、いまもネットのなかの『沈黙図書館』の名称説明の文章があるから、そちらを読んでいただきたい。（1）

わたしのブログには、最初のころはほとんどアクセスがなかったのだが、芸能記者時代の経験を書くと、みんなが面白がってくれることがわかり、思いつくままにいろいろな思い出を書きつらねた。このブログに木滑サンが登場するのは、二月二十四日のことで、わたしはこんなことを書いている。


わたしが影響を受けた先輩というのが何人かいるのだが、個別技術的なことはともかくとして、思想的に一番大きな影響を被ったのは、この人である。みんなからはキナさんと呼ばれているのだが、わたしはこの人とものごとが必然的に流れを寄せる形で知り合いになっている。

いまから二年ほど前のことだが、わたしは『編集の砦』という本を上梓した。

この本の帯には木滑さんがわたしにいった言葉を書いた。

木滑良久はこういっている。
「自分が面白いと思ったことをやるんだよ。
自分が面白いと思ったことが
読者にも絶対面白いんだという
確信がなくてはいけないんだよ。
僕等自身が読者そのものなんだ。
自分が面白いと思うことが
信ずるべきことなんだ。
それだけがホンモノだから
他人に通用するんだよ」（2）

この原稿はかなり長いので、ここまでにしておく。

このつづきは［沈黙図書館］を検索して二〇一七年二月二十四日のブログを読んでください。

わたしのブログは始めてしばらくしたら、けっこうアクセスが増えはじめ、かなりの人数の

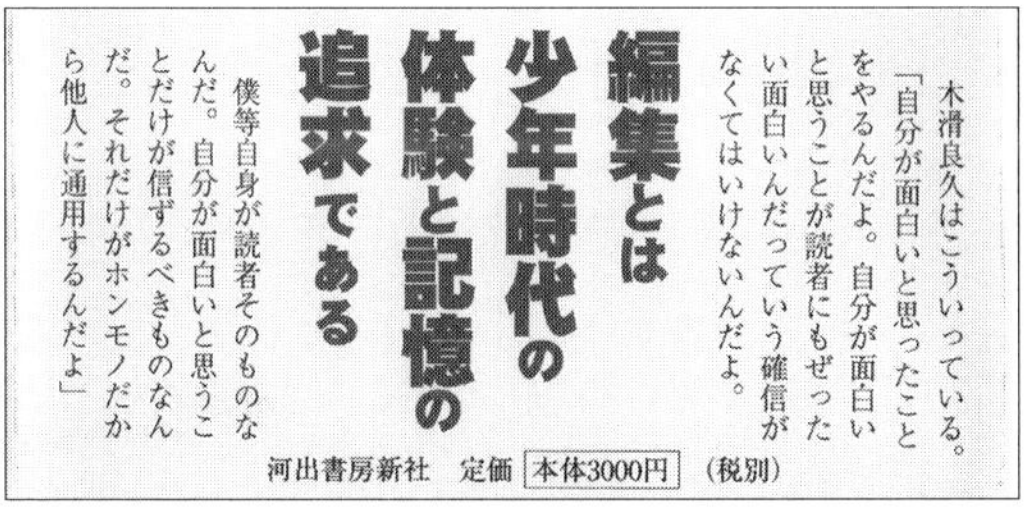
木滑良久はこういっている。
「自分が面白いと思ったことをやるんだよ。自分が面白いと思うことが読者にもぜったい面白いんだっていう確信がなくてはいけないんだよ。
僕等自身が読者そのものなんだ。自分が面白いと思うことだけが信ずるべきものなんだ。それだけがホンモノだから他人に通用するんだよ」
編集とは
少年時代の
体験と記憶の
追求である
河出書房新社　定価 本体3000円 （税別）

これは自著の『編集の砦』の帯のキャッチコピー。木滑さんの編集思想を凝縮したエキスのような言葉だ。大事なことは、大人になっても少年時代にあった、柔らかく敏感な感受性をなくさないでほしいということ。そのための訓練、読書や音楽鑑賞や映画をみたりという日常生活的な作業を欠かさないこと、それが娯楽雑誌の編集者としてダメにならない最大の秘訣だといっていた。

人たちがいろいろな記事に「いいね」をつけてくれるようになった。これを一冊の単行本にして、『芸能雑誌の時代』という題名をつけて、出版してみようと考えて編集作業に取りかかった。

　わたしはいろいろなテーマを掛け持ちして三年、四年かけて四、五冊の本を作るというローテーションで仕事していて、それも、なにもかもひとりでやっていたからメチャメチャ忙しくて、目まぐるしく生活していたのだが、そういうなかでわたしの仕事を手伝いたいといってくれる人たちが現れた。

　ひとりは昔、『ポパイ』で原稿書きをしていた人で、もうひとりは某有名出版社に就職したばかりで、編集仕事がしたいのに営業に回されてくさっている若者だった。もし出版点数を増やしていくのであれば、このふたりに出来高払いで編集作業を頼もうと考えた。

そして、三月に稲垣学と再会したのである。稲垣も元マガジンハウスの社員で、そもそもはカメラマンだったが、ある時点で販売部に異動し、そこで定年まで真面目に働いて、最後は販売部長にまでなった人だった。

　自分のスケジュールノートで日程を調べると、そのころの茉莉花社（わたしの出版社）の販売担当（ほとんど無給で働いてくれた）だった徳田純一氏（元マガジンハウス販売局長・当時七十二歳。現在は引退された）と三月八日に池袋のうなぎ屋でひとり千三百円の安いウナ丼を食いながら打ち合わせをしている最中、わたしがこれからの出版の計画をいろいろに話すと、徳田さんはウナ丼を食べる箸《はし》を止めて、「これから販売を稲垣に手伝ってもらおう」といい出したのである。そこからわたしと稲垣の新しい付き合いが始まった。

そして、三月十六日に新宿の中村屋でカレーを食べながら、徳田、稲垣といっしょに仕事する相談をしてわたしたちは合流した。稲垣が元気で書店まわりをしているという話はずっと聞いていて、いつかわたしの仕事も手伝っていてほしいと思っていたところだった。

多分、これには運命的な力が作用していた。

稲垣は徳田さんの口利きで、「シオザワさんの作った本を売る手伝いをさせてください」といってくれて、わたしが作った本を持って書店回りをしてくれるようになったのである。

こうして、会社の規模を大きくしていくための、人間的な青写真の目処《めど》はついたのだが、問題は目白にみんなが出入りできる事務所を作ることだった。

このころ、正確に日付を書くと、稲垣、徳田と打ち合わせをした二日後なのだが、三月十八日の日付で木滑さんにこういう手紙を書いている。

木滑良久様

お疲れ様です。手紙が長くなりそうなので、パソコンで書きます。

先日はお忙しいなか、時間を作ってくださり、ありがとうございました。

まだまだいろいろとお話ししたいことがいっぱいあったのですが、いま、ボクがけっこう、元気にしていることを一番最初に伝えたかったので、そのことはちゃんとお話しできて、よかったと思っています。

それで、ボクはいま考えているのですが、これから作家として自分の本も出していくつもりですが、本気であらためて編集者としての仕事にも取り組んでみようと思っています。マガジンハウスを退社して、16年たち自分が作家としてやっていくこと以外考えずにやってきたのですが、それがいま付き合っている出版社でいい形に実績になって、ほかの人の書いたものも出版できる、わりあい恵まれた仕事環境を作ることが出来たのだと思います。

いま、いろいろな計画があり、それを整理しながら、本作りをやっていかなければいけないと思っているのですが、とにかく、これまでひとりだけでやってきたので、どういうふうに仲間を増やしていくか、あまり焦《あせ》って誰でもいいと思い出すわけにもいかないし、ある程度、時間をかけて、本を作るときの負担にならないような形で所帯を大きくしていく作業をやらなければと思っています。

それで、これも先日、お話ししたかも知れませんが、春になったら、仕事場を目白のあのあたりに移そうと思っています。いろいろ思うところがあってそうするのですが、女房は高田馬場の会計事務所に勤めていて（下落合の駅のそばみたいです）、このあと、早稲田の若い先生たちと本を作ることになっていて、ボクはだいたい、これまで打ち合わせとか人に会う用事は、池袋の西口にある東京芸術劇場にある喫茶店でやってきているのです。目白であれば、キナさんのところにも近いし、ボクがキナさんのためになにか出来ると思っているわけではないのですが、ボクも心強さを感じるし、仕事場をどこかに持っていくのであれば、目白が最適の場所だというふうに考えています。

それで、ボクとしては、このあとの本を作っていく体制をきちんと固めたら、木滑さんの回顧録《かいころく》のようなものを作れたらと思っています。たぶん、いまのマガジンハウスにはそういう本を作る編集能力はないと思うし、編集をやるとしたらボクしかいないだろうとも思っています。自分がなんのためにもの書きになったのかといったら、やはり、昭和のあの時代の雑誌が一番勢いがよかったころのマガジンハウスの記録をなんとか自分が考えるような形で後に残せないだろうか、と考えたところから始まっています。

清水さんの本はもう書きましたが、キナさんの回顧録を書くことは、幕末の志士みたいな書き方をすると、ボクが誰かから托された使命（天命）だと思っています。このことは、ボクのアジトの目白移転計画が形になったら、相談に乗ってください。ボクとしてはキナさんと戊辰戦争の時の米沢藩の木滑要人の事跡をいっしょに訪ねて歩けたら面白いだろうなと思っているのですが、どんなものでしょうか。

というようなことで好き勝手なことを書き散らしてすみません。

春になって、引っ越しのめどを付けたら、また、手紙を書くか、電話をさしあげるかします。

よろしくお願いします。二〇一七年三月十九日前述したように、わたしはそのころまで自宅の近くに書庫として、毎月の家賃十万円を払ってマンションを借りていたのだが、予算のことがあり、そこを引き払って、それをそっくり目白に持っていって新しいところを借り、そこを書庫と事務所を兼用するアジトにするというわけにはいかなかった。

蔵書が一万三千冊くらいあったことはすでに書いたが、いまから思えば、そういう本のなかには、昔読んだけれどもおそらく二度と読まない本とか、執筆に使った資料とか、もう役割を終えた不必要な本もあり、それを処分しておけばもう少し身軽だったのだが、そのころはとにかく自分の持っている本を処分するのが嫌だった。それで、家賃に使える十万円の予算を二つに分け、書庫を郊外の家賃の安いところ（埼玉県の坂戸）を見つけて、そこに移した。ここは広さ四十平米で家賃は五万円という格安値段だった。

目白はわたしが住んでいる板橋の小竹向原から自転車で二十分くらいの距離で、自転車通勤できない距離ではなかった。板橋より家賃相場は高めだったが、予算範囲内で、目白では家賃が五、六万円のところを探した。新しい、きれいな物件はいろいろあったが、広さが二十平米くらいしかないのに、十万円以上の家賃のところばかりだった。

駅前の不動産屋でさらに調べると、駅から離れると、古くて汚い木造アパートだったが、家賃四万五千円という、格安の物件があった。二階建ての木造のアパートで、風呂もついていないのだが、八畳のフローリングのワンルームで、窓から木滑さんの住んでいるマンションが見えるところを見つけて、そこを事務所にすることにした。

風呂はついていなかったが、寝泊まりすることはないだろうと思ったし、いざとなったら近所に銭湯があった。生活のできない場所でもなかった。蔵書も見つくろって、戦後昭和の文化の資料とか、専門にしている西洋の歴史の本とかだけ目白に持っていくことにした。

目白に引っ越したのは二〇一七年の五月二十四日である。

このころのわたしは、いまと比べてだが、相当に激しい動き方をしていた。

何冊も作りかけの本を抱えていた。自分の本の原稿書きでも忙しく、目白の仕事場に自転車で通勤して、そこで原稿書きをしていた。このとき、仕事の中心になっていたのはプロレスラーだった前田日明の告白本と自分の芸能記者時代の思い出を書き綴った『芸能雑誌の時代』という仮称で呼んでいた本で、プロレスの本は、前田本人から「シオザワさん、僕の本を作ってください」と頼まれて、本人から話を聞いて、その取材データをもとに一生懸命に原稿を書いていた。これをできるだけ早

これが目白でわたしが仕事場として借りたアパート。建物も汚く部屋もあまり広くなかったが、窓から遠くに木滑さんの住んでいたマンションが見えた。ここを拠点にして、木滑さんと新しい仕事ができないだろうかと考えたのだが、いろんなことがありすぎ、挫折した。

く作品に仕上げて、出版しようと考えていた。プロレスをテーマにした本は確実に売れるのである。もう一冊の『芸能雑誌の時代』は374ページでもちょっと書いたが、月刊『平凡』の記者時代のタレントたちの取材の思い出話を書き並べたものだった。このころもそれなりに、新しい本作りの形を模索していたのである。

実は、そのころまだ、ガールフレンドも何人かいて、女房にないしょでお付き合いしていた。目白に仕事場を移した二日後に大塚駅のそばにあるホテルでもとフォーリーブスのおりもまさおのショーがあり、それをわたしが〝荻窪の若尾文子〟と呼んでいる、昔からの馴染みの（美人の）ガールフレンドをさそって見にいった。

その帰りに、目白の旬香亭で食事したあと、駅前の交差点でばったり木滑さんと出会ってしまった。女連れで、キナさんからは「奥さん？」と聞かれたが、ウソをつくわけにもいかず、「いえ、ガールフレンドです」といったあと、「一昨日、目白に引っ越してきました。報告が遅れてすみません」と謝った。女を連れているわたしを見て、たぶん、キナさんはしょうがないヤツだと思ったに違いなかった。この出会いは偶然なのだが、このあと、わたしと木滑さんは目白の町で、五ヶ月ほどの間に三度、ばったり出会っている。

わたしのなかには、木滑さんはマガジンハウスの人なのだという思いもあり（このときはまだ最高顧問という肩書きでマガジンハウスに所属していたと思う）、こちらの都合で「キナさん、僕の本作りを手伝ってくれませんか」などと勝手なこともいえず、遠慮もあった。

ところが、そういうなかで、六月に入ってからだが、昔、長く月刊の『平凡』の編集長を務めた高木清さんから電話が来て、「シオザワくん、元気？」と聞かれた。この人とはその何年か前にマガジンハウスから共著で『昭和の美人女優』という本を上梓している。

高木さんと目白で待ち合わせて駅前で食事をして、新しい仕事場を見てもらったあと、目白の駅まで送っていく途中で、またしても木滑さんとばったり出会ってしまったのである。

高木さんと木滑さんは同年齢、ほぼ同期入社で、二人とも大学を卒業後、高木さんは別の出版社で編集記者を短期間、経験していたが、ほぼ白紙の状態で当時の平凡出版に就職した。

ふたりは昭和三十年にいっしょに正社員になった間柄《あいだがら》だった。高木さんは定年まで芸能雑誌

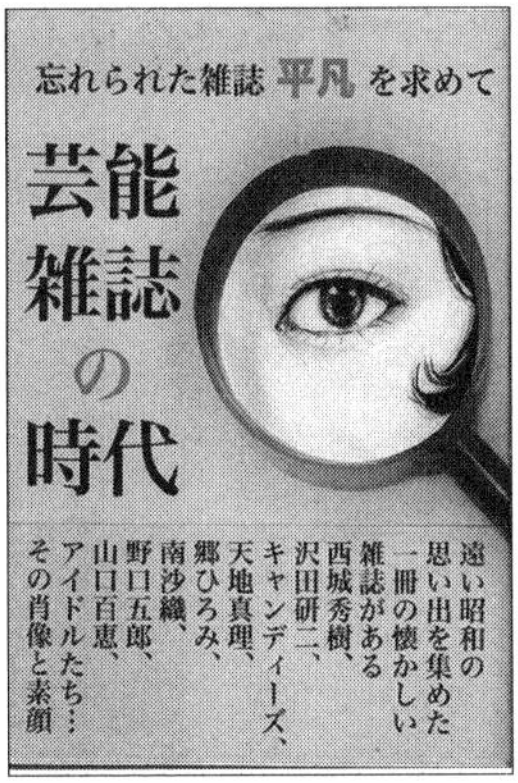

『芸能雑誌の時代』は2017年に刊行を予定して作った本だったが、いろいろと思うところがあって、発売を中止した。表紙のイラストは高木さんに書いてもらった。高木さんとは、2011年にマガジンハウスから『昭和の美人女優』という写真本を作って発売した。発売の翌日が3・11の東日本大震災というアンラッキーな出発だったが、それでも何度か重版を重ね、累計で一万部くらいは売れたと聞いている。

の編集者として仕事した人で、木滑さんと歩いた道筋は、後年に関してはかなり違っていたが、このとき作っていた『芸能雑誌の時代』など、わたしが芸能に関する著作を書くときの貴重な知恵袋で、粗末にも扱えない人だった。

このときの出会いも偶然なのだが、目白に仕事場を移しながら、少しも連絡してこないわたしに木滑さんは〈コイツはどういうつもりなんだろう〉と思っていたのではないか。これが六月のことである。

ところがそれからしばらくして、徳田純一から木滑さんが奥さんの看病をするために、マガジンハウスにいくのをやめたという話を聞かされたのである。奥さんの宏子さんにガンが見つかったという話で、自宅での終末介護のためにマガジンハウスを《やめた》というのである。ただ、長期間の欠勤なのか、それとも退社したのか、そこまでは徳田さんにもわからなかった。

確認するわけにもいかず、連絡を躊躇《ちゅうちょ》した。これが七月のことである。

無神経に「奥さんの具合はどうなんですか」と電話で尋《たず》ねるのもはばかられた。

木滑さんに正式にちゃんと引っ越しの報告をしなければと考えている最中、ショッキングな事件が起きた。わたしの本を販売促進してくれると協力を申し出てくれていた稲垣学が、自宅の近所を自転車で走っていて、トラックにはねられて死んでしまったのだ。

稲垣の死の経緯はきちんと記録しておかなければと思う。

当時のネットのなかのニュースがこんなレポートを書いていた。

２０１７年７月28日午前10時半ごろ、神奈川県相模原市南区古淵で、自転車で道路を横断していた男性（68）が、トラックにはねられる事故がありました。この事故で、自転車に乗っていた稲垣学さん（68）は、病院に搬送されましたが、頭を強く打っており、意識不明の重体となっています。県警はトラックを運転していた運送業の江口税容疑者を過失運転傷害の疑いで現行犯逮捕しています。警察の調べに対して江口容疑者は「避けられなかった」と容疑を認めているということです。（３）

病院に運ばれてしばらく生きていたが、脳に出血があり、それで死んだということだった。八月三日が通夜だった。

わたしは通夜、告別式と出る予定だったが、四日の午前中、どうしても抜けられない打ち合わせが入って、告別式には出られなかった。稲垣とは八月に入ったら、これまで仕事をしても

稲垣学の葬儀の祭壇。彼の死もわたしが記録しておかなければいけないことのひとつだ。

らったギャラをあげる約束をしていたので、家族の方に事前に電話でわけを話しておいて、香典とは別に、そのお金を持っていって、娘さんにお会いして、それを差しあげた。

葬儀前に、タクシーで事故現場にいってみた。彼が死んだ場所の地番を記録しておくと、相模原市南区古淵4丁目3の9。現場に花を置いてきた。

そこはこんなところで人が死ぬのかというような見晴らしのいい場所だった。

稲垣はわたしより一歳年下で、六十八歳での無念の事故死だった。

もともとはカメラマンで、このころも現役のカメラマンとして注文仕事もこなしていた。

わたしと同じように月刊『平凡』、『週刊平凡』、『平凡パンチ』の三誌が仕事のスタートで、年齢はわたしより一歳年下だが、入社はわたしより一年早かった。写短（写真短期大学）の卒業である。『週刊平凡』時代、なにをやったかまでは覚えていないが、わたしも彼と何度かいっしょに取材に出かけている。

そのころの稲垣の愛車はフォルクスワーゲンのビートル。黄色だったと思う。このクルマを大事そうに乗っていた。彼は思考が柔軟で非常に優秀な男で、石川次郎といっしょに仕事した『ポパイ』時代には石川から「稲垣はカメラマンだけでなく、クルマが大好きなんだから車担当の編集者もやれ」といわれて、クルマの取材もやり原稿も書いたという。

元マガジンハウスのカメラマンたちに対しては失礼な言い方になるかも知れないが、稲垣はカメラマンにしては環境適応能力の高い、非常に頭のいい男だった。『平凡パンチ』の編集部にいたころには百四十人くらいの女性のヌードを撮ったという。

カメラマンとして一番忘れられない仕事は、連合赤軍がひき起こした昭和四十七年二月の浅間山荘事件の取材。最初から最後まで、十日間くらい現場に張りついて生活していて、編集部に電話して「東京に帰りたい」といったら、「事件が解決するまで、帰ってこなくていい」と当時、特集のキャップだった井東信道にいわれたという。浅間山荘では、目の前で警察官が赤軍派に射殺されるのを見たという。あの取材を一冊のノンフィクションにまとめたい、といっていた。

「そしたらシオザワさん、本にしてくれますか」というから、わたしは安請け合いして「いいよ、いくらでも本にしてあげるよ。そのかわり、自分で販促かけて売れよ」などとおちゃらけをいった。

あとからわかったことだが、わたしと稲垣が再会した三月というのは、稲垣の故郷でもある三重県の津市の大光寺の住職を務めていた、もと『週刊平凡』の特集キャップだった井東信道が白血病で一年二ヵ月の闘病生活の末に亡くなった祥月だった。井東さんが亡くなったのが三日、わたしたちが稲垣を仕事仲間に引きずり込もうと相談したのはその五日後の八日のことだった。

こういう運命的なものごとの運びをドイツの心理学者ユングはシンクロニシティという言葉で呼んでいるが、この言葉は心理学の専門用語では共時性と訳されている。ユングのこの考え方の背景にあるのは多重構造的な世界観でそこでは全ての因果関係が重層的に存在している。そういう世界で同じ場所で同じ時間を共有すること、つまり、共通の意味を持つもの同士が偶然に近い形で出会ってそこからまたいっしょに生きはじめる、ある種の運命的な人間関係をシンクロニシティと呼ぶというふうにわたしは理解している。

井東信道というのはもう四十年以上前になるが、発行部数が七十万部を越えていた黄金時代の『週刊平凡』の編集部で、『女性自身』の風間某、『ヤングレディ』の梨元勝とともに週刊誌の芸能スキャンダルのトップ屋三羽烏といわれ、芸能人の離婚、訴訟ごと、トラブルなどのスキャンダルを片っ端から暴いて回って芸能界から〝悪逆非道〟〝情け容赦ない冷血鬼〟と恐れられた特集記者だったのだが、稲垣とは同じ三重県津市の町場の高校の同窓生で、井東さんは明治大学だったと思うが、そこから編集者になり、稲垣は写真短期大学を出てカメラマンになって、平凡出版で同じ職場にたどり着いた仲間だったのである。

ふたりは先輩後輩の力関係に引きずられながら、『週刊平凡』でスキャンダルや事件の取材で稲垣が井東さんにこき使われていっしょに修羅場《しゅらば》をくぐり抜けたのだった。

稲垣は「あの人のおかげでボクはホントにイロイロひどい目に会ったんですよ」といっていたが、井東さんの話をする口調は懐かしそうで親密な印象だった。稲垣が連合赤軍がひき起こした浅間山荘事件の取材に出かけた時のことを前述したが、井東さんから「事件が解決するまで東京にもどってくるな」といわれたという。

稲垣は『週刊平凡』で仕事したキャリアを自分のプライドにしていた数少ない人間だった。

週刊誌の特集取材（スキャンダルの取材）はそもそもよごれ仕事で、編集者もそうだが、社員のカメラマンはたいていの人がいやがるものだったのである。井東信道と稲垣学は同郷の誼《よしみ》から始まる特別な力で結ばれていたと思う。あのとき、井東信道が死んだことで、因縁の縛りが一瞬ゆるくなり、その隙《すき》をついてわたしたちは出会ったのかも知れない。

わたしはそれまで、あまり人生の因縁など信じないようにしてきた。しかし、このときは井東信道が稲垣を呼んだのではなかったかと疑っている。こんなことを書いたら不謹慎かもしれないが、わたしと稲垣が仲良しになったので、井東さんがヤキモチを焼いたのかも知れない。なにか大きな力がわたしたちを支配しているような気がしてしょうがなかった。

この事件があり、稲垣が死んだことだけが原因ではないのだが、稲垣の死の直後に、わたしは九月に予定していた『芸能雑誌の時代』の刊行を取りやめた。これは、内容を読んで面白いといってくれる人もいたが、一番応えたのは、ゲラを読んだある人が「この本は自慢話の羅列で、だからどうしたっていう本、シオザワさんがいつも書いている芸能を文化として論じる分析的なところとか、社会的な意義づけとかが全然ない。昔を懐かしんでいるだけの、誰にでも書けるような本じゃないですか」という辛辣な読後感を率直に語ってくれた批判があったからだった。このとき、「戦後の芸能とはなんであったか」という、この問題をきちんと論じた本を書かなければならないと思い始めた。

蛇足になるが、これが、現在も執筆をつづけている『昭和芸能界史』を書かなければならないと考えるようになったきっかけ（第一原因）である。

ここから木滑さんの話に戻るのだが、稲垣に死なれたあと、木滑さんが奥さんの介護のためにマガジンハウスから手を引いたのであれば、わたしが「キナさん、いっしょに本を作りましょうよ」といいにいくのはちょっとまずいのではないかと考えて、こちらから連絡するのを躊躇して、どうしようと考えていた。

その思案の最中に、木滑さんから「お前、どうして連絡よこさないんだよ」というお叱《しか》りの電話が来たのである。これが八月二十五日のことである。

そのとき、わたしは「稲垣がトラックに跳ねられて死んじゃって、作った本もいろいろあって発売を中止して、オロオロしていた最中なんです」と形になっていないような言い訳をした。「お前、今夜どうなの？」と訊かれて、その日の夜、ピーコックの前（キナさんが住んでいるマンションの隣にあった）で待ち合わせて、通りの並びにある、彼の行きつけの飲み屋に連れていってもらった。

ここの飲み屋のカウンターに並んで座ったら、女将さんに「弟さん？」ときかれて、かなりうれしかった。「雰囲気が似ているから、弟さんかと思った」といわれた。そんなことをいわれたのは初めてだった。わたしと木滑さんは年齢が十八歳、離れている。年寄りの親子に見えてもおかしくないのだろうが、キナさんは若見えするし、わたしは老けて見られることが多く、それでお兄さんのお爺さんが弟のお爺さんを連れて酒を飲みに来たと思われたのかもしれない。

わたしたちはここでいろんな話をした。わたしが「奥さんの調子はどうなんですか」と訊くと、愁眉《しゅうび》を細め「うん、あまりよくないんだよ」といったが、その話に触れてくれるなという様子だったから、そのことはそれ以上、聞かないようにした。

わたしはそこで、五月の下旬に目白に仕事場を移したこととか、目白を拠点にして仲間を募って出版活動をやっていきたいと考えているということや販売を手伝ってくれていた稲垣学が死んでしまったことなどを話して、報告が遅れてしまったことを詫びた。そして、「キナさんといっしょに本を作りたいんです」と正直な気持ちを話した。

そして、「マガジンハウスのことがあるから、いますぐ木滑さん中心にした事務所を始めるというわけにはいかないと思いますけど、応援してくれたり、助言してくれたりするだけでいいんです」とたのんだ。なにか企画を考えてくれたら、それを僕が本にしますよ、というと、木滑さんは「わかった」といってくれた。そして、日をあらためて、その話をしようということになった。

九月に入ってから、木滑さんが初めてわたしの仕事場に来てくれて、打ち合わせをすることになった。そのとき、わたしは自分の本づくりの中核部分の、人にあまりいったことのなかった部分を説明した。222ページでもちょっと説明しているが、わたしの発明した本の作り方をすれば一冊の本が人が考えるよりはるかに低いコストで作れるのである。わたしが手がける本は会社組織の出版が設定する損益分岐点より、黒字ラインがはるかに低いことを飲み屋で酒を飲みながら説明した。

木滑さんは、いくつか、自分のところに来ていた「マガジンハウスで本にしてくれないか」

という話を持ってきてくれた。これは多分、書籍出版局に「たとえ木滑さんからの話でも売れない本は作れません」と断られた企画だったのではないかと思う。儲からないと思ったら、木滑さんの意向でも忖度しないのだ。これも、取次や書店が「あそこの書籍出版は二流」といわれている大きな原因だろう。

出版には売れなくても出さなければいけない本は出すという心意気が必要なのだ。売れないと思っても、部数を少なくして、商売を小さくしてでも、出さなければいけない本というのがあるのだ。そういう姿勢が、取次や書店の人たちの心を動かすのである。マガジンハウスの書籍出版局はなによりも金儲け優先で、それがわかっていなかった。多分、いまもわからぬままで、読み終わったらすぐに捨てられてしまうような本ばかりを作っている。

単行本を出すのであれば、書店での新刊単行本の扱いはマガジンハウスよりわたしが頼りにしている河出書房新社のほうが格上なのである。わたしが河出書房新社から発売した本は、ほとんどが店頭で平積みにされている。そういう状況があって、わたしは好きな本を作りつづけてこられたのだった。

わたしが作った仕事場に、初めて木滑さんが訪ねてきて、「汚いアパートだな」といった。わたしとしては、自分のこのときの財政のなかで無理せずに借りることができたところだったから、「そうなんですけどね」と答えた以外のことはなにもいわずにいたが、机と電話さえあればどんなところでも本は出せるといったのはキナさんじゃないかということをちょっと思った。

そして、この打ち合わせの後、また、わたしに大きな出来事があった。

十月九日に七十歳になって、初めての健康診断を受けた。そこで行きつけの病院の町医者から診察結果を見ながら「ガンの疑いがあります」と言われたのだ。そんなことを言われたのは初めてだった。前立腺が肥大していて、かなり高い数値の検査結果が出たというのだ。

前立腺というのは、女性の子宮に相当する部分で、前立腺肥大は男が歳をとれば誰にでも出てくる症状で、そこからがんを発症していることが多いというのだ。

直近の実例では、わたしと同年齢の西郷輝彦が先年、前立腺がんで落命している。

十一月の初めに日大病院で精密検査を受け、スキャナーでわたしの身体を調べてくれた若い医者から「T—PSTの数値はかなり高いのですが、がんにはなっていません。でも、もう若くはないんですから、これからは無理しないで、身体にあまり負担をかけない生活を心がけてください」といわれた。このことはわたしの精神にかなり大きなショックを与えた。

【註】

（1）https://ameblo.jp/yukiton-4030/entry-12586026009.html?frm=theme 20240320 確認

（2）https://ameblo.jp/yukiton-4030/entry-12250736314.html?frm=theme 20240320 確認

（3）carins.emuzu.link/archives/10890 20170803 閲覧　現在は閉鎖されているようだ。

計画の挫折

この年の十一月は波乱のひと月だった。

十一月の初めに医者から「ガンの疑いがある」といわれたことのほかに、もうひとつ、わたしの重い気持ちに追い打ちをかけた大きな出来事が起こった。

十一月八日に木滑さんの奥さんの宏子さんが亡くなられたのだ。

実は、わたしは忙しさにかまけて新聞を読みそびれ、不覚にもそのことを知らずにいた。

ここからふたたび、わたしのブログの記事にうつる。

374ページでもちょっと説明したが、ブログを始めた経緯は、［沈黙図書館］という呼称でネットを検索してもらうとわかるのだが、この年の二月からのことで、現在に至るまで、あれこれと時間を作って、ブログで自分の仕事の進み具合や気になっていること、考えていること、生活の話などを書きつらねてきている。七年以上つづけているから、書いた記事が一千に近い数になっている。

そのなかのひとつ、二〇一七年十一月二十一日の記事である。

　ばったり、キナさんに出会った。

昨日（二十日）、午前中に池袋の印刷所で前田日明の本を校了にして、終わった後、ほっと一息ついて、目白に戻り、ピーコックに夕飯の買い物にいったところで、偶然なのだが、ばったり木滑さんにあった。

キナさんはピーコックの隣のマンションに住んでいるのだ。

それにしても、5月の終わりに目白に引っ越してきて、街でキナさんと偶然に出会ったのはこれで三度目である。

ここでも、おそらくシンクロニシティのスイッチが入ったのである。

それでなければ、半年の間に三回も偶然、あったりしないだろう。

そのほかに連絡を取りあって、何度か［メジロデート］して、オレがキナさんに一方的に、なにか、美味しいものを奢ってもらっているのである。

「シオザワ、ぜんぜん連絡寄越さないじゃないか、なにしてるんだよ」といわれた。

オレのほうはキナさんは奥さんの世話で大変で、オレが仕事の話をして、ああしたい、こうしたいと相談を持ちかけるような状態じゃないだろうと思っていた。

そっとしておいてあげたつもりでいたのである。キナさんはそれから、

「八日にカミさん、死んじゃったよ。なにも死ぬことないと思うんだけどな」といった。

奥さんが亡くなってから、まだ二週間も経っていない。

「葬式なんか、やりたくなかったんだけど、教会の人たちがうるさくてな」

それで、通りに面したキリスト教会で葬式をやったという。

「お前、まだあそこ借りているんだろ」とキナさん。

「なにいってんですか。キナさんと本を作ろうと思って目白に引っ越してきたんですよ。オレも忙しかったから連絡しなかったけど、言い方が悪くて申し訳ないけど、（奥さんの病気↓死亡の）カタがつくまで、待っていたんですよ」とオレ。

「いま、大変だけどさ。来年の一月の六日に昔の立教の仲間や教会の人たちと一緒に南房総の海で散骨するんだよ。そしたら、自由になる」とキナさん。

オレはキナさんが言った「なにも死ぬことないよな」という言葉のなかにある悲痛に心を打たれた。

死は人間の宿命だが、命が尽きたあとも、愛はつづく。

そして、愛し合っていた男と女の愛の終わりということを考えた。

キナさんたちは確か、奥さんが立教の先輩という歳上学生結婚だったと思う。

一つ年上（石川次郎情報）というから、今年、八十八歳のはずである。

愛し合って、添いとげて、七十年近くいっしょに暮らし、そして死に別れた。

人間の一番に幸福な愛の形がこれなのだ。そのことを考えると、不覚の涙がこぼれた。

キナさんの話を聞いて、後から立原正秋が書いた不倫小説の一コマを思い出した。

これも偶然だが、その前日、神保町の古本屋でハードカバー函入りの立原正秋の『薪能《たきぎのう》』を店頭の山のなかから見つけて買って、その部分を再読してひと泣きしていたからだった。

オレはそれまで『薪能』を角川文庫とソフトカバーの単行本と『立原正秋初期作品』という単行本と三冊、持っていたが、この本が店の平台で叩き売りされているところを見るに忍びなかった。

そして、この本のその部分を読むと、みっともない話だが、男泣きしてしまうのだ。

立原正秋の小説はいろいろと思うところがあるのだが、わたしが一番好きなのはこの『薪能』という小説集のなかの「四月の雨」という表題の小説。不倫の男女の片割れの人妻が白血病で死ぬ話なのだが、ずっと昔のことだが、最初にこの小説を読んだとき、悲痛な恋愛の形に思いが及んで、号泣した記憶があるのだ。若いころ、同じような経験をしたことがあった。こんな内容の小説である。

立原正秋著『薪能』1966年光風社書店刊。「四月の雨」は不倫小説の白眉。

「早くよくなってきみとホテルへ行こう。そこできみをめちゃめちゃにしてやりたいね」

「そうなれるといいいんだけど……」

緋佐子がはじめて顔をうごかし、一郎をみた。

「どうして泣いているんだい」

「とてもつらいの。病気がつらいのではなく、あなたのことを考えるのがつらいの」

「考えない方がいいよ。なおったら、なにもかもがよくなるよ」

「渚で別れてからのあなたのことを話してちょうだい」

「それは治ってからにしよう」

「あたし、いまの夫のことを話してもいいかしら……」

「いいとも」

「結局あの人、はじめから、あたしにとってはなんでもなかった人だわ。いまさらこんなこと言っても、あなたは信じないでしょうが」

「いや、信じるよ」

「そう、ほんとに信じてくれるの？」

「信じるよ。はなしって、それだけかい？」

「そう、それだけ。ほかにはなにもないもの。いつまでここにいてくださるの？」

「治るまで君のそばにいるよ」

「治ってからは？」

「きみが反対しなかったら、きみのそばにいるよ」

「そしたら、もういちど渚で待ち合わせ、あなたがホテルに行こうと誘い、あたしはだまってあなたについて行くわ。

サングラスもネッカチーフもとりのけた素顔であなたとホテルへ入るわ（略）」

「きっとよくなるよ」

「そうなれるといいんだけど……。死にたくないわ。あなたになにもあげられずに死ぬなんてとてもつらいことだわ」（作品「四月の雨」の一節）

細かいことは書かないが、不倫にだって純愛はある。

殉愛？

順愛？

「四月の雨」は『源氏物語』のディテールを徹底的に細かいところまで掘り込んだような小説である。結局のところ、男は最後、ひとりの女しか幸せにしてあげられない。

そして、そのとき、彼が幸福かどうかは別の問題である。

ことわっておくが、これはわたしのことではない。いまのわたしはこれまでのことを考えれば、十分に幸せである。

もし、そういう人がいるのであれば、幸せにしてあげられなかったその人の幻を心の一番奥の部屋に閉じ込めて、自分が選んだ愛のかたちを貫いて生きていくだけだ。

多分、木滑さんも同じだったのではないか。（1）

そして、十二月十一日のブログにはこんなことを書いている。

木滑さんの奥さんの死亡記事について。

この死亡記事が朝日新聞に載ったのが11月の14日だったという。わたしは忙しくて、この記事を見落としていて、11月20日、場所は目白のピーコックの前なのだが、キナさんとわたしは、まるでそのことを彼がわたしに伝える、そのためにバッタリ会ったような具合で邂逅したのだった。運命の采配か。キナさんは「お前、ぜんぜん連絡よこさないじゃないか」といったが、わたしとしては「奥さんの看病中に仕事の連絡なんかしたら悪い」と思い、躊躇して電話するのを遠慮していたのである。

キナさんは「正月明けに南房総の海に散骨するんだ、それで終わる」という話だった。

そのあと、手紙を書いて、お香典を同封して、自分でキナさんの住むマンションに郵便配達した。これがその手紙の文面。

木滑　宏子さん（きなめり・ひろこ＝木滑良久・マガジンハウス名誉顧問の妻）8日死去、88歳。葬儀は近親者で営まれた。

朝日新聞にのった木滑さんの奥さん宏子さんの死亡告知の記事。

木滑様　先日は偶然であれ、お会いできてうれしかったです。五月から書きつづけてきた本を十一月に上梓することになり、殺人的に忙しいスケジュールで仕事していて、新聞を読む余裕もなく、奥様が亡くなられたことも知らずにいました。ご愁傷様ですというより、ほかに言葉もありません。
あのあと、愛の最後の形ということを思い、キナさんの無念が心に沁みて、深い物思いにとらわれていました。いろいろ考えますが、早くいっしょに本を作れたらいいと思います。
年明けに大体のことが片付くとおっしゃっておられたので、それを待つことにしようと考えています。

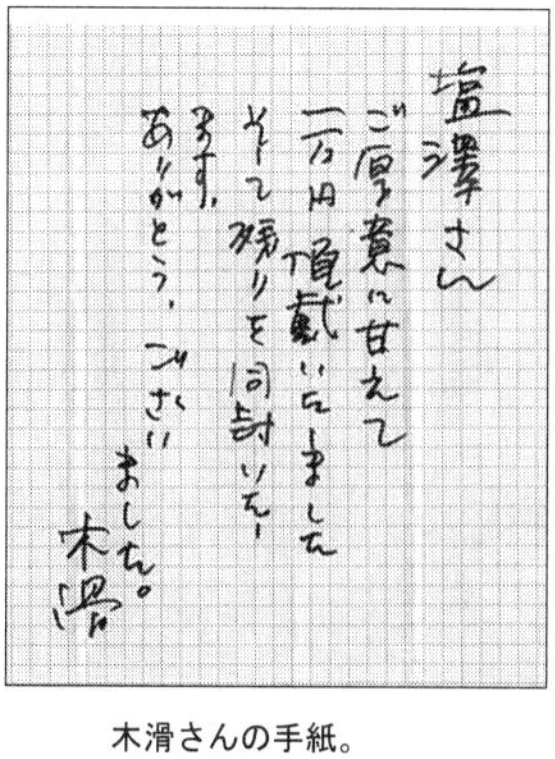
塩澤さん
ご厚意に甘えて
一万円頂戴いたしました
そして残りを同封いたし
ます。
ありがとう。ございました。
木滑

木滑さんの手紙。

　そしたら、電話が来た。同封したお香典の金額が多すぎる、という。

一万円だけもらうといって、あとは送り返してきた。そのことを書いた手紙がついていた。これはオレとしてはとても難しい問題なのである。こういうときにいくら包むのが正しいか、オレはいつもちょっと無理しても多めに包むことにしている。悪い癖かも知れないが、やることが過剰なのだ。多分、知人同士の相場は一万円くらいなのだろう。そのことはオレも承知しているが、オレは思い入れのある人に関係のある葬儀にしか反応しないようにしているし、そういう人たちについては一万円といわず、いくらでも助けになれればと思うのだ。香典を多く包んで、人がオレのことを非常識なヤツだ、金持ち風吹かせやがってと思われてもいい（わたしは金持ちではない。場合による出費を惜しまないだけだ）と思っている。うけとる人の財布の事情はわからないし、木滑さんなんかは金持ちで経済的にもこまっているわけではないだろうけど、葬式はいずれにしても臨時の出費で、お金はいくらあっても助かるものなのだ。きちんと相場の分だけとって、残りを送り返してくれたキナさんも正しいと思うが、余計に○万円包んだオレも間違っているかも知れないが、それなりの理屈はあると思っている。これもしかし、もしかしたら不良の論理かも知れない。(2)

同じ時期にもうひとつ（というかふたつ）、わたしを煩わせることがあった。あまりくわしいことを書くわけにいかないが、仕事仲間にしたいと考えていた人たちが、たとえば、ひとりは編集した本のなかで使用した写真の撮影者のクレジットを入れ忘れて、その写真を撮ったカメラマンが河出書房新社にどうしてくれるんだとねじ込むということがあったり、もうひとりはわたしのところで作りかけていた本の装丁を、わたしに連絡なしで装丁家を決めて、予定していた装丁の予算のほかに別仕立てで装画の費用がけっこうな金額かかることがわかったりというトラブルやトラブルに近いことが連続して起こったのである。

河出書房新社のわたしの編集担当であったO氏は、わたしが自分の会社を大きくしたいと考えていることを知っていて、当初「シオザワさんがそう考えているのであれば」といっていたのだが、そういうあれこれがあって、わたしに「やっぱり、編集を誰かに任せないでシオザワさんが直接担当してくださいよ」といったのである。

現実としては、作家として原稿を書き、しかもほかの人の本の編集作業をするというのは、そのときまでのわたしの仕事の形そのままだった。それ以上、編集作業を増やすのであれば、原稿書きを諦めなければならないような状況に陥るだろうと予想がついた。

木滑さんはあのころ（一九七三年ごろ）、マガジンハウス（あのころは平凡出版）をやめて、仕事仲間に石川次郎という、キナさんとは別の意味での《スーパー編集者》である仕事仲間に恵まれたが、わたしの場合はそうはいかなかった。それやこれやの事件があって、わたしの事業拡大計画は、ぜんぜんわたしが思っていたようにはいかなくなってしまった。

わたしはさんざんに迷った。そして、疲れてしまった。

わたしは年末から正月にかけて、自分の描いた夢と目の前の現実のあいだで心を引き裂かれて過ごした。

自分が医者からガンかもしれないと告げられるまで、つまり、六十代のあいだはという意味なのだが、わたしは〈いつ死んでもしょうがないや〉という、一種、不逞《ふてい》な心意気を持って生きていた。それで、たとえば、千葉県の養老渓谷にルーミスシジミ（珍蝶である）を採りにいって崖から落ちたり、夜中に後部座席に女の子を載せたまま、京都から東京に向けて東名高速道路を走っていて、居眠り運転しそうになって、百キロのスピードで自動車のボディを側壁で擦《こす》ったり、そのほかにもあれこれあって、何度か死にそうになっているが、そんなのへっちゃらで、〈人間は死ぬときは死ぬんだ〉と思い定めて無頼に生きてきた。

それが医者から「身体をいたわらないと長生きできませんよ」といわれて、本当に急に、〈長生きしたい〉と思うようになった。心根が弱ってしまったのかもしれなかった。そうであれば、自分の精神に余計な荷重がかかるような事業計画をいまさら、数え上げれば指の数ほどもある難問を乗り越えて、やり遂げようとすることなど、下手をすると（下手をしなくても）命取りになるかもしれないということを思った。

生来、協調性というものがなくて、他人といっしょになにかをやるということが大の苦手、ということもあった。〈オレは無理してるな〉という意識もあったのである。

それともうひとつ、木滑さんの本当の気持ちがわからずにいる、という思いもあった。

木滑さんからは正月明け、散骨後に連絡を取りあおうといわれた。それが済めば気持ちはケリがついて、身柄は軽くなるだろうと思った。そういうふうに精神的に身軽になった木滑さんをマガジンハウスがどうするか、それもわからなかった。

このときのわたしの気持ちとしては、木滑さんにマガジンハウスに帰るべき場所があるのであれば、マガジンハウスに帰るべきだと思った。奥さんの介護のために会社を辞めたとは聞いていたが、そこには仲間がいるはずだった。どうするかを決めるのは木滑さんで、自分の気持ちは伝えなければならないが、邪魔するわけにいかないと思った。

わたしの悪いクセで、考え込むと重くなってしまうのである。こんな精神状態では木滑さんを中心にして、自分の出版活動を拡大していくのはとても無理ではないかと思った。

それと、もうひとつ、トラブルがあった。こんな話を書いてもしょうがないのだが、十二月に前田日明の本を出版したのだが、この本はそれなりに売れた。

この本はわたしが前田にインタビューして、わたしが原稿書きして上下巻の二冊にまとめたものだったのだが、前田が印税を10パーセントくれと言い出したのである。最初はそれでもいいかと思ったのだが、本の著書名は前田になっていたが、中身は全部わたしが執筆し編集した作品だった。こういう場合、印税は6パーセントとか、多くて7パーセントというのが業界の相場（常識）だった。このころの彼は相当にお金に困っているらしく、うるさく支払いをせびられて、こっちも予定があるんだから、常識から外れた無理をいうなと言い渡した。

こういう、一度は親しく信頼しあった人間とのトラブルもわたしを精神的に消耗させた。

こうしたこともわたしが人に心を閉ざす要因の一つになった。

もともと、人といっしょに仕事をすることを嫌って、ひとり出版社を立ち上げたのである。

わたしは自分の原点に戻るべきかもしれないということを考えていた。

松があけても木滑さんからは連絡がなかった。あるいは、木滑さんはわたしからの電話を待っていたのかもしれなかったが、電話では自分の気持ちがうまく説明できないと思った。本当は「シオザワ、無理するなよ」といって慰めてほしかった。いろいろに考えて、わたしは木滑さんに手紙を書いた。それがこの文面である。

木滑良久様

年があらたまり、幾旬かがすぎました。毎日、予想外に寒い日が続いていますが、お元気にてお過ごしのことと思います。正月があけ、たぶん、喪明けの状態を待って、マガジンハウスやその他のところから、いろいろな話が持ち込まれて、忙しく過ごされているのではないかと思い、ここまで連絡差しあげるのを遠慮していました。

僕もいま、目先の原稿書き仕事に縛りつけられていて、気持ち的に身動きが取れず、連絡が杜撰《ずさん》になって申し訳ないと思っているのですが、木滑さんがお一人で生活されているのではないかと思うと、心は乱れるものがあります。

目白の仕事場には一日おきぐらいにいって、そこで編集雑事をこなしています。あそこは木滑さんといっしょに仕事しようと思って借りているところなので、いずれ、本を作る相談を再開させていただければと思っています。木滑さんのいまの様子がわからないので、どうするのがベストなのか、判断できずにいるのですが、もし、余裕があるようでしたら、連絡を下さい。

もう少し暖かくなって、春になったら、こちらからもご連絡を差しあげるつもりでいます。

よろしくお願いいたします。

二〇一八年一月二十八日

もしかしたらわたしは、正月明け、奥さんの散骨が終わる時期を見計らってすぐに木滑さんに電話をしなければいけなかったのかもしれなかった。

木滑さんはわたしからの連絡を心待ちにしていたのかもしれなかった。

この手紙は木滑さんを怒らせたのかもしれなかった。

これは裏切りの手紙かもしれなかった。

わたしはどうすればいいか、わからなくなっていた。

怖気《おじけ》付いていた？

直観の鋭い人だったから、わたしの手紙から、裏面の、そこに書かれていないわたしの鬱屈《うっくつ》した［心もよう］を読み取っていたのではないか。そういう気がしてならない。


【註】
（1）https://ameblo.jp/yukiton-4030/entry-12814139505.html?frm=theme 20240320 確認
（2）https://ameblo.jp/yukiton-4030/entry-12814402173.html?frm=theme 20240320 確認

最終章　時代の終焉

最晩年の木滑さん。時事通信社のホームページにあった写真だが撮影者の名前がわからない。穏やかな表情の写真だ。

最後の言葉

わたしが目白の仕事場を引き払ったのは二〇一八年のもうじき夏という季節のことである。

木滑さんからはなんの連絡もなく、わたしのほうもあらためていっしょに仕事しましょうよといえるだけのエネルギーは残っていなかった。それでも、いちおう、木滑さんに自分の事情を説明しなければとは考えていて、目白を引き払う前に一度、電話して「時間をとれますか?」と聞いたのだが、「ウン、まあ、そのうち電話するよ」という返事だけで、そのまま連絡がなかった。

木滑さんはたぶん、わたしの優柔不断に腹を立てていて、もう、こいつの相手をするのはやめようと思ったのではないかと思う。

木滑さんからは、二度とふたたび電話はかかってこなかった。

目白の仕事場では結局、早稲田の文化構想学部（こういう学部が文学部と並立して設置されたらしい）の助教だった人（菊地浩平さん）の『人形メディア学講義』という書籍を一冊作った

菊地浩平著『人形メディア学講義』2018年刊。目白を仕事場にしている時に作った本。早稲田の文学部・文化創造学部で一番人気の授業を書籍化した作品です。

だけで終わった。引っ越しは六月下旬のことだった。

目白に事務所を出そうと思ったのは、自分の出版社の本作りを拡大路線でやっていくという考え方が基本になっていた。これも、あるとき、石川次郎から「シオザワも編集者なんだから、自分の本ばかり作っていないで、他の人の本も作ればいいじゃないか」と言われたのがきっかけだった。

結局、その方針を大転換したのだが、これもいろんな事情があった。

最大の理由というのは、やはり、自分が七十歳になったということだった。もう若くはないのである。七十歳になったトタンに、毎年、健康診断を受けている医者から「シオザワさん、ガンかもしれないから再検査しましょう」といわれて、生まれて初めて、紹介状を持って大病院（日大病院。オレが借りていた書庫（マンション＝沈黙図書館）から徒歩二分のところにあった）を訪ねたことがきっかけだった。

そういう大病院にそういう形（自分が病人）でいったのは、初めての経験だった。言葉は悪いが、大病院はもうじき死にそうな人たちの巣窟《そうくつ》だった。それを見るにつけ、オレはまだ死にたくないと思った。

それと、販促を担当してくれるはずだった稲垣学がトラックにはねられて死んでしまったことも大きかった。わたしと稲垣はその日の事故に遭う三十分くらい前までメールでやりとりしていたのである。その記録が残っていた。

稲垣　河出書房様にはお教えの通り連絡します。実はぼくのところもカミさんの調子があまりよくないんです。もうじき70歳ですし、何があっても不思議じゃないですけどね。歳は取りたくないですね。

塩澤　大変そうですね。いたわってあげてください。僕たちは年齢の割に働きすぎかも知れませんね。無理せず、長生きを心がけましょう。

彼の死と、彼の死の背後にあるはずの彼の家族の悲しみがわたしを打ちのめした。

また、それとは別の話だが、企画を練りこんだあと、人に任せた本作りが、なんだか上手くいっていなかった。編集をしてもらったら使用した写真の撮影者のクレジットを入れ忘れたりした。細かな説明は避けるが、仕事を任せた、何人かの問題処理能力が機能不全な編集者志望の人たちに《好きにやっていいよ》といってしまった［放任コントロール］が上手く機能しなくて、親筋にあたる河出書房新社の担当者からも「シオザワさん、大丈夫ですか。ちゃんとしてくださいよ」といわれたことも、仕事の仕方をあらためて考え直す契機になった。

わたしはもともとミザントロープ（孤癖《こへき》）が強くて、仕事相手の能力不足をこちらがフォローしなければならないような仕事をすることになると、すぐにイヤになってくる。人を育てて、イヤにならなかったのは、娘の塩沢槙を一人前の作家に仕立てたときだけのことである。

また、あまり経験もないのにいっしょに仕事してわたしの負担にならないような、そんなに柔軟な編集素質を持っていたら、わたしのところなんか迷い込んでこないし、自分の環境に適応して、それなりの仕事をしているはずなのである。

ここまで話をしてきたように、それやこれやのことが連続的にあって、自分の身体のことか周辺の仕事環境、自分自身の仕事のことも含めて、なにか大きな力が働いて、運命が「もう、派手にやってやろうというような考え方で本を作るような段階じゃないぞ」といっているような気がしたのである。

この状態で編集を人に任せてほかの人の本を作るのは無理だと思った。

さらにもうひとつ。木滑さんのことについて書くと、前年の十一月に木滑さんの奥さんが亡くなられたことがある。そもそも、わたしが借りていたアパートからキナさんが住んでいるマンションが見えるのだが、わたしが目白に移ったのは、なにかあったら、そばにいてあげたら役に立つかも知れないと思ったことも目白に仕事場をうつした理由のひとつだった。

目白で、わたしと木滑さんはやたら何度も偶然にバッタリ出会って、そのたびに立ち話をしたし、いっしょに食事しながら、こういうことをやりたい、ああいうこともやりたいと話したこともあったのだが、奥さんが亡くなったあと、ピーコック・ストアの前でバッタリ会ったときには「正月明け、散骨するんだよ、それが終わったら自由になるよ」といっていたのである。

その話を聞いたあと、わたしは自分から連絡するのはやめようと思った。なぜかというと、この先、自分がやろうと思っていたことに自信を持てなくなっていたし、言葉は悪いが、木滑さんの奥さんが亡くなって、介護から解放されたら、マガジンハウスがほおっておくわけがないということも思ったからだ。

マガジンハウスでなくても、石川次郎とか椎根和とか淀川美代子とか、わたしより深い因縁がある人たちがいっぱいいる。その人たちが、愛妻を失ったが、たぶん、気持ち的には身軽になったはずのキナさんを放っておくわけがないと思った。

特に、いまマガジンハウスの社長をやっている石崎孟にとっては、木滑さんというのは絶対に会社の［名誉職＝相談役］に復帰してほしい（ホントは絶対じゃないかも知れないが）人間のはずなのである。それらのことをいろいろに考えて、わたしは目白の仕事場を片付ける決断をしたのだった。このころのことをわたしは自分のメモにこういうふうに書いている。

ここからは［本当に自分が作りたいと思っている本を作る］という自分の基本の形に戻って、編集と原稿執筆をやっていかなければならない。

目白はとてもいい、落ち着いた町だった。

あと10年若ければ、本格的に目白をベースに自分の出版社を擴大しようと考えたかも知れない。もっと力のある仕事仲間を探そうとしたかも知れない。しかし、年齢のことばかり書くが、現実に体力も落ちてきているし、曾野綾子さんではないが、「体中痛くても、痛くて死んだヤツはいない」という言葉の通りで、わたしも身体のあちこちが痛くて、これまでと同じようなことを考えて好きに生きていくわけにはいかないのではないかと思い始めたのだ。

いつという予定が入っているわけではないが、死ぬ準備もしなければならない。

そんなことで、わたしは「さらば、目白」といって、人生の手広く広げたいろいろな夢を諦めるのである。そのかわりに、面積は小さいが、深い穴を掘り下げて、人間が生きていくことの本質に触れるような仕事を（どうすればいいか分かっているわけではないが）していきたいと思っている。

目白の仕事場の蔵書が引っ越していく先は、埼玉県の川を越えた向こう（川越のこと）で、借りたマンションの周辺をよく調べてみたら、けっこう何軒もうなぎ屋さんがあり、うどんも美味しいところだった。電車で50分かかるのだが、沿線にいくつか女子大があり、電車内は女子大生だらけである。

いま、川端康成の『眠れる美女』を読んでいる最中なのだ。この小説の主人公の江口老人ではないが若い女の子の顔を見るのは楽しい。

わたしはこうしてワンマンソルジャー（一匹狼）に戻ったのである。

目白を引き払って、自宅の書斎で原稿書きも編集作業もやるようになってから、わたしはかなり考え方が変わった。

昔は面白そうなことならなんでも、プロレスでもサッカーでも材料にして一冊の本を書いちゃおうと思って仕事していた。左はそういう本なのだが、七十代になってからは、自分のエネルギーと持ち時間が無限ではないような気がしてきて、本当に大事なこと、自分にしか書けないことを作品にしなければと真剣に考えるようになった。

木滑さんはわたしに「オレは芸能界なんて大嫌いだ。お前、よく十三年間も芸能記者をやっていたな」といったが、考えてみると、木滑さんだって昭和三十年から四十二年まで、それこそ

自著。1980 年代に存在したプロレス団体の戦いを描いた作品。『U.W.F. 戦史』この作品も全三巻、2000 ページほどの作品。2008 年から 2010 年に出版。

こちらも自著。『南ア戦記』2014 年、メトロポリタンプレス刊行。ワールドカップ南アフリカ大会の戦いの記録。

十三年間、芸能雑誌に関わっていたのである。

わたしにとっての十三年間はもちろんつらいこともあったが、面白くなかったといえば、ウソになる。わたしはこれを自分だけの貴重な経験だったと思っている。

前述で、芸能取材はわたしのフィールドワークだったと書いたが、このことをちょっと説明すると、芸能人というのはマルクス経済学でいう商品価値が人間の労働の結果として作られた生産物ではなく、人間そのものに発生した特殊形態なのである。それが、戦後昭和の映画、雑誌、テレビやラジオなどのメディアが発達、社会の隅々にまで浸透したおかげで、その人そのものの「商品価値」を社会が許す極限まで高めた存在なのである。その価値は常に変動していて、それは人気というものに左右されているのだが、その中で商品として生きる喜びや苦しみがあり、それがスキャンダルなのである。

わたしはそういう問題意識を持って、戦後の芸能を、大衆文化の最も重要な一分野として書き残しておかなければ、と思った。そのことによって、大衆文化は日本のいわゆる文化状況のなかで首座を占めるに至る。そういう認識だった。

阪本博志は『雑誌メディアの文化史』という本のなかでこういうことを書いている。


戦後、総合的知識人は『世界』『中央公論』といった論壇誌を中心にメッセージを発信する。そのいっぽうで、一九五〇―六〇年代にテレビが発達するとともに、そこではコメントなどをするタレント文化人が登場し始める。

最初彼らは限定された専門分野に関して発言することが多かったが、ワイド・ショー等の発達により次第にあらゆるジャンルについて発言するようになり、ついにはお笑い番組などのバラエティ番組にも進出することになる。こうして、専門知識人・タレント文化人・総合的知識人の三者鼎立《ていりつ》の状況が続いた。

総合的文化人を代表する丸山眞男はほとんどテレビに出ることはなくそれが当然視され、大学生であれば論壇誌を読むことが当然視された。

やがて大学生の支配的な文化であった教養主義が一九七〇年ごろから衰退を始め、それとともに論壇誌は部数を減らし総合的知識人の存在は影が薄くなっていった。大学の専門知識人以外に、総合的知識人＝「テレビに出ない知識人」とタレント文化人＝「テレビに出る文化人」が並立していた状況は終わり、総合的知識人は姿を消した。こうして現在の日本には大学の専門文化人とタレント文化人が残った。

このプロセスのなかで、芸能人の文化人化も進んでいった。総合的文化人の衰退に呼応する

2012年、森話社刊『雑誌メディアの文化史』。この本で、阪本博志が「一九五〇年代『週刊朝日』と大宅壮一」という論文を寄稿した。そこから引用した。

かのように芸能人の中から政治・社会問題に対してもコメントをするような人が現れはじめ、タレント文化人化していった。（1）

阪本はここには書いていないが、この背景には物質的に豊かになって消費中心で経済を回していく大衆社会の変動があった。この変動の方向性を決めたのは木滑さんが作り出した何冊かの雑誌だったとわたしは思っている。

これらの事蹟を記録しなければと考えて、わたしは『昭和芸能界史』を書き始めたのだ。

この本は木滑さんが書けといったわけではないが、わたしがどうしても書いておかねばと思って始めた原稿書きだった。売れるかどうかはわからなかったが、そういう本が書ければ、戦後昭和の大衆文化の歴史を記録した本として貴重ではないかと思ったのだ。

2019年に書きはじめた『昭和芸能界史』。第一巻は2020年の発売。現在は第三巻（昭和四十年代編）を執筆中。

この文化変動の激浪のなかで、木滑さんはもっとも優秀な水先案内人だった。

何度も書くように、彼は「芸能なんて大嫌い」と公言していたが、これは近親憎悪というか、本当は慕っている父親を息子が嫌う素振りをするような、そんな心理だったのではないか。

「あの人は本当は芸能が好きなんだよ」（高木清さんの発言）と証言した人もいる。

いずれにしても、木滑さん自身も芸能を風土とする出版環境のなかで編集者として成長していったのだから好き嫌いは別にして、それなりの思いはあるだろう。

そういう木滑さんに、わたしが自分の正直な気持ちを手紙に書いて出したのは、目白を退去した半年後、この年（二〇一八年）の十二月のことである。こういう内容のことを書いた。

拝啓 木滑良久様　ずっと連絡せずにいて、申しわけありません。

お元気にてお暮らしのことと存じます。

手紙を書こう書こうと思いながら、言いわけの重さも気になって、ズルズルとここまでお電話も差しあげずに来てしまい、本当にすまなく思っています。

思えば、最後にお会いしたのは去年の十一月、ピーコックの店先だったと思うのですが、十月に七十歳になって（ボクもとうとう七十になりました）、直後に受けた健康診断で「この数値が高く、ガンの疑いがあります」といわれ、再検査するようにと告げられた直後だったのです。十一月の末に精密検査を受けて、たいしたことはない。薬で治しましょうといわれて、それからずっと薬を飲みつづけています。

「ガンの疑いがある」などといわれたのは初めての経験で、オレも年をとったんだなと感慨を深くしたのですが、この経験をしていろいろなことを考えるようになりました。

目白に仕事場を作ったのもそうですが、これまで編集者としていろんな人たちとできるだけたくさん仕事したいと思っていたのですが、この経験があったあと、自分の仕事に対しての考え方が変わっていき、人の本を作っている段階じゃないかも知れないと思うようになりました。

会社を辞めてからもう十八年もたつのですが、会社を辞めたのも自分のやりたいことをやる、つまり、作家になろうと考えてのことだったのですが、医者から、「年をとると身体のいろんなところに差し障りが出てくるものなんですよ」といわれました。

そういうことがあって、自分の考えを会社を辞めた時点に戻して、自分が作家として、この先、どんな仕事をしていけばいいか、そのことをあらためて考え、編集者としていろいろな人と仕事したいという願望を諦めて、作家として自分の本当に作りたいものを作らねば、というふうに思うようになりました。

それを木滑さん宛に手紙に書いて、説明しておかなければと思った次第です。

木滑さん的なことをいうと、ボクは基本的にはキナさんはマガジンハウスがまだ必要としている人間というふうに考えていて、ボクがあまりしつこくいっしょに仕事したいといってはいけない、というふうに考えています。

いま、予定していて、出さなければならない本が何冊かあるのですが、それを順番に片付けて、元気でいればですが、福島の問題（戊辰戦争のことも含めて）を書きたいと思っています。いずれにしても、いつまでもお元気でいて下さい。そして、ボクがこの先、どんな仕事をして行くかを見守ってもらえたらと思います。

また、お手紙を差しあげます。

平成三十年十二月十一日

しかし、わたしから木滑さんに手紙を書いたのはこれが最後になった。

［福島の問題］というのは、木滑さんのご先祖さまの米沢藩の家老、木滑要人が戊辰戦争に関わって苦労したこともあるのだが、わたしのほうの事情でいうと、父が昭和四十年に郡山市の商工会議所に招聘されて、福島県で土地開発の不動産会社を経営するにいたり、父母ともに福島の地で一生を終えた経緯があり、そのことも含め、二〇一一年の大震災のことも含めて、福島はわたしにとっても尋常《じんじょう》の地ではなく、そのことを記録として、一冊の本にまとめられたらと、ずっと、これはいまでも考えている。

それで、戦後昭和の芸能の歴史を細かく検証して原稿を書くと決めてから、わたしは急に遅筆になった気がしている。昔はそれこそ一日に四百字原稿三十枚くらい、パソコンで原稿書きをしているから、A４コピー用紙、36行×42字で七、八枚くらい平気で書いていたのである。これは自分でいうのも変な話だが、原稿書きをしながら、深い意味を汲みとり忘れないようにしなければと気がついたせいだと思う。

わたしは木滑さんにあれこれいわれながら、原稿書きを繰り返して、作家になった唯一の人間だと思う。実はこういう話がある。これも先日亡くなった人だが、直木賞もとった作家の西木正明氏は、本名鈴木正昭といって、『平凡パンチ』の編集部で木滑さんの下で編集記者として働いた人である。ふたりとも鬼籍に入ったから書くが、あるときのインタビューで、わたしがキナさんに「いままでいっしょに仕事した社員のなかで一番イヤだった人は誰ですか」と質問すると、

西木正明、というか鈴木正昭。あいつは自分勝手で、原稿のここのところを直せといってもいうことを聞かないし、日本にネッシーがいるとか言い出して、出張に出かけても、やっぱりいませんでしたとか、そういうことばかりやっていた。これまであんまり人にいったことないけど、オレはアイツは大嫌いだった。

と感情をむき出しにして答えた。

西木を除いて、マガジンハウス退社後、何冊もの本を上梓しているのはわたしと椎根和だけだが、椎根は相変わらず、出版社を辞めた編集者がよくやることだが、自分が編集者であったころのことを繰り返して本にしていて、編集者として本を書くのであれば、そういうやり方なのだろうが、作家（＝小説家）とはまた別の存在だと思う。

ここで、木滑さんの「自分自身が最初の読者なんだ」という考え方を、もう一度きちんと説明しておかなければならない。彼の雑誌づくりはたしかに、昭和という時代に華やかな花を咲か

せたものだったが、その発想の本質は時代を超えていたと、わたしは確信している。

ネットのなかの［ＪＭＲ生活総合研究所］というホームページに、木滑さんの発想とよく似た「プロダクトアウト」という言葉の説明がある。こういうものだ。


プロダクトアウト（product out・product oriented）とは、企業が商品開発や生産を行う上で、作り手の理論や計画を優先させる方法のことです。買い手（顧客）のニーズよりも、「作り手がいいと思うものを作る」「作ったものを売る」という考え方です。

一方、マーケットイン（market in・market oriented）とは、ニーズを優先し、顧客の声や視点を重視して商品の企画・開発を行い、提供していくことです。プロダクトアウトの対義語であり、「顧客が望むものを作る」「売れるものだけを作り、提供する」という考え方です。

日本では１９５０年代半ばから１９７０年代前半の高度経済成長期にかけて、「良いものを作れば売れる」という時代が続きました。いわゆる「大量生産ー大量消費」の時代です。

しかし１９７３年の第一次オイルショックを契機として、１９７４年に実質経済成長率がマイナスに転じます。１９７０年代半ば以降、市場の成熟化・飽和化と技術の高度化（製品の長寿化など）によって、さまざまな業界で供給過剰に陥ります。

転機はバブル経済が崩壊した１９９０年代の平成不況期です。供給過剰で「良いものでも売れない」事態が深刻化する中、顧客の視点やニーズを重視しようとするマーケットインの発想が広がっていきます。

こうした時代の流れを踏まえると、プロダクトアウトは古い概念で、商品開発としては顧客のニーズや視点を取り込んだマーケットインが優れているのではないかと思われがちです。確かに、市場の声を把握し、顧客思考に立つことは、企業のモノづくりの前提となっています。しかしそうでしょうか。ここでそれぞれの考え方のメリットとデメリットを踏まえなければなりません。

マーケットインのメリットは、顧客のニーズへの適合を優先する為に、一定の需要の確保が期待できます。つまり「失敗しない」商品展開の可能性が高いといえます。一方、デメリットとして、顧客が望むものだけを作るため、画期的なものが生まれにくくなる点が挙げられます。多くの企業がこの考え方に囚われると、製品やサービスの同質化が進みます。つまり市場がコモディティ化し、価格競争が激化して低収益化が進むという悪循環に陥る可能性があるということです。プロダクトアウトのメリットは、自社の強みや技術戦略がうまく商品開発と結びつき、画期的な製品やサービスによって独占的な市場を作り出すことができる点で、非常に高い収益を得られる可能性があります。一方、デメリットとして、顧客に対して新しい製品やサービスの価値を伝えて購買まで結びつける必要があるため、マーケティングのコスト負担が大きくなります。

こうしたことからも、一概にプロダクトアウトが古くてダメな概念で、マーケットインが新しく良い概念であるとはいえないことがわかります。21世紀になってアップル社が技術力や研究の積み重ねによって「iPod」や「iPhone」を大ヒットさせたケースからも、生活者のすべてが明確に欲しいものを理解しているわけではない、という現実がうかがえます。やはり、企業が市場に存在しない新しい価値を持つ商品やサービスを生活者に提案していく必要があります。プロダクトアウトとマーケットイン、どちらか一方に偏るのではなく、両方を意識した戦略を考えていくことが重要です。（2）

木滑さんの発想は、ここで説明されているような企業が研究部門で実験的な営為を重ねて、新商品を開発して、市場に問うというようなこととはまた、ちょっとニュアンスの違うアプローチである。

これは、木滑さんが専門にした［雑誌］という商品の特性と関係があるのではないかと思う。雑誌はその内容を一定期間内に常に新しく作り変えなければならず、同じ機能を持つ特定の商品を安定的に供給しつづけるものづくりとは、根底の基本構造が違っている。たぶん、そういう雑誌という商品の流動的な側面と関係があって、木滑さんはそのことを弁《わきま》えて、「自分がやりたいことをやるんだ。わたし自身が最初の読者なんだ」という発言をしていたのだろう。

木滑さんは九十三歳まで生きた。寿命九十三歳は天寿をまっとうしたと書けると思う。

わたしが最後にキナさんと連絡を取ったのは二〇二二年の六月のことである。この月、コロナ大流行の最中に、わたしは無謀にも自分の何十冊目かの著書である『全記録スワノセ 第四世界』を出版して、その本を木滑さんに贈った。その本の贈呈を謝した葉書を受け取ったのである。その文面にはこうあった。

塩沢さん、ご無沙汰。本が届いた。ありがとう。
かつて、最初にビートニクをうみ、ヒッピーとやらを育てたといわれるニューヨークには、いまだに、そんな妙なものを引きずっている人間など一人もいない。カウンターカルチャーとやらは、今や、衰弱し自信のなくなった文明人の神秘主義とかエコロジーとかいう新管理社会思想とか、女性解放運動とか、ゴチャマゼ的風俗の大混乱の中で操作され、管理されつつあると室謙二からの手紙にも書いてあった。
これから塩沢の大冊を読むのも大変だなあと眺めています。大恐慌や国債バブルの崩壊や国家財政の破綻など……どうなることかと思っているのですが。塩沢はまだまだ、元気があるんだ！　私はもう寿命が終わりそうなので、少し心細い感じでいる……。

こういう文面のハガキだった。このハガキは一番新しいものだが、これ以外にも、贈呈本をするたびに葉書で感想などを書き送ってくれたものがどこかにあるはずなのだが、どこにしまったか、わからなくなってしまっている。しかし、このハガキはいろんな意味で衝撃的だった。

この『全記録 スワノセ 第四世界』という本は、わたしがマガジンハウスに就職する前、大学二年生のときにフジテレビでＡＤとしてアルバイト仕事をして、そのときにいっしょに仕事した、現在は翻訳家として著名な上野圭一氏がフジテレビを退社して、アメリカのカリフォルニア州バークレーでヒッピーカルチャーを体験したあと、日本に戻って、そのころ、日本のヒッピー運動の中心的なコミューンがあった諏《す》訪《わ》之《の》瀬《せ》島のヒッピーたちの生活を記録して作った『スワノセ・第四世界』という映画を中心に据えて、当時の社会状況をまとめた原稿を書いた。

日本のヒッピー運動の記録映画はわたしが取り上げたこの映画だけで、わたしはそういう上野さんとの因縁から、この映画を中心にして、当時のヒッピーを取り囲む文化状況を一冊の本に書きあげたのだった。これも誰かが本にして残しておかなければならないことだった。

映画の『スワノセ・第四世界』は封切り当時、かなりの話題を呼んだが、それから何十年間かが経過し、貴重な記録映画として国立映画アーカイブが永久保存することになったのだが、存

『全記録　スワノセ　第四世界』。日本のヒッピー運動を映画などの文化現象の側面から、取材編集した作品。。2020年6月刊行の自著。

在自体はすっかり忘れられてしまっていた。

ヒッピー運動もいま振り返れば、なんだこれはというような怪しげな社会現象だが、当時は真剣に文明社会からドロップアウトしなければと考えた人たちはいたのである。

木滑さんからもらった葉書の「寿命が終わりそうで心細い」という文面はわたしにはかなりショッキングで、、電話して、目白までいきますから、会えませんかと聞くと、

「シオザワ、オレはもう終わりだよ。オレのことは放っておいてくれよ」

というばかりだった。これがわたしと木滑さんが交わした最後の会話だった。わたしは木滑さんの言葉どおり、自分のなかの彼に対する気持ちを断ち切らざるを得なかった。

そして、この一年半後のことだが、淀川美代子が死んだ。

マガジンハウスの雑誌シフトのなかに『クウネル』という雑誌があるのだが、この雑誌の現役の編集長として最後まで陣頭にたって雑誌の立て直しをしている最中の死だった。


最後に、淀川美代子のことを少し書いておきたい。

マガジンハウスの黄金時代を支えた編集者のなかで、いまだにというか、もう亡くなられてから二年以上経つから、現在形で書くわけにはいかないが、最後は雑誌『クウネル』の編集長として雑誌編集の現場で最前線に立って働きつづけたというか、戦いつづけたのは彼女だけだった。

『クウネル』編集部の船山直子から次のようなメールが来た。船山直子はかつて、わたしといっ

しょに『平凡パンチ』で韓国特集を作った編集者である。

淀川さんは11月10日に亡くなりました。ご病気だったそうです。葬儀、送る会などは行わず、供花、お供物も辞退するということが本人の希望だったそうです。クウネルのスタッフに逝去のことが知らされたのは、1か月後の先週のことでした。ともかく静かにひっそりと幕を引きたいというのが希望だったようです。ここ一、二年は体がお辛そうでしたから心配していたのですが、ご自分については一切、お話になることもせず、現役のまま旅立たれました。

淀川が平凡出版に姿を現したのは一九七〇年の『アンアン』創刊にともなってで、同期生ではないが、わたしと同時期の入社だった。そのころはこんなキレイな女の子が平凡出版にいたのか、というような美少女で、なんで仲良くなったのか、よく覚えていないが、(わたしの女房と通っている婦人科の医者が同じだったりして)「奥さんと同じ病院なのよ」とかいわれて、わたしたちは顔を合わせると「こんにちは」といって世間話をする間柄だった。

それが、何年かたち、急に性格の激しい、人間的な好き嫌いも激しい女になっていった印象があった。これは、編集という仕事のやり方がわかり始め、ページ作りを面白いと思い始めたプロセスと関係があるのではないかと思う。

編集長時代、部下に人事異動を告げることでアタフタしているわたしを見て「なにあわててんのよ。編集長がやんなきゃいけないことなんだからきちんとやんなさいよ」とハッパをかけられたことがある。そのころには彼女は意志の強い、やりての編集者に変貌していた。

淀川美代子が自分の編集について、語っているインタビューを第一章の46ページに掲載している。そこでは一番影響を受けた編集者はという質問に「エビナさんです」と答えていたが、これは実は正体隠しのような答えだった。確かに蛯名芳弘と淀川は彼女の駆け出し時代にいっしょに仕事しているから、彼から編集の技術的なことや仕事の捌き方は教わったかもしれない。

しかし、「自分が面白いと思っていることをページにすれば、人はそれを面白いと思ってくれる」というモノづくりの姿勢は紛れもなく、木滑さんの編集思想である。

実は木滑さんはわたしとの会話のなかで、「淀川が電話してきてさ」とか、「淀川がこういっているんだよ」というようなことを何度かいっているのである。わたしはたぶん、このふたりは日常的に連絡を取り合っていて、キナさんが淀川の担当する雑誌でなにかあったときの相談役を

雑誌『オリーブ』1984年2月18日号。淀川美代子がメインスタッフとして参加し、フランスの女学生のファッションを紹介して、熱狂的な読者を生み、「オリーブ少女」という言葉を流行らせ、女子にも教養が必要と訴えて、この時代の少女たちに大きな影響を与えた。

やり、淀川がキナさんのための社内情報の収集役をやっていたのではないか、どうもそんな気がして仕方がない。わたしの元部下で、元『ブルータス』の編集長だった斎藤和弘は元『WWDジャパン』の三浦彰が書いた木滑さんの追悼ブログのなかで、三浦の「木滑良久にライバルはいたのか?」という質問に、

同年輩ということもあり『クロワッサン』『ダカーポ』『自由時間』を創刊した甘糟章(あまかすあきら 1929~2013)氏を挙げる人がいるかもしれないが、ちょっとタイプが違う。編集に対する向き合い方で、一番似ていてライバル関係にあったのは2021年11月に亡くなった淀川美代子さんだったかもしれない。(3)

と答えているが、斎藤のコメントがこの通りだとすれば、この回答は不正解。斎藤はなにも知らないでこういうことをいっているのだろう。

わたしはこの本のなかでも、木滑さんと甘糟さんを対立的に描いているのだが、前述の「プロダクトアウト」と「マーケットイン」の説明からもわかるが、木滑さんはまず、自分が読者というところから出発していて、甘糟さんはやっぱり読者は書店で雑誌を買ってくれる人たちだと考えながら本を作っていた。

わたしは木滑さんの最大のライバルは、やはり正反対のタイプだったからこそ、甘糟さんだっ

たと思う。斎藤がコメントの末尾で「かもしれない」と結語しているのがミソといえばミソだが、木滑さんと淀川美代子はむしろ、同じ編集思想を持つ同志だったと書いていいのではないか。

木滑さんと淀川は年齢でいうと、十四歳ちがっている。もちろん、キナさんが師匠で淀川が弟子である。たぶん、木滑さんの最愛の編集者は誰かというと、途中でマガジンハウスに叛旗を翻した石川次郎や椎根和を措いて、最後までマガジンハウスのために戦った淀川美代子ではなかったかとわたしは思っている。

木滑さんが奥さんを亡くしてひとり暮らしにもどり、淀川が死病に取り憑かれたあとの二人の会話を思うと切ない。木滑さんの彼女に対する愛惜の思いは深いものがあったのではないか。そして、彼女の死でいっそう「オレたちの時代は本当に終わった」という思いを深めたのではないか。

木滑さんの「シオザワ、オレはもう終わりなんだよ。オレのことはもう放っておいてくれ」といった最後の言葉がわたしの肺腑をえぐり、耳を離れない。

（1）『戦後メディアの文化史』２０１２年刊　森話社　吉田則昭他編　P・93
（2）https://www.jmrlsi.co.jp/knowledge/yougo/my02/my0227.html　20240408 閲覧
（3）https://www.seventietwo.com/ja/business/MrMagazine_YoshihisaKinameri　20240321 閲覧

撮影時は1986年4月だと思う。編集室でおこなわれた雑誌『TARZAN』の創刊パーティーの一コマ。写真左から石川次郎、清水達夫、木滑良久。三人がいっしょに写っている写真はこれ一枚だけ。マガジンハウスが最もエネルギッシュだった時代の記念碑のような写真である。

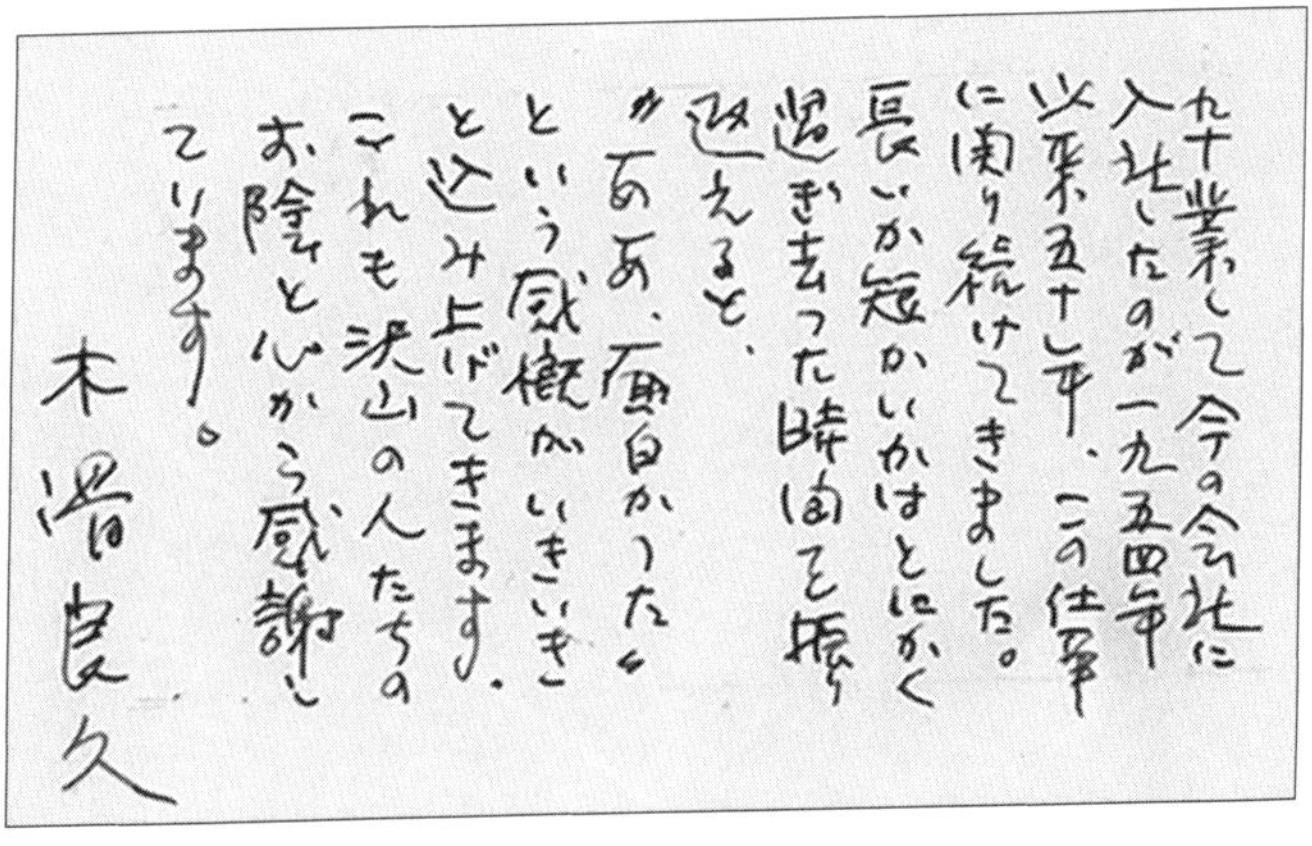

卒業して今の会社に
入社したのが一九五四年
以来五十年、この仕事
に関り続けてきました。
長いか短かいかはとにかく
過ぎ去った時間を振り
返えると、
"ああ、面白かった"
という感慨がいきいき
と込み上げてきます。
これも沢山の人たちの
お陰と心から感謝し
ております。
木滑良久

あとがき　逡巡と弁明

マガジンハウスが木滑さんのお別れの会で参列者に配布した小冊子の『木滑さんの言葉』は、彼の発言を箴言のようにして取り扱い、その発言の背景を一切、捨象したものだった。彼はマガジンハウスという出版社の経営者という顔と、新雑誌の創刊を専門にする先鋭な感覚の編集者という顔を、二つながらに持った人だった。その小冊子に目を通して、彼とごく親しく行き来していたある人の「あれだけじゃあ、キナさんがなにを考えていたんだかわかんないよね」という発言もあり、自分なりにこれらの発言の背景にある考え方（編集思想）を説明しなければと思った。しかし、そのことは自分がキナさんからどんな影響を受け、どんなアドバイスをもらい、どうやっていまの自分の形にたどり着いたかを叙することでもあった。あたりさわりなく、会社の経営者としても辣腕であった彼のその部分だけ取り上げても、彼の人間としての全体像は見通せない。彼は猛烈な毒舌家だったが、この本のなかでもエモーショナルが大事といっている言葉どうりでいまの言葉でいえば、すごくエモい人だった。わたしはこの本を書くために、誰かに会って話を聞くというような取材をしなかった。甘糟りり子さんだけには連絡をとり、幕末の甘糟家についての話を確認させていただいた。できるだけの資料を探捜したが、基本は自分の［記憶］と過去の［記録］に頼って本を書いた。そのことの最大の原因は、それらの人の語る彼についての思い出を、この本には必要ないと思ったからである。この本はあくまでもわたしが知っているキナさんについて書き残さねばと考えて書いた本なのだ。彼は正体隠しのクセがあって、みんなの前ではなかなか本音で喋るということをしなかった。それは、相当過激で新規を求めつづける冒険的な編集者でありながら、同時に、その会社の安定飛行を重視する経営者でなければならなかったというジレンマ（板ばさみ）に原因があると思う。わたしは、これを［悲劇］と書いてもいいかもしれないと思っている。彼は他人に誤解されても、決して自己弁護はせず、ただ沈黙を守った。わたしは自分のことをつくづく女々しいと思っているのだが、年をとって、ますますこの女々しい想いは深くなり、いまでも、わたしがこういう本を書いて良かったのかどうかということで、あれこれと自分を苛んでいる。彼を自制の効いたセルフ・コントロールをする、人格円満で温厚な人間として記録しておくべきだったのかもしれない。しかし、それは誰かほかの人、わたしのように濃厚に彼の影響を受けていない、客観的な筆致で彼のことを描ける人に任せるより仕方がない。それでも、ここにわたしによって書かれた彼の編集者としての思想と事績は、わたしが書かなければ、もしかしてありふれた過去の出来事の一つにすぎなかったと扱われて、歴史の波のなかにもまれ、海底深く沈んで泥土にまみれ、そういうことがあったことも誰にも知られない、そういう類の出来事になってしまう可能性だってあるだろう。それでもいいではないか、と考える人もいるだろうが、自分にとっての大事なことはなんらかの形で残しておかねばと日常から考えている身分のわたしには、彼のことを形にして書き残しておかねばと考える精神的な内迫があった、わたしが自分に課した役目は、もちろん、私事も含めてだが、わたしのまわり、端的にいえば、昭和から平成、令和にかけての、かつてわたしが勤め、働いた出版社で、その指導的な編集者であった彼が、どう考えて、どう行動したか、わたしになにを語ったか。そのことがわたしにどういう影響を与え、わたしをどう変えたか、それをわたしにできる形で記録することだった。ある人から「あなたの書くものは野球やプロレスの本からして私小説ですね」といわれたが、この本こそまさしく、木滑さんの伝記というより、わたしの心のなかの木滑さんの思い出を書き綴った私小説なのである。もちろんわたしは自分が書いたこの作品だけで、木滑良久という編集の巨人の全体像を描けたと思っているわけではない。わたしはわたしが知っている木滑さんのことを書いた。このあと、いろんな人が書いた木滑さんの本が何冊も登場することを願っている。

木滑さんはわたしのインタビューで「編集者なんて職業はないんだよ」と言っていた。これは編集の本質をひとりの人間の一側面、というふうに考えていたということである。編集はきわめて日常生活的な、人間的行為なのだ。編集は誰にでもできることなのだ。面白い人は面白い編集をする。カッコいいヤツはカッコいい編集をする。凡庸な人間は凡庸な編集をする。その凡庸も見る人によっては異彩を放っているように見える。緻密な考え方をする人間は緻密な誌面を作る。編集の根本は好き嫌いの問題（美意識の問題）であり、一生懸命に編集しようとする人は一生懸命に編集したページを作る。これは台所仕事、料理をしたりできた料理を皿に盛ったりする作業と同じなのだ。気のあった仲間としかいっしょに仕事したくなかったと発言しているのは、感性（美意識）が似ている人を選んで仕事したかったという意味なのである。このことも理屈ではない。

文中、何人かの方を除いて、人名の敬称を省略させていただいた。このことをご容赦願いたい。